臺灣政治轉型與兩岸關係的演變

林岡 著

崧燁文化

目　　　錄

第一章 導論 / 0 0 1

第二章 臺灣政治轉型的原因 / 0 1 1
第一節 政治轉型的觀察視角 / 0 1 1
第二節 政治轉型前的權力體制 / 0 1 6
第三節 外因誘發的合法性危機 / 0 2 2
第四節 小結 / 0 3 1

第三章 臺灣政治轉型的啟動 / 0 3 3
第一節 由威權體制回歸「憲政」體制 / 0 3 4
第二節 政黨政治的發展特點 / 0 4 1
第三節 民進黨走向執政之路 / 0 5 2
第四節 小結 / 0 5 7

第四章 臺灣政治轉型的嬗變 / 0 5 9
第一節 政黨輪替的早熟症候 / 0 6 0
第二節 民進黨之由盛而衰 / 0 6 5
第三節 政治體制的弊病與改革 / 0 7 6
第四節 國民黨重新執政後的政局變化 / 0 8 9
第五節 小結 / 1 0 7

第五章 臺灣政治轉型與涉外關係 / 1 1 1
第一節 從「實質外交」到「彈性外交」/ 1 1 2

第二節 李登輝的「務實外交」／１１５
第三節 陳水扁的「烽火外交」／１２０
第四節 馬英九的「活路外交」／１２３
第五節 小結／１２９

第六章 臺灣政治轉型與美臺關係／１４３
第一節 美國對華政策中的臺灣難題／１４５
第二節 美國對兩岸和談的基本政策／１５２
第三節 美國應對臺海危機的基本戰略／１６１
第四節 馬英九執政後美臺關係走向／１７３
第五節 小結／１８７

第七章 臺灣政治轉型與臺灣大陸政策／１９１
第一節 李登輝時期的大陸政策／１９３
第二節 陳水扁時期的大陸政策／２１０
第三節 馬英九時期的大陸政策／２２０
第四節 小結／２２５

第八章 臺灣政治轉型與大陸對臺政策／２２７
第一節 臺灣政治轉型前的大陸對臺政策／２２８
第二節 臺灣政治轉型啟動時期的大陸對臺政策／２３２
第三節 臺灣政治轉型嬗變時期的大陸對臺政策／２４２
第四節 臺灣政黨再次輪替後的大陸對臺政策／２５４
第五節 小結／２５９

第九章 臺灣政治轉型與兩岸關係的和平發展 / ２６１
第一節 兩岸民間交流的擴大與影響 / ２６２
第二節 兩岸政治和談的機會之窗 / ２７５
第三節 兩岸關係的和平發展框架 / ２８４
第四節 中國的和平統一途徑 / ３０８
第五節 小結 / ３１２

第十章 結論 / ３１４

後記 / ３２０

第一章　導論

　　始於1986年的臺灣政治轉型，為兩岸關係的發展增添了複雜的變數。特別是1990年代中期以來臺灣總統的定期選舉，總是伴隨著程度不等的臺海危機，呈現四年一度的規律性震盪。1995年李登輝訪美所誘發的臺海危機，延續到次年大選過後方告平息。1999-2000年「兩國論」的出臺和首次政黨輪替的發生使臺灣海峽再掀波濤，2003-2004年臺北當局的「公投綁大選」，使兩岸關係又陷入谷底，而2007-2008年兩岸關係的「高危期」同樣緣於民進黨以「入聯公投」謀求繼續執政、實現「臺獨」的逆勢操作。2008年臺灣實現第二次政黨輪替後，兩岸關係出現了和平發展的難得契機。兩岸關係的起伏變化，跟臺灣選舉政治的發展，如影隨形，呈現出一定的相關性。

　　本書認為臺灣政治轉型的啟動，帶有明顯的外生型發展特點，與臺灣經濟的外向型發展模式相映成趣。追根溯源，國民黨當年在臺灣延伸一黨專制統治，是以「動員戡亂」、「反共復國」為口實，以美、日等西方列強為後盾的政治稼接，而非植根於本地社會、經濟發展的制度安排。而1980年代中期開始的政治民主化，跟臺灣在1960年代開始的「經濟起飛」以及隨之而來的社會、文化變遷固然存在一定的相關性，但更直接的原因卻是外部條件的變化。兩岸軍事對峙局面的結束和臺灣在國際社會的急劇孤立，使國民黨「反攻大陸」的迷思（myth）遭到民間社會的普遍懷疑，由大陸籍國民黨精英壟斷資源的權力結構，因之受到以黨外運動為代表的本省籍政治勢力的嚴峻挑戰，導致原有的威權主義（authoritarianism）體制難以為繼。1979年臺海風雲變幻匯聚，從美臺「斷交」和中華人民共和國政府《告臺灣同胞書》的發表，到高

雄事件的爆發，依稀披露了這一因果鏈條。

由外部條件的變化而催生的臺灣政治精英的互動，揭示了臺灣政治轉型的深層原因。在這一背景下所依次呈現出來的政治轉型的過程，則帶有跨越式的發展特點，即臺灣的選舉政治和政黨輪替，存在先天不足的早熟症候。首先，政治轉型的上述背景，決定了臺灣在政治轉型啟動後，必須對臺灣的國際地位和兩岸關係進行重新思考，處理國民黨「反共復國」迷思破解後臺灣的身份認同（identity）和前途問題。根據西方的民主轉型理論，一個國家或地區在民主化之前，必須首先解決國家認同問題。香港地區在九七回歸後才開始逐步走向民主化，也不存在國家認同問題的糾葛。但臺灣的民主轉型卻是和臺灣民眾在國家認同和臺灣前途問題上的歧見相伴隨的。其次，根據大多數西方社會的民主轉型經驗，在選舉政治和政黨輪替發生前，基本都已完成了政府權力體制的定位，包括對總統制和內閣制的取捨，中央和地方關係的安排。但臺灣在政治轉型後才開始對權力機構的橫向和縱向關係重新定位，而這一政治制度化的過程又往往受到黨派政治和政治人物個人考量的制約，在歷經二次政黨輪替後，仍未完成。亨廷頓認為歷經二次政黨輪替的社會，意味著民主的鞏固。這一理論在臺灣無法得到驗證。第三，臺灣在民族認同問題上的意識形態對立和權力運作的非制度化，為政治人物提供了操縱民意、玩弄制度的溫床。代議民主制度的缺失，導致民粹主義大行其道。韋伯（Max Weber）對傳統型、魅力型和法理型統治的學理上區隔，在臺灣的政治現實中卻融為一體。政壇人物，從李登輝到陳水扁，從林義雄到施明德，都能在退位後，憑藉以往的個人光環，在政治舞臺上以「民之所欲」為依託，進行激情演出，反映了臺灣「民粹式民主」（populist democracy）或「非自由民主」（illiberal democracy）政治的重要特點。在臺灣幾乎連年不斷的選舉中，所出現的「母雞帶小雞」效應和「哀兵必勝」的現象，跟現代社會相信個人奮鬥、擇優汰劣的選舉文化也判

然有別。更為弔詭的是，直接民主本是代議民主的補充，但在臺灣的政治現實中，「公投」卻成了民進黨政治人物打選戰的工具和推卸政治責任的盾牌，而不是用於讓人民直接決定某些至關重要的公共政策。為此，雖然臺灣在1986年出現合法的政黨競爭，在2008年出現了第二次政黨輪替後，理論上似乎實現了民主鞏固（democratic consolidation）的目標，但實際上民主轉型的根基並未夯實。臺灣政治轉型的外生性和跨越式特點，對兩岸關係的演變打下了深刻的烙印。在本書有關章節的論述中，可以看到臺灣在處理涉外關係和兩岸關係上「政隨人改」的明顯特點。

臺灣的政治轉型，不但帶來臺灣政治權力的重新分配，而且影響到當局的「外交」思路和大陸政策，也因之成為影響兩岸關係的關鍵變量。在國民黨威權主義（以下簡稱威權）統治時期，兩岸關係基本處於隔絕狀態。雖然臺灣認同一個中國原則，但以「光復大陸」作為其預設目標和政權的合法性來源。在這一時期，國民黨的一黨專制和中國意識互為表裡，臺北在國際社會所奉行的「漢賊不兩立」政策與其對大陸採取的「不妥協、不談判、不接觸」的「三不」政策互相呼應。兩岸民間無法正常來往，中國大陸方面有關國共兩黨和談統一的呼籲亦無法得到國民黨當局的正面回應。1986年臺灣決定解除「黨禁」和「戒嚴令」，得以重新界定其執政的合法性，並於次年提出「新大陸政策」，開放部分民眾前往大陸探親。國民黨威權統治的終結，導致臺灣本土意識的高漲和務實「外交」的拓展，為兩岸關係增添了新的不穩定因素，但同時也為兩岸的經濟、文化文流和政治接觸談判提供了機遇之窗。可以說，在國民黨威權統治時期，兩岸關係基本上屬於靜態平衡狀態，向統、「獨」兩極演化的可能性較小。而在臺灣民主化之後，兩岸關係則進入動態平衡時期，政治對立與民間交流同步發展，分裂與反分裂的鬥爭日趨激烈，兩岸漸行漸遠的症候與殊途同歸的脈絡相互交織，這一規律在民進黨八年執政期間表現得尤為顯著。在臺灣實現第二次政

黨輪替、完成民主鞏固階段後，回顧臺灣政治轉型的全過程，探尋兩岸關係的發展規律及其制約因素，當有助於研究兩岸關係和平發展框架的構建問題，對中國和平發展格局和世界和諧秩序的維繫，應有重要的現實意義。

六十年來的兩岸關係，源於中國內戰遺留並延續的政治對立，雖然國家主權和領土完整併未分裂，但就內政而言，實際上屬於隔海分治的局面。1979年1月發表的《告臺灣同胞書》，明確提出和平統一祖國的方針，代表著兩岸關係進入了一個新的發展時期。縱覽三十年來兩岸關係的發展歷程，大致可以劃分為四個階段。第一階段從1979年1月到1987年11月。在這一階段，臺灣對大陸方面提出的推動兩岸「三通」、實現國共和談的主張，先是奉行「三不」政策，終而開放退伍老兵前往大陸探親，啟動了兩岸關係的發展契機。第二階段從1987年11月到2000年5月。在這一階段，兩岸民間關係有了迅速發展，但政治對立持續，而且出現了兩次危機。第三階段從2000年5月到2008年5月，是民進黨執政時期，也是兩岸關係最緊張的時期。第四階段從2008年5月開始，為國民黨重新執政時期，兩岸關係有了迅速的發展。兩岸關係的階段性變化，跟臺灣政治轉型的不同過程頗為吻合。第一階段基本屬於政治轉型啟動之前的醞釀期。第二階段與政治轉型的啟動時期基本一致。第三階段是政治轉型的嬗變時期。第四階段是臺灣實現第二次政黨輪替後開始走向民主鞏固的時期。

本書共十章。其主題是臺灣政治轉型對兩岸關係的影響，內容涵括臺灣政治轉型的全過程和兩岸關係的發展脈絡，以1986年到2008年間發生的事件為主，同時在論述時作必要的前後延伸，以探尋歷史緣由和未來走向。鑒於臺灣的政治轉型與臺灣涉外關係，特別是美臺關係，有難解之緣，而臺灣的涉外關係又直接影響到兩岸關係的起伏變化，本書也將對這些問題進行探討。如圖1.1所示，臺灣的政治轉型不但直接影響到兩岸關係的發展脈絡，還透過臺灣

的涉外關係，特別是美臺關係，間接決定兩岸關係的演變方向。

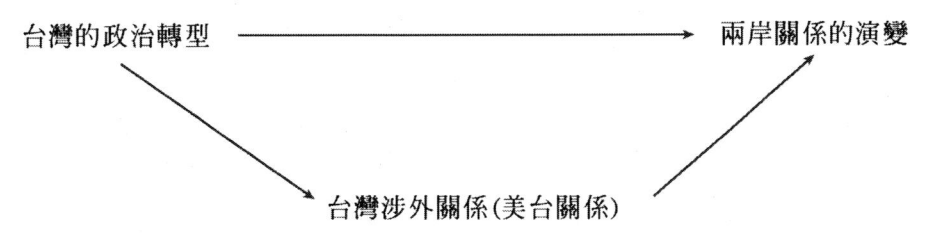

```
台灣的政治轉型 ──────────────→ 兩岸關係的演變
          ↘                    ↗
            台灣涉外關係(美台關係)
```

圖1.1　臺灣政治轉型對兩岸關係的影響

　　本書第一章旨在說明研究緣起和基本分析框架，作為以後各章的推論依據。第二章探討臺灣政治轉型的原因，從文獻檢索入手，對源於現代化理論的社會發展途徑對臺灣政治轉型的解釋力度提出質疑，進而將觀察的視角聚焦到臺灣政治發展的外生型特點，分析轉型前國民黨威權統治的制度張力及其所賴以生存的「合法性」理由，討論外部條件的變化和臺灣政治精英的互動，說明臺灣政治轉型的關鍵誘因來自外部。

　　第三章考察臺灣政治轉型的啟動過程，說明臺灣的政治民主化過程屬於執政黨和黨外力量共同推動的改革模式或亨廷頓的「變換」（transplacement）模式。臺灣政治轉型的順利啟動，源於國民黨改革派的「求新圖變」意識和黨外溫和派體制內抗爭路線的結合。「黨禁」和「戒嚴令」的解除，「中央民意代表」的全面改選，北、高兩市市長和最高領導人的直接選舉，為民進黨提供了走選舉路線的制度條件。李登輝執政後以民進黨和民間力量為奧援，排擠國民黨內的大陸籍勢力，淡化統一訴求，帶動國民黨由使命型政黨向掮客型政黨轉型；民進黨則利用國民黨內的權力鬥爭，在暫時收斂「臺獨」訴求的同時，迅速走向執政之路，最後導致了臺灣的第一次政黨輪替。

　　第四章解析臺灣政治轉型的嬗變過程，說明2000年臺灣出現第一次政黨輪替，帶有明顯的早熟症候。民進黨利用國民黨的分裂僥

倖上臺，既沒有做好執政準備，也不具備執政實力。本章透過梳理民進黨由盛而衰的歷史脈絡，分析民進黨的治理危機和選民投票行為，論證了民進黨執政失敗的必然邏輯；繼而從制度演進和比較研究的視角，審視權力體制的內在張力和運作弊端，剖析臺灣「立法院」選制改革的博弈過程，探討選舉制度改革對政黨生態的影響。從首次政黨輪替的早熟症候和臺灣「藍、綠」兩股政治勢力極度對立的視角觀察，臺灣的政治轉型是以巨大的社會成本和兩岸關係的高度緊張為代價的，有待進一步鞏固。而第二次政黨輪替的出現，跟外部條件的作用有難解之緣，也展現出選舉機制的糾錯能力。

第五章討論臺灣政治轉型和涉外關係的內在關聯。臺灣在國際社會的孤立，動搖了國民黨威權統治的政治合法性，也暴露了其施政績效的不足。國民黨在臺灣政治轉型後，企圖透過改變「漢賊不兩立」的舊思維，實行所謂的「務實外交」，謀取臺灣的「主權國家」地位。民進黨在2000年執政後，實行「烽火外交」，造成兩岸關係的持續緊張和臺灣在國際社會的空前孤立。臺灣政黨再次輪替後，國民黨吸取以往的經驗教訓，提出了「活路外交」思路，謀求在改善兩岸關係的基礎上，擴大臺灣的「國際空間」。本章透過分析這些不同概念和臺灣涉外關係的階段性變化，考察政治轉型在不同時期對臺灣「外交」思路的不同影響，探討臺灣涉外事務的制約因素和解決方案。

第六章討論臺灣政治轉型對美臺關係的影響。1979年美國與中華人民共和國建交，同時與臺北保持實質但非官方的關係，與兩岸平衡交往。對臺灣問題的最終解決，美國堅持以和平為最高原則，在理論上不排除和平統一與和平分離選項，但在不同時期表現為對兩岸和平統一前景的認可或對和平分離可能性的測試。臺灣的政治轉型，凸顯了海峽兩岸的政治發展的不同路徑，使美國的公共輿論一度朝有利臺灣的方向傾斜，加上國際局勢的變化，美臺關係在1990年代上半葉得到了明顯的改善。然而，臺灣政治人物李登輝、

陳水扁等利用並扭曲臺灣民意，力圖突破美國的一個中國政策，又導致了美臺關係的緊張。本章透過考察美國在不同時期的對臺政策，分析臺灣的政治轉型和其他重要因素對美臺關係的制約作用。

第七章分析臺灣政治轉型對臺北大陸政策的影響。國民黨政權允許黨外勢力組黨，透過選舉重新確立其政治代表性後，不可避免地帶來了臺灣意識的上升和中國意識的弱化。李登輝執政時期，臺北當局將臺灣意識往要求臺灣「獨立主權」的方向引導，淡化一個中國原則和統一訴求，迴避政治對話；對民間要求擴大兩岸經貿、文化交流的壓力，卻逆勢操作，實行「戒急用忍」的政策。民進黨上臺後，公開鼓吹「一邊一國」，推行「公投」、「制憲」、「正名」、「入聯」等激進「臺獨」路線，在經濟上繼續限制兩岸交流，在文化上推行「去中國化」，導致兩岸關係呈現週期性的危機。馬英九上臺後，認同中華民族，承認「九二共識」，以促進兩岸經濟、文化交流為近期目標，以實現兩岸「和解休兵」為中期目標，奉行「不統、不獨、不武」的中間路線。本章從政治轉型的角度，探討臺北大陸政策的階段性變化。

第八章討論中國政府對臺政策的變化與調整。在臺灣政治轉型前，中國政府就已經提出了「一國兩制」、和平統一的方針，主張國共兩黨平等協商，談判統一問題，並積極推動兩岸通商、通郵、通航，「既寄希望於臺灣，更寄希望於臺灣民眾」。鑒於蔣經國去世後臺灣政權民主化和本土化的急速發展，中國政府又適時調整了對臺政策，將工作重點放在發展現階段的兩岸關係上，主張吸收兩岸各黨派、各團體代表，參加兩岸和平統一談判，並優先就結束敵對狀態進行談判。1996年臺海危機後，中國政府在堅持一個中國原則的前提下，推動民間交流和兩岸政治對話。臺灣第一次政黨輪替後，中國政府採取「聽其言，觀其行」，先經濟、後政治的策略，同時在臺灣和國際社會建立反分裂統一戰線。國民黨再次執政後，中國政府積極推動兩岸官方接觸和民間交流，並在紀念《告臺灣同

胞書》發表30週年之際，提出了富有前瞻性的對臺政策。

　　第九章考察臺灣政治轉型與兩岸關係的和平發展。臺灣政治轉型後，國民黨當局不再將兩岸民間交流視為政治禁錮，工商界和文化界人士，成為推動「三通」的促進派。在過去的二十多年中，兩岸的經濟、文化交流取得了令人矚目的發展，不但為兩岸共同體意識的重構，提供了必要條件，也為官方層次的和談，開啟了機會之窗。雖然1998年開始的政治對話，因為李登輝的「兩國論」和陳水扁的「一邊一國論」而中斷，但臺灣的第二次政黨輪替，卻為兩岸重啟協商大門提供了難得的機遇。在兩岸達成和平統一的共識前，雙方可望以「九二共識」為基礎，結束敵對狀態，構建和平發展框架，從而最終解決由中國內戰遺留下來的政治對立問題。

　　第十章總結以上各章的觀點，說明臺灣政治轉型對兩岸關係的正負面影響。政治轉型一方面導致了民進黨的興起，臺灣「臺獨」思潮的蔓延和中國意識的薄弱，以及臺灣涉外關係，特別是美臺關係的變化，另一方面也使國民黨的「反共心防」難以為繼，為兩岸的民間交流和政治對話開啟了機會之窗。臺灣政治轉型所釋放出來的「藍、綠」對立和社會亂象，集中反映了臺灣政治人物和一般民眾對臺灣身份和前途的認知差距。如圖1.2所示，臺灣社會對一個中國的認知，在國民黨威權統治時期，基於「反共復國」的意識形態，存在某種錯位認知，這一認知上的虛構性，在政治轉型後有所淡化，到1993年下半年後，則出現了明顯的解構現象，表現為對一個中國的認知缺位，並持續到2008年初。在這期間，兩岸經濟、文化等民間交流雖然持續發展，頗有殊途同歸的意味，但政治上卻出現了四次關係危機，呈現漸行漸遠的軌跡，使功能主義理論有關兩個社會之間的經濟和文化交流有助於改善政治關係的假說，難以成立。比較符合邏輯的解釋是，政治轉型後臺灣「臺獨」意識的急劇上升，在一定時期內超過了兩岸民間交流對重塑中國認同的正面效應，故而產生了在一個國家問題上的認知缺位和社會分裂。這既反

映了臺灣政治發展的根源性矛盾,也影響了兩岸關係的正常發展。解決這些問題的關鍵,是在兩岸關係和平發展的進程中,透過全方位的廣泛交流,使臺灣民眾切身體會「一個中國」的意涵,重構兩岸共同體意識,最終實現中國的統一目標。

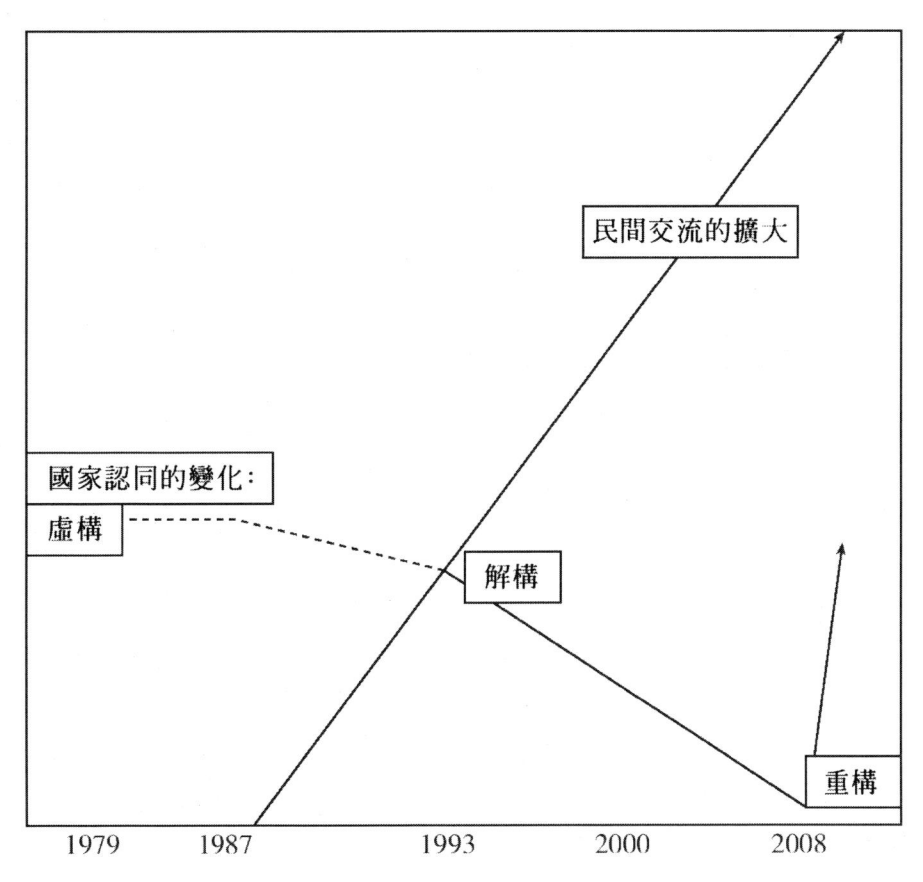

圖1.2 臺灣政治轉型後兩岸關係的變化

本書的特點有四。第一是結合民主化理論中的社會條件途徑（approach）和過程途徑，揭示臺灣政治的外生型發展特點，從外部條件的變化和內部政治精英的互動，分析臺灣政治轉型的深層原因和轉型模式，並運用政黨和政府理論，考察臺灣政黨光譜的變化和權力體制的弊病，揭示臺灣第一次政黨輪替的早熟症候和第二次政黨輪替的必然性，對民進黨的發展動向，作了較有深度的分析。第二是研究兩岸關係和臺灣政治轉型的內在關係，從後者推論兩岸關係的未來走向。國內外學術界對這兩個問題進行分別研究的論著較多，鮮有將二者結合起來進行研究的深度論述，本書意在加強這方面的理論探討。第三是本書對政治轉型和兩岸關係的演變，既有歷史性的分析，又有對最新動態和未來走向的討論預測。除了借鑑現有的中、英文研究成果和文獻資料外，本書還使用了民調、統計數據和深度訪談等第一手資料，以加強論證的根據。第四是對構建兩岸關係的和平發展框架，提出了一些建設性的建議。

第二章　臺灣政治轉型的原因

　　早期研究民主政治轉型的文獻，大多採用現代化理論或社會發展研究途徑，研究民主化賴以啟動的社會、經濟以至文化條件。而後，學者開始更多地關注政治精英在民主轉型過程的互動和博弈。本章結合政治轉型理論中的「條件」論和「過程」論，分析臺灣政治轉型的根本原因。第一節對社會發展研究途徑的解釋力度提出質疑，提出分析臺灣政治轉型原因的觀察視角。第二節觀察臺灣政治轉型前威權統治的制度特徵及其固有的脆弱性。第三節從外部條件的變化和內部政治精英的互動，說明臺灣政治轉型的關鍵原因。

第一節　政治轉型的觀察視角

　　根據社會發展研究途徑，低度發展國家若要成為高度發展國家，必須採納根植於西方科技經濟複合體基礎上的行動模式，促使這些國家經濟、文化、社會和政治結構發生變化，踏上發展之途。與此相應，一個國家政治民主化的前提條件，首先在於經濟高度發展、所得分配平均、教育水準提高、大眾傳播普及、社會結構分殊化（differentiation and specialization）和多元化。此外，中產階級和利益團體的興起，傳統權威文化的世俗化（secural-ization）和個性化（individualization），經濟自由化及其相伴隨的公平競爭、理性協商與重視效益等觀念的增強，以及由上述變化所促成的政治自由化與民間政治動員、政治參與的擴大等，也起著舉足輕重的作用。換言之，經濟、社會發展和政治發展之間即使沒有必然的因果關係（causation），至少也具有緊密的相關性（correlation）。從長期和宏觀的觀點來看，社會發展研究途徑具有經驗上的可驗證性與方法

論上的可測量性。但從短期的觀點來看，這一研究途徑的預測力卻因為不同國家或地區啟動民主轉型的社會發展水平的差異，而遭到削弱。臺灣的政治轉型經驗凸顯了社會發展研究途徑的理論限度，因為它無法解釋或預測臺灣在1980年代中葉開始的民主轉型。

從1960年代到1970年代，臺灣經濟就已經迅速發展，年增長率高達10％以上。從1956年到1986年，臺灣生產總值增長11倍，工業產值增長37倍，對外貿易總值增長200倍，財政收入增長77倍，人均收入增長36倍。由於都市化和工業化的發展以及所得分配較為平均（基尼係數.28），人民生活水準普遍提高（1980年的人均收入為2,344美元），醫療條件改善，教育普及，大眾傳播擴大，社會結構亦趨於多元，加以自由市場經濟的確立，中產階級的興起，臺灣在1980年代之前似乎就已經具備了民主轉型的社會條件。但臺灣的都市化、工業化和經濟市場化，並沒有帶來政治的同步發展。與經濟、社會的迅速發展相比，臺灣的「政治變數較少」。雖然蔣經國在1970年代初期出任「行政院長」後，推出了一套「新人新政」，實行本土化、年輕化和知識化的用人政策，讓一批臺籍精英和大陸籍青年才俊脫穎而出，步入國民黨權力上層；同時開始實行「中央民意代表」的「增額選舉」，使1960年代初「雷震事件」以來的政治沉悶空氣有所舒展，但並沒有從根本上觸動「動員戡亂」體制。直到1986年，臺灣政治才開始政治轉型，明確向民主化的方向邁進。

對於社會發展和政治發展之間的落差，一些接受社會發展研究途徑的學者，習慣於以事後之見（hindsight）來予以解釋。他們認為，經濟、社會發展和政治發展之間存在著長期方能顯現的關聯，雖然此種關聯在1960年代和1970年代尚不甚緊密，但到了1980年代以後已日益明顯。還有些學者認為臺灣1980年代以來的政治發展經驗提供了一個很好的個案，證實經濟發展和政治民主化之間存在著因果關係。然而，問題在於所謂「長期方能顯現的關聯」究竟要有

多長？經濟、社會應發展到何種程度，才會導致民主政治的啟動？既然在1980年代以前，很少人敢於根據社會發展研究途徑，預測臺灣在1980年代中期以後的政治民主的順利轉型，那麼，這一研究途徑的理論解釋力和預測力究竟有多大也就值得推敲了。其實早在1968年，著名的政治學者亨廷頓（Samuel Huntington）就已在《轉變中社會的政治秩序》一書中，運用歷史比較方法，從政治參與爆炸與制度化之間的張力（ten-sion）入手，論證經濟發展與政治發展未必齊頭並進，從而對社會發展研究途徑提出了挑戰。其後，基於1975年以來世界第三波民主潮的經驗，亨廷頓又進而指出，經濟發展的水平和方式本身，既不是民主化的必要條件，也不是充分條件；經濟發展僅僅為政治民主提供了一個有利的發展基礎而已。他認為與第三波民主潮相伴隨的五項重要因素有助於解釋威權政權的紛紛垮臺。這五項因素是政權的合法性問題、全球經濟危機、天主教的角色、國際環境的變化以及其他國家的民主化示範效應。

　　社會發展研究途徑之所以未能圓滿解釋臺灣政治民主化的啟動，主要在於這一研究途徑乃是基於西歐地區的政治民主化經驗，試圖尋繹出一個具普遍解釋力的「全盤理論」（grand theory），而忽略了後進國家的政治發展有其獨特的歷史、文化與時代特點。西歐國家政治發展過程中，「社會力和經濟力大於政治力」，「先是都市化促成市民階級的崛起，繼之工業化造成中產階級的增加，進而改變社會結構的需求高漲，民主政治於是水到渠成」。在這裡，國家角色並不太明顯。對置身於當代民主社會中的西方政治學者來說，從其切身經驗出發，自然易於接受社會發展研究途徑、功能主義（function-alism）、多元主義（pluralism）和利益團體理論（interest group theory）等「以社會為專注點」的研究途徑（society-centered approaches）。但第二次世界大戰後，後進國家或地區的經濟、社會和政治發展實際上往往採取自上而下的模式，國家或地區政府在其中扮演了重要的甚至是主導性的角色。1970年代中期以

來,「國家研究途徑」(the statist approach)或「政府理論」(the theory of government)在比較政治學領域的興起,就反映了這一新的發展趨勢。

臺灣的政治轉型屬於後進發展類型。從國民黨政權遷臺之初的三階段土地改革,縣、市級和鄉、鎮級地方自治的實施,1950年代的進口替代,1960年代的出口擴張,1970年代的「十大建設」和「十二大建設」,「均富」政策在一定程度的推行,到1972年開始的「中央民意代表」定期「增額選舉」,國民黨當局均扮演了舉足輕重的角色。為此,分析臺灣的民主化背景和過程,固然必須考慮到由於經濟發展和社會多元所帶來的有利條件和推動因素,但也必須看到由威權政府所致力推動的經濟和社會現代化,對該地區政權的政治合法性有何強化作用,以準確把握政權和社會的互動關係。在這一點上,美國比較政治學者高棣民(Thomas Gold)在《臺灣奇蹟:國家和社會的角色》(State and Society in the Taiwan Miracle)一書中所倡導的綜合研究途徑(comprehensive approach),即對政權和社會的角色等量齊觀,從這兩種因素的交互作用,分析臺灣的發展方向,對本章的論述有一定的啟發意義。

威權政府的合法性問題對一個社會是否具備民主轉型的條件至關重要。威權統治的合法性危機有兩個面向:其一是緣於政府施政不當或內災外患而導致的施政危機,其二是緣於社會經濟發展所誘發的競爭、參與意識,以及自由、民主理念的傳播所帶來的價值危機。施政危機與價值危機有著互相推波助瀾的作用,但沒有必然的因果聯繫。一個威權政府的合法性危機與民主轉型的成功取決於上述兩種危機的結合,只有施政危機而沒有價值危機,至多導致舊的威權政府為新的威權政府所取代;而只有價值危機而沒有施政危機的配合,亦很難促成威權政權的解體。民主化的啟動,往往是一部分政治和社會精英首先接受了自由、民主理念,並予以傳播,加以一般民眾對威權政府施政的不滿,兩股力量匯為一體的產物。誠如

詹姆士·布賴斯（James Bryce）所指出的，對皇家或寡頭政府施政的不滿，乃是促其民主化的重要原因之一。與此相反，一個面臨價值危機的威權政府，如果在公共政策方面有所建樹，便可以憑藉施政成績，緩解參與壓力，淡化政權的合法性危機，從而延緩民主化的啟動。威權政府的合法性問題還可以從制度層面予以分析，威權統治在政治體制設計和實際運作之間落差的大小，乃是重要的觀測指標。

研究臺灣的民主轉型，除了可以借鑑社會發展研究途徑和「國家研究途徑」，考察政權和社會的互動關係外，還應該注意到國際因素和外部環境的作用。在國際關係領域，自由主義（liberalism）和霸權穩定理論（heg-emonic stability）傾向於肯定西方民主大國對世界自由、民主秩序和後進國家或地區的經濟、社會和政治發展的積極作用，依賴理論（dependency theory）和世界體系理論（world system theory）則強調「邊陲」、「半邊陲」國家對「核心國家」的附庸地位，影響了後進國家或地區在經濟、政治領域的健康發展。事實上，決定西方大國對第三世界威權政府的態度，既有價值判斷的因素，也有出於戰略和經濟利益的現實考慮，或予以容忍，或促其改變，並無統一標準。而後進國家或地區在世界結構中的被動地位，亦不等於這些國家或地區在經濟和政治進步上沒有因勢利導，利用國外環境，借助憂患意識，充分動員內部資源，從事經濟建設，晉身世界先進之林的可能。此外，西方民主國家對威權政府的支持與否，其他國家或地區的示範作用等，也將直接或間接地影響到威權統治的政治合法性。簡言之，國際環境對於威權政府的民主轉型既有正面影響，也有負面因素，而後進國家或地區的不同歷史、文化特點及政府和民間對同一國際態勢的不同反應，也關係到威權政府的轉型與否問題，必須予以具體分析。為此本章將考察外部形勢、威權政府和民間社會三方面的互動關係，分析臺灣政治轉型的根本原因。

第二節　政治轉型前的權力體制

　　從制度層面分析臺灣政治轉型的背景和原因，可以看到國民黨在政治轉型之前所實行的威權統治跟1947年「中華民國憲法」的有關規定存在著巨大差距。該「憲法」規定「中華民國」屬於「民有、民治、民享的國家」。國民黨政權到臺灣後，保留了這一「憲政」架構，以代表全中國的名義，維持統治，同時以《動員戡亂時期臨時條款》和「戒嚴令」為法律根據，推遲實行民主制度，禁止組黨，限制人民的政治權力。在理論上國民黨將自由民主視為理想目標，同時以「緊急狀況」、「外部威脅」、「國家安全」為藉口，延續威權統治。但國民黨政權「反共復國」的迷思，帶有明顯的政治虛構色彩。一旦外部形勢發生變化，政權的合法性就要面臨嚴峻的挑戰，國民黨所虛構的代表全中國的「國家認同」也將面臨解構，導致臺灣「臺獨」意識乘虛而入，影響到兩岸關係的正常發展。

　　從1949年到1986年，臺灣的政治體制是將具有實質性、支配性的「動員戡亂」制度與象徵性、局部性的「憲政」制度冶於一爐的產物。「憲政」制度源於孫中山先生的「權能分立」思想。1947年蔣介石政權迫於內外壓力，宣布結束「訓政」，實行「憲政」，在政治制度的設計上以「國民大會」為政權機關，「行政院」、「立法院」、「司法院」、「監察院」、「考試院」為治權機關，「總統」為「國家元首」，由「國民大會」選舉產生。「國民大會」行使「創制、複決、選舉、罷免」四權，「五院」分掌行政、立法、司法、監察、考試五權，彼此互相牽制。「總統」與「國民大會」、「五院」亦有互相制約的關係。「行政院」與「總統」分享行政權力，同時將文官人事權限交由「考試院」管轄。「國民大會」、「立法院」和「監察院」屬於「民意代表」機構。「立法

院」享有批準「政府」預算的權限,「監察院」享有「同意、彈劾、糾舉、審計」諸權。「司法院」還享有「解釋憲法」的權力。然而,《中華民國憲法》對於「五院」的職權規定只是出於裝點門面的考慮,故在「行憲」的同時,國民黨政府又匆匆拋出了《動員戡亂時期臨時條款》,以擴大「總統」的職權。

國民黨退居臺灣後,為維繫「法統」,將在大陸時設立的「國民大會」、「總統府」和「五院」全盤移去,繼於1950年4月在臺灣首次推行縣、市級和鄉、鎮級的地方自治,其後又將民選的範圍擴大到臺灣省和臺北、高雄兩個「院轄市」的議會,以有限的民主,建構起一套「憲政」體制。與此同時,國民黨政權藉口臺灣處於「非常時期」,以《國家總動員法》和幾經增訂的「臨時條款」凍結了「憲法」中有關民主的條款,並實行了長達三十八年的「戒嚴令」。「戒嚴令」由警備總司令部負責執行,其內容包括:嚴禁民間結社(包括組黨)、集會、遊行、請願、罷工、罷課、罷市,對人民的居住、遷徙、言論、信仰自由亦倍加限制,在新聞、出版等方面實行嚴厲的檢查制度,對出入境、山地、海防實行「非常時期」的軍事管制,對平民在必要時實行軍事審判。這套「動員戡亂」制度在法理層面凌駕於「憲政」制度之上,構成了臺灣政治體制的主要方面。其結果是「國民大會」形同虛設,「五權分立」徒有其名,地方自治殘缺不全,唯有「總統」的權力得到了無限的膨脹和集中,不但與孫中山先生的建國遺教貌合神離,與西方國家三權分立的思想亦相去甚遠。

在實際的政治運作中,國民黨囿於「以黨治國」的統治原則和專制獨裁心態,對「政府」部門和民間社會予以嚴密的控制和操縱。儘管國民黨在1948年宣稱結束「訓政」,「還政與民」,但在實際上,仍繼續維持「一黨獨大」的傳統,不但在行政系統中占據絕對優勢,而且掌握了「民意機構」的絕大多數席位,並對司法、軍隊、情治系統予以嚴密控制。國民黨到臺灣之初,透過黨務改

造、重整情治系統、建立軍中政工制度,強化了對政治權力的壟斷。與此同時,國民黨還透過其基層黨部和各個工作委員會,建立起一套完整的社會控制網絡,將文化、教育、大眾傳媒和民間社會團體的活動列入嚴格監控範圍,並發揮選拔政治精英、政治整合、政治動員與政治社會化諸功能。此一威權式的一黨獨大制,因其允許民社黨和青年黨等兩個花瓶政黨的存在,與嚴格意義的單一政黨制(monoparty systems)有所不同,但因其不允許反對黨的合法存在,在實際上與藍尼(Austin Ranney)和魏爾特(Jerzy J.Wiatr)所界定的支配政黨制(dominant-party systems),拉巴隆巴拉(Joseph Lapalombara)和魏納(Myron Weiner)所界定的一黨多元制(one-party pluralistic systems),以及曼德梅登(Fred R.Von derMehden)所界定的半競爭性的一黨支配製(one-party-dominant states)相距更遠,而可歸類於上述學者所分別界定的霸權政黨制(hegemonic party systems),一黨威權制(one-party-authoritarian systems),非競爭性的一黨制(one-party states),以及亨廷頓和莫爾(Clement Moore)所界定的排他性一黨制(exclusionary one-party systems)。

　　就黨政關係而言,臺灣的一黨獨大制系以黨政二元結構為特色。此種黨政二元結構,正如臺灣學者彭懷恩所指出的,包括以黨主席為中心的「中常會」所構成的決策系統和以「總統」為中心的「中央政府」所構成的執行系統。在日常政治運作中,有關「規則制定功能」的政策,由黨主席直接透過「中央政策委員會」影響「國民大會」、「立法院」和「監察院」的運作;有關「規則執行功能」的政策,則由「中常會」決策後交給「行政院」、「考試院」執行。另外,有關「國家安全」事務的政策,則由「總統」擔任主席的「國家安全會議」(其成員包括所有重要的政、軍及情治部門首長)負責決策與執行,而獨立於日常政治運作的體系之外。

　　臺灣政治運作的黨政二元性,不但在於決策系統(黨)與執政系統(政)的上行下效,而且還在於黨政要員的一身二任,重要的

「政府首長」同時也是「中常會」委員，特別是國民黨主席和「總統」兩個職位難分高低，而必須由一政治強人兼而任之，才能維持黨政兩個系統的順利運轉。在研究臺灣政治制度的學者中，有人將黨主席為中心的「中常會」視為權力中樞，有人將「總統」為中心的「國安會」視為「太上內閣」，其實，臺灣政治制度及其運作「內容含混卻富有彈性」，並未形成制度化的權力核心。在1950年代和1960年代初，「中常會」因人數有限（不超過十五人），其日常決策功能較強，而後隨人數不斷增加（1986年時增至31人），其決策權力減弱，儀式性增強。「中常會」的成員有形式和實質兩種代表意義，並非每個人都有很大實權，權力的差異取決於其代表的系統，與黨主席的關係及個人的主觀特質。由於只有居於權力核心的那些「中常委」才擁有真正的決策發言權，而且重要的政策往往在「中常會」開會前即已形成，因此每週一次的「中常會」實際上只是黨主席宣布重大政策，「中常委」予以背書的場所，而不是集體討論決策的機構。而1966年由「國防會議」脫胎而出的「國安會」，在其成立之初，不但取得了有關「國防」、「外交」、「安全」事務的決策權，而且直接參與成立「行政院人事行政局」、實施全民義務教育、增補「中央民意代表」等日常重大決策，就連有關財經、科技的決策權，亦被其下屬單位「國家建設計劃委員會」、「科學發展指導委員會」所染指。但1972年蔣經國出任「行政院長」後，「國安會」的權責又遭到削弱，僅限於有關「國家安全」事務的決策及其具體實施。蔣經國任「行政院長」期間，「行政院」一度成為施政重心，而在其接任「總統」一職後，政務系統的權力中心又回到「總統」身上。「中華民國憲法」在「總統制」或「內閣制」上的模糊規定，加上「動員戡亂」制度與國民黨「以黨治國」傳統對「憲政」的扭曲，造成了臺灣權力體制的混雜性，使得政治強人可以隨意決定權力中心，尋求「法統」依據，並依靠黨、政、軍、情系統的權力精英及行政部門的技術官僚與私人顧問

的協助,非制度化地決定大政方針。在這種權力格局下,政治強人的決策幕僚團隊的角色便極為重要,其中「三大祕書長」(即「中央黨部祕書長」,「總統府祕書長」和「國安會祕書長」)和曾經臨時設立的「固國小組」、「劉少康辦公室」的角色尤為外界所矚目。決策權力中心的隨意轉移,成為強人領導下的黨政二元結構的一個顯著特色。與此同時,「中華民國憲法」所規範的權力機構,遭到了極大的扭曲,具體表現在以下三個方面。

1、「民意機構」形同虛設

臺灣的「民意機構」包括「國民大會」、「立法院」和「監察院」。其首屆「代表」係在大陸國統區選舉產生,加以有相當一部分「代表」未隨國民黨遷臺,其代表性頗有疑問。但國民黨為維護法統,保持大陸籍政治勢力對政權的壟斷,藉口第二屆「代表」因「大陸淪陷」而無法選出,以「司法院」大法官會議的一紙釋令,無限期延長原有代表的任期,並實行「國大代表出缺遞補」制度,使「候補代表」得以遞補為正式代表。鑒於「資深代表」久未改選,面臨老化凋零的局面,1972年後國民黨當局開始定期舉辦「增額代表」選舉,但名額十分有限,三個「民意機構」的大部分席位仍由平均年齡高達八十歲左右的老代表占據,嚴重影響到其功能的正常發揮。「國民大會」只有形式上的「選舉、罷免、創制、複決」諸權;「立法院」對「總統」與「行政院」的重大決定照單全收,因其對「行政院」提出的法律草案,很少提出修改意見,而有「行政院的立法局」之稱;「監察院」對於「總統」提名的「司法院長」、「考試院長」等有關人選,從未行使過否決權,「彈劾、糾舉、糾正」諸權的運用亦有日漸減少之勢。三個「民意機構」均已成為國民黨的表決機器和行政部門的橡皮圖章。

2、地方自治殘缺不全

國民黨在臺灣實行的主要是「中央」集權制,地方自治既缺乏

法律依據又不徹底。根據「民國憲法」，地方自治須依據《省縣自治通則》，制定省、縣自治法規作為法律依據。「憲法」還規定，省長由選舉產生。然而，《省縣自治通則草案》於1950年12月在「立法院」接近二讀之時，國民黨當局卻以「非常時期」為由，將之擱置下來。此後三十多年間，臺灣的地方自治，乃是以「行政院」頒布的《臺灣省各縣、市實施地方自治綱要》以及臺灣省、臺北市、高雄市《議會組織規程》等行政命令為憑，對於關鍵性的「省府主席」、「院轄市長」長期由「行政院」任免，直到1994年才開放民選。地方行政權極不完整，「行政院」透過不合理的財政收支劃分法，層層控制地方財政，地方自治事業的許多經費必須仰賴省府以至「中央」補助。地方的人事權、警政權亦分別由「行政院」所屬的「人事行政局」與「內政部警政署」統轄。至於省、市、縣議會則只享有有限的議事權，沒有決定權。各縣、市議會的議決案，均須報經省府核準後才能生效，而後者又受制於「行政院」。

3、「總統」權力極度膨脹

「憲法」對於「總統」的職權規定，若僅從「總統」在行政系統中的地位著眼，本是介於「內閣制」與「總統制」之間的一種權力安排。一方面，「總統」公佈法令，須經「行政院」有關「首長」副署，一切重要法案與決定均須經「行政院」會議議決始得提出，從而帶上「內閣制」的色彩。另一方面，「行政院長」非由選舉產生，而是由「總統」提名，「立法院」同意而任命之，是「總統」與「立法院」共同意向的產物。從法理上說，「行政院長」只對「立法院」負責，實際上卻難以擺脫「總統」的控制；兼以「總統」獨掌軍令大權，「參謀總長」作為「總統」在軍令系統的最高幕僚長，直接對「總統」負責，故「總統」的職權絕對超越「內閣制」下的虛位元首。若從「總統」與「國民大會」、「立法院」、「監察院」、「司法院」的關係廣而言之，可以看出「總統」還享

有西方國家實權元首所沒有的權力。「總統」不但可以憑藉對「國民大會」的召集權，對「司法院」重要首長、「監察院審計長」的提名權與協調「五院」關係的法定權力，控制議會、司法系統；而且可以借助「臨時條款」的授權，無限期地連選連任，頒布「緊急處分令」，不受「憲法」規定的程序限制，並透過「國家安全會議」這一「太上內閣」，在「國防」和「安全」事務上直接指揮「五院」系統。「總統」權力的膨脹，使臺灣出現了兩代「政治強人」。這不但明顯違背了孫中山先生有關「權能分立」的基本原則，與西方民主理論中的「三權分立」原則亦有很大差距。「憲法」對「政府」體制的定位不清，成為臺灣政治轉型後的一個爭論熱點。由於國民黨當年在臺灣名為實行「憲政」，實為「訓政」，這些制度上的模糊性，並沒有為國民黨對權力的控制帶來任何困擾。但如本書第三章和第四章所述，這些體制上的問題，不但成為臺灣民主轉型後的改革議題之一，而且其後遺症還在民進黨執政期間得以充分暴露。

第三節　外因誘發的合法性危機

　　雖然臺灣政治的實際操作與制度設計間存在著明顯落差，在1970年代末期以前，國民黨政權並未面臨嚴重的合法性危機。造成此一例外現象的主要原因有三：一是臺灣在經濟、社會政策方面頗有成功之處，在一定程度上掩蓋了違「憲」的政治運作，緩解了緣於社會、經濟發展所帶來的價值危機，導致了社會、經濟現代化和政治威權的結合；二是國民黨利用海峽兩岸的軍事和政治對抗的緊張局勢，作為其實行「戒嚴令」、推遲回歸「憲政」的理由，以「反共心防」作為凝聚「憂患」意識，打擊政治反對者的手段；三是美國等西方國家，基於戰略考慮，對國民黨的威權統治予以容忍，並在經濟、軍事、「外交」方面予以大力支持。但1970年代末

期以後，隨著臺灣內外形勢的變化，國民黨威權統治的合法性危機日益明顯，原來的政治制度難以為繼，在黨外運動的推動下，政治民主化終於提到了議事日程。

一、價值危機與施政危機

臺灣政治的違「憲」運作，使國民黨在臺灣的統治，從一開始就隱含著法理上的矛盾，但因1950年代的臺灣，經濟和社會發展水準較低，民間的政治競爭、參與意識有限，加以「二·二八」事件使臺灣本地的社會精英遭到嚴重摧殘，隨國民黨政權遷臺的「民意代表」、官員以及一般軍公教人員，亦多認同國民黨的威權統治，臺灣政治制度的內在矛盾，當時並未構成明顯的價值危機。雷震、殷海光、毛子水等來自大陸的自由主義知識分子，曾於1950年代期間，以《自由中國》月刊為陣地，督促國民黨當局由一黨獨裁走上「憲政」民主。吳三連、李萬居、高玉樹、楊金虎、郭雨新等臺籍地方政治人物亦曾於1958年組織「中國地方自治研討會」社團，批評臺灣地方選舉政治的腐敗性。這兩股力量於1960年匯為一體，計劃籌組「中國民主黨」，對國民黨的威權統治提出進一步挑戰。但終因在臺灣民間缺乏廣泛的支持者，很快就被國民黨以「匪諜」的罪名予以撲滅。

國民黨到臺之初，同時實行土地改革和基層地方自治兩大政策，以爭取一般民眾和本地精英的支持。由於國民黨政權跟本地士紳缺乏經濟和政治淵源，得以成功推行土改，為此後相對均富的經濟發展奠定了基礎。而地方自治的範圍雖然有限，也收到了整合本地政治精英的效果。其後，國民黨政權採取多重匯率、高關稅、進口配額等進口替代政策，保護臺灣的輕工業發展。1950年代末，國民黨政權採取出口擴張政策，透過簡化多重匯率制度，減少進口限制，獎勵民間和外商投資，設立出口加工區，促進外銷企業的發展。在上述政策的影響下，臺灣經濟在1960年代中期開始起飛。從

1962年到1971年間，工業出口年增長率為17.3%，經濟成長率亦超過10%。在1970年代期間，臺灣經濟受世界石油危機的影響，遭遇困境，行政當局又及時推出了「十大建設」和「十二大建設」，以促進資本密集型的工業發展。隨著經濟增長和人口出生率的降低，個人平均所得迅速增加，加以所得差距較小，人民生活和教育文化水準普遍提升，每千人所擁有的雜誌與報紙由1966年的39份增加到1978年的140份。隨著工業化和都市化的發展，臺灣社會結構趨於分殊化，形成了五個階層，包括「政府」高級官員及軍隊領導人物、大工商企業家、中產階級、勞工階級、游民及無產者。

　　國民黨當局的上述政策及其所導致的經濟和社會變化，對其統治合法性之維繫，既有正面作用，也有負面影響。從理論上說，經濟富裕和平等，社會多元，教育和通訊的普及，有利於提高民間政治參與意識，從而導致國民黨威權統治的價值危機。而經驗研究亦表明，土地改革所帶來的均富效果和社會正義，提高了自耕農和佃農對地方政治及公共事務的興趣。雖然這種參與，因為缺乏足以與威權當局相抗衡的經濟實力，在1950年代和1960年代尚未構成對國民黨威權統治的挑戰，但1970年代以後，鄉村地方派系對國民黨的離心傾向逐漸增強，並與黨外反對運動結緣。與此同時，新一代都市中產階級，特別是知識分子階層的政治參與意識日漸高漲，他們或積極介入選舉競爭活動，或以黨外刊物為陣地批評時政，從而暴露了國民黨威權統治所面臨的政治挑戰和價值危機。

　　雖然國民黨威權統治面臨價值危機，但其在施政方面的成績，又對其統治合法性起了增強作用。正如美國比較政治學者阿蒙（Gabriel Almond）和鮑爾（Bingham Powell）所指出的，臺灣在開放政治參與方面是被動的，但在施政能力、經濟成長及社會分配方面表現不錯。除了推行發展與均富兼顧的經濟、社會政策外，國民黨威權統治的一個重要特點在於有意識地選拔社會精英，將其納入統治體系，並透過一套考試制度，挑選公務人員。換言之，國民黨

當局是以一種徵召式的精英參與取代了競爭式的政治參與，此種做法既增強了威權政權的施政能力和表現，也在一定時期緩解了該政權所面臨的政治參與壓力，有利於維繫國民黨威權統治的合法性。

然而，1971年臺灣被迫退出聯合國及其後一連串的「外交」挫折使國民黨政權「漢賊不兩立」的「外交」政策以至施政能力受到社會的懷疑和批評。特別是在1978年底，美國政府宣布次年美臺「斷交」，對臺灣「朝野」震撼尤大。國民黨唯恐影響選情，臨時宣告推遲即將舉行的1978年「中央民意代表」的「增額選舉」。同時一些民眾因不滿臺灣「國際地位」的下降和國民黨的對外政策，轉而同情以至支持臺灣前途「自決」或臺灣「獨立」的訴求。這股力量與要求民主改革的力量匯為一體，對國民黨威權統治的施政能力和統治方式提出了雙重的挑戰。

二、政治反對運動的興起

由省籍衝突所催生的臺灣政治反對運動歷史悠久。在1947年2月28日爆發的臺灣人民反對國民黨專制統治的抗爭中，數以千計的臺灣民眾遭到國民黨軍隊的鎮壓和屠殺。在「2·28」事件後，本省人和外省人的仇恨持續存在，只是由於蔣介石的高壓統治，這些政治上的不同聲音才暫時沒有爆發。為此，國民黨政權從一開始就對本省人充滿了疑慮，所有的重要官位均由跟隨蔣介石一起前往臺灣的外省人擔任。由於國民黨政權缺乏政治支持，在1950年代初開始推行鄉、鎮級和縣、市級的地方自治，而後提升到省、市議會層次。雖然在政治轉型前，臺灣的地方選舉難免受到國民黨當局的操控，但還是有助於形塑民眾的政治參與文化。選舉還使黨外勢力得以在地方層次跟國民黨的在任官員展開競爭。國民黨在1970年代開始就努力錄用本省籍的政治精英，許多人卻寧願選擇留在黨外，推動政治民主化和臺灣化。從1972年開始的「增額國大代表」、「增額立法委員」、「增額監委」的定期改選，名額有限，但給政策辯

論和精英參政提供了一個新的渠道，國民黨的候選人必須與黨外人士競爭這些位置。如第三章所述，「增額代表」和「終身代表」間的鬥爭後來成為臺灣政治轉型期的一個重要內容。

在臺灣的政治反對運動中，大眾傳媒也發揮了重要的作用，提醒民眾關心焦點議題，迫使當局作出回應。在國民黨當局解除「報禁」前，臺灣只有31種報紙，共發行350萬份左右，其中由私人經營的有20種，官辦的11種。在這31種報紙中，只有吳三連的《自立晚報》和李瑞標的《民眾日報》較具獨立性，其他的充滿官方色彩。雖然報紙有責任支持官方的政策，但對讀者和市場份額的競爭迫使出版商和經紀人奉行或多或少的新聞獨立精神來獲得民眾的接受。更重要的是，反對運動經常使用政治性雜誌刊物來發表批評當局的政見。這些雜誌得到了本省企業界人士的支持。較溫和的黨外雜誌，如《臺灣政論》，《八十年代》、《亞洲人》、《暖流》等，鼓吹漸進改革。更激進的黨外雜誌，如《美麗島》、《蓬萊島》、《深耕》、《關懷》、《新潮流》、《新路線》、《新觀點》和《民主時代》等，要求立即實行全面政治改革，並宣傳臺灣意識，支持街頭抗爭和群眾集會，以迫使國民黨作出政治讓步。黨外雜誌往往因為國民黨的嚴格新聞審查而遭到停刊，但經常被允許在短時間內以新的刊名重新出現。1988年國民黨最終解除「報禁」後，新聞報導和評論的自由化在擴大公眾政治參與和推動臺灣民主轉型上扮演了更積極的角色。

黨外雜誌的「異軍突起」，地方選舉和「增額」選舉的持續進行，為黨外反對運動的成長提供了難得的政治平臺。外部形勢的變化，則為反對運動的發展提供了有利的機遇與誘因。美臺「斷交」後，黨外人士以《美麗島》雜誌社為中心，從1979年春天開始進行全島大串聯，舉行了一系列民眾集會，國民黨採取鎮壓手段，導致警民衝突的「高雄事件」的爆發，黨外運動的領導人物多人入獄。其後，黨外運動持續街頭抗爭，「黨外公共政策研究會」和「黨外

編輯作家聯誼會」登上舞臺,高雄事件受刑人的家屬許榮淑、周清玉等人「代夫出征」,贏得選舉,國民黨威權統治面臨日益嚴峻的社會挑戰。1980年代臺灣的「社會力」崛起,出現了消費者運動、生態保育運動、婦女運動、學生運動、勞工運動等20種社會運動。政治抗爭和社會運動最終迫使國民黨當局放棄「戒嚴」心態,將政治民主化提到了議事日程。

三、外部形勢的變化

1980年代以來臺灣外部形勢的一連串變化,進一步影響到國民黨「動員戡亂」體制的法理基礎。日趨嚴重的「外交孤立」使國民黨政權的統治合法性受到衝擊。如上所述,臺灣權力體制的設計和運作是基於代表整個中國的「法統」,「中央民意代表」之久未全面改選,地方自治之殘缺不全,以及「戒嚴令」之實行,跟國民黨政權堅持代表整個中國,有朝一日「反攻大陸」的「迷思」有著直接關聯。既然國際社會不再接受國民黨政權代表中國的說法,維持原有政治統治的理由,也就難免令人懷疑。另一方面,海峽兩岸關係的漸趨緩和,也使國民黨所宣稱的臺灣處於「非常時期」、必須實行「非常之法」的藉口難以自圓其說。海峽兩岸在1950年代到1970年代之間的政治和軍事對峙局面,跟國民黨在臺灣實行威權統治和經濟現代化的「聯姻」有內在關係。就像韓國實行高壓統治的前總統朴正熙一樣,國民黨實行威權統治的藉口也是抵禦外來威脅。這種情況到1970年代後期發生了變化。如果說,在1970年代末之前,國民黨尚可藉口並有意渲染海峽兩岸的軍事對峙局面,將社會安全的優先性置於政治運作民主化之上,以「反共心防」壓制反對運動和政治自由的話,那麼,1980年代以來兩岸關係的漸趨緩和就使這些違「憲」運作的「緊急統治」越來越顯得缺乏事實根據。隨著國民黨「反攻大陸」迷思的破滅,在臺灣社會各個不同階層中,主張「進步中求安定」,以變圖存,已成為不分省籍、超越黨派的普遍呼聲,從而加劇了國民黨威權統治的合法性危機。

國民黨在臺灣的威權統治曾經是美國對華實行戰略遏阻的重要鏈條。但在中美關係開始走向正常化後，這種情況發生了微妙的變化，臺灣方面時而感到被美國拋棄的威脅。特別是從1971年到1982年，美國出於「聯中制蘇」的戰略需要，對中國政府追求國家統一的利益，表示尊重和理解。1971年7月9日，周恩來總理對來訪的美國國家安全顧問季辛吉表示，臺灣是中國領土不可分割的一部分，最終必須回歸祖國的懷抱。季辛吉回答說美國不主張以「兩個中國」或「一中一臺」作為臺灣政治前途的解決方案；兩岸關係的政治演變很可能朝著周總理所揭示的方向發展，將「解決」臺灣的政治前途問題，理解為臺灣「回歸」中國的問題。次日，在談到中美的共同利益時，季辛吉表示，臺灣問題可望在近期得到解決（within the near future），一旦美國決定從臺灣撤軍，停止對臺灣的政治支持，臺灣除了接受某種形式的統一外，將別無選擇。這再次表明季辛吉是將解決臺灣問題和兩岸統一當做同一概念範疇來使用的。同年10月，在回答周恩來關於美國對臺灣地位的政策立場時，季辛吉明確表示美國鼓勵在一個中國的框架內和平解決臺灣問題。在上述語境下，周恩來在1972年2月同共和黨總統尼克森的會談中提到，「你們希望和平解放臺灣」，「我們只能說爭取和平解放臺灣。為什麼說『爭取』呢？因為這是兩方面的事。我們要和平解放，蔣介石不幹怎麼辦？」在周恩來看來，美方所使用的「和平解決」字眼，與中方的「和平解放」，實屬同一概念，故在談話中，沒有區別使用這些文字。當時雙方的爭執點是美方「關心」臺灣問題的和平解決，中方表示無法承諾（但可以希望並且爭取）採取和平方式。這裡的和平解決實乃和平統一的同義語。如果和平解決也包括和平分離選項的話，上述對談就失去了邏輯意義。1972年中美簽署上海聯合公報後，美國繼續表示對未來中國和平統一的接受。尼克森曾對時任臺灣「駐美大使」沈劍虹表示，美國的立場是臺灣問題應該由兩岸和平解決；美國無意干涉，既不會敦促臺灣違

背自身意願與北京展開協商，也不會提供任何建議或方案。但是當被問及美國對臺灣問題的和平解決有無時間表時，尼克森又答之以「兩年」，或「三五年」。雖然美國反對中方採取武力方式統一臺灣，也不願意迫使臺北與北京和談，但對臺灣問題在三、五年內和平解決，還是有預期心理準備的。與中美關係走向正常化相伴隨的是，美國收回「臺灣地位未定論」的立場，在臺灣未來的解決方案上，排除了「兩個中國」或「一中一臺」的選項，季辛吉在1970年代初的會談中，還多次使用「和平統合」（peaceful integration）這一概念指涉未來安排。

美國對兩岸和平統一的原則性接受，在民主黨總統卡特任內續有展現。1978年5月美國國家安全事務顧問布里辛斯基訪中期間，對鄧小平談到美國希望臺灣問題和平解決時表示，一個中國終將成為現實（eventually one China will become a reality）。同年12月美國駐中聯絡處主任伍德科克（Leon-ard Woodcock）在回應鄧小平提議在實現中國和平統一方面美國可以盡相當的力量，至少不要起反向作用時，表示美國在一年後繼續對臺軍售不會影響中國的統一進程，反而有助改變美國人民對中國的態度，從而有利中國的最終重新統一（redound to the benefit of eventual reunification）。伍德科克的說法是否符合邏輯姑且不論，但他對中國統一前景的假定（assumption）殆無疑義。當時美方的意圖顯然是以接受中國未來的和平統一，換取中方在軍售問題上的讓步。中美發表建交公報後，雙方分別發表聲明。美方重申由中國人自己和平解決臺灣問題符合美國的利益。中方則指出，「解決臺灣回歸祖國、完成國家統一的方式，這完全是中國的內政。」兩個聲明的相同點是美方所說的和平「解決臺灣問題」，即中方所說的「解決臺灣回歸祖國、完成國家統一」的問題；不同點是美方強調和平方式，中方強調臺灣問題的解決方式屬於中國的內政。

中美雙方對於臺灣問題解決方案的磨合，在1980年代初有了新

的發展。雷根在1980年篤定獲得共和黨提名競選總統之初，曾表示要恢復與臺灣的官方關係，意圖測試兩岸和平分離的可能。但中美戰略合作的需要，很快就使這位新任總統改弦易轍。1981年9月全國人大常務委員會委員長葉劍英發表和平統一中國的九條方針（「葉九條」）後，美國國務卿海格（Alexander Haig）公開表示贊同，甚至建議臺北對之作出積極回應。1982年5月布希副總統訪問北京，帶來雷根總統致中國共產黨主席胡耀邦的信函。信中提到美國的政策將繼續以一個中國為原則（based on the principle that there is but one China）；美方不允許美國人民和在臺灣的中國人民（the Chinese people on Taiwan）之間的非正式關係削弱美國對這一原則的承諾。同時，白宮公佈了早些時候雷根總統致鄧小平和趙紫陽的信件。在信件中，美方再次充分認可（fully recognize）「葉九條」的意義。其後，即將卸任的國務卿海格建議雷根與北京達成協議，允許美國繼續對臺軍售，並將軍售的減少與中國和平統一事業的進展相聯繫（tied to progress on China』s peaceful course of reunification）。1982年中美發表「八·一七」聯合公報前，美方對臺灣作出所謂「六項保證」，包括不對臺灣施加壓力，迫其與大陸進行和談。「八·一七」公報中明言，美國無意干涉中國內政，無意推行「兩個中國」或「一中一臺」政策；美國理解和欣賞中國政府在《告臺灣同胞書》和「葉九條」中所展示的力爭和平解決臺灣問題的政策，在一定程度上體現了海格的建議。正因為和平解決是和平統一的同義語，1984年4月雷根總統訪華期間，不願接受中方要求，迫使臺北與大陸談判，和平解決臺灣問題。當時美國所擔心的是臺灣被迫與大陸和談統一或中國政府強行武力統一，但對統一本身則未持異議，也未將和平分離視為和平解決的隱含選項之一。

中美關係的最新發展，使臺灣不得不考慮透過政治轉型，拉近美臺的關係距離。1980年代以前，美國等西方國家，基於冷戰思維和現實戰略利益，對第三世界國家或地區的威權政府，包括國民黨

在臺灣的威權統治，在政治上予以容忍和扶植，並在經濟、軍事、「外交」上給予大力支持。另一方面，實現臺灣政權本土化，建立由臺灣人控制的代議制政府，又是美國由來已久的理想目標，故而美國政府在打臺灣牌，牽制大陸的同時，對本省籍的國民黨及黨外勢力，也暗中予以一定的支持，以此制約由大陸籍主控的國民黨當局，迫使其進行政治改革和開放。1980年代以後，美國國會和行政當局對拉丁美洲和亞洲威權政權的民主化進程採取積極支持的政策，對國民黨威權統治的態度，亦由消極容忍轉為促其改變。「江南命案」、「李亞頻事件」後美國朝野對臺灣情治系統的詰難，菲律賓馬科斯總統倒臺後，美國政府對阿基諾政權的支持，給國民黨執政當局造成了很大的壓力。與此同時，美國眾議院對外關係委員會亞太小組以索拉茲為代表，對臺灣違反人權的做法，迭加批評。為了爭取美國對臺灣安全的繼續支持，蔣經國作出了政治改革的重大決定，並有意利用1986年8月會見美國參議員魯加（Richard Lugar）一行的機會，初次透露了臺灣不久將取消「戒嚴令」和「黨禁」的訊息；同年10月在會見美國《華盛頓郵報》董事長葛瑞翰等人時，又首次表態在「遵憲、反共、反分裂」三前提下，允許新成立的政黨合法存在。而美國國務院在國民黨「中常會」作出取消「戒嚴令」和「黨禁」的決定後，當即表示這項決定是「臺灣承諾致力於政治發展及改善臺灣人權情況的又一個振奮的跡象」。從美臺雙方的上述互動可以看出，美國的政策轉向對臺灣民主化的啟動確實起了重要的推動作用。

第四節　小結

在新興工業化國家或地區中，臺灣威權政治的長期違「憲」運作和民主轉型的滯後發展提供了政治發展的一個異例。其主要原因在於國民黨當局透過組訓、徵召社會精英，逐步擴大地方自治，以

及健全公務員考試制度，有意識地將地方精英和各界專家人才納入其統治體系，並在推動臺灣經濟、社會迅速現代化方面，扮演了主導性的積極角色，從而緩和了由於社會變遷所導致的政治參與壓力和價值危機，在一定時期內淡化了威權統治的政治合法性問題。此外，國民黨利用海峽兩岸軍事和政治對抗的緊張局勢，有意渲染「憂患」意識，以此作為優先保證社會安全、推遲實行「憲政」、壓制民間反對運動和政治自由化的藉口，並在政治、經濟、軍事、「外交」等方面，得到了美國等西方國家的大力支持。為此，臺灣民主轉型，明顯落後於其社會和經濟發展水平。

　　導致臺灣政治轉型的關鍵原因是外部條件的變化。雖然，臺灣早年的「經濟起飛」和社會發展，對其在1980年代後政治的平穩轉型鋪墊了一個較為堅實的基礎，但如果缺乏政治誘因，社會和經濟發展本身不足以帶來政治民主化。1970年代末期臺灣所面臨的嚴重「外交」挫折，使國民黨威權統治的施政能力和代表全中國的「法統」飽受社會的批評懷疑。海峽兩岸形勢的逐漸緩和，美國對拉美和亞洲一些實行威權統治的國家或地區的民主轉型的支持，以及對中國和平統一前景的原則性接受，又進一步凸顯了國民黨「動員戡亂」統治所面臨的價值危機。觀察外部形勢、威權政府和民間反對運動三方面的互動，可以看到外部誘因對臺灣民主轉型的推動作用。正如蔣經國1986年發動「政治革新」時所承認的，「時代在變，潮流在變，我們的做法也要變」。在外因和內因的交互作用下，臺灣終於加入了世界第三波民主浪潮。由以下章節可以看到，雖然蔣經國的最初目標只是結束「緊急統治」，回歸「憲政」，但臺灣政治轉型的幅度及其對兩岸關係的衝擊，卻遠遠超越了他的預期心理。

第三章　臺灣政治轉型的啟動

　　對於1970年代中期以來的民主政治轉型過程，比較政治學者有不同的分類法。夏爾（Donald Share）和梅因沃寧（Scott Mainwaring）的分類包括了變革（transaction）崩潰（collapse）和脫困（extrication）三種形態。亨廷頓（Samuel Huntington）將其區分為由統治精英主導的改革（transforma-tion）、由反對組織主導的替代（replacement）和上下結合的變換（transplace-ment）三種形態。在這兩種不同分類中，變革和改革、崩潰和替代、脫困和變換基本屬於同一類型。然而在現實生活中，民主改革的成功往往離不開民間力量的推動。民主轉型的啟動，或緣於原有統治精英願意放棄威權統治方式，與從事體制內反對運動的在野勢力取得妥協，並對其開放政治參與的空間；或緣於民間反對運動在力量對比上超過了堅持實行威權統治的政府，足以採取革命的方式，推翻其統治，實現政權的民主轉型。前者表現為和平、漸進式的轉型，後者則表現為暴力、突發式的轉型。採取何種形式的轉型過程，取決於朝野政治行動者的力量對比及其互動關係。從這個意義上說，林茨（Juan Linz）將民主轉型區分為改革（reforma）與斷裂（ruptura）兩種模式，在概念上更為清晰。

　　雖然亨廷頓將臺灣的政治轉型歸類為統治精英主導的改革模式，但臺灣的民主化實屬國民黨當局和在野反對派合力推動的產物，更接近他所界定的變換（transplacement）模式或林茨的改革（reforma）模式。臺灣政治轉型的啟動過程，始於1986年開放「黨禁」。從1986年民進黨成立，到1991年底第一屆「中央民意代表」退位，屬於舊體制崩解的過程，其主要內容是結束「戡亂戒嚴」體制，開放「黨禁」、「報禁」，結束「萬年國會」。1991年後屬於

民主重建的過程，其主要內容是提高選舉層次，調整「政府」權力體制，健全政黨政治。在臺灣民主轉型的全過程中，不管是執政黨的精英，還是民間反對黨派，均扮演了不可或缺的角色。本章第一節分析臺灣政治轉型過程中「朝野」力量的互動和省籍情結的作用。第二節討論臺灣政黨政治的特點和政黨光譜的變化。第三節從民進黨的路線調整、國民黨的分裂和李登輝的「兩國論」效應，說明臺灣發生第一次政黨輪替的重要原因。

第一節　由威權體制回歸「憲政」體制

一、「朝野」合力推動政治轉型

臺灣政治轉型的啟動，是國民黨改革派與民間反對派相互容忍、合力推動的產物。威權體制能否平穩地實現民主轉型，取決於原有的統治集團精英與政治反對派對新的權力分配及其相應規則形成大致的共識，達成「朝野」雙方均可以接受的折中方案。為此，執政精英必須放棄威權統治的心態與行為模式，容納政治反對者的合法參與。而反對運動團體也必須基本上採取體制內理性競爭的方式，逐漸擴大生存空間。由於統治精英對政治權力與資源的長期壟斷，並建立了一套不公平的政治競爭與參與規則，在政治轉型的啟動初期，反對運動團體在從事體制內理性競爭的同時，往往或多或少地採取體制邊緣激烈抗爭的策略，以凸顯原有遊戲規則的不合理性，喚起社會的廣泛注意與支持。執政黨對於這種邊緣抗爭能在多大的程度上予以容忍，反對運動團體能否有所節制，均將影響到民主轉型的和平進展。

臺灣民主轉型的啟動，始於1986年3月底的國民黨十二屆三中全會。在這次會議上，蔣經國宣布「以黨的革新來帶動全面革

新」，並指定部分國民黨「中常會」委員組成「十二人小組」，研擬政治革新方案，將「充實中央民意代表機構」、「強固地方自治」、「取消戒嚴令」、「開放民間組黨」、「整頓社會治安」和「推動黨務革新」等六項政治議題先後列入改革日程。

雖然蔣經國的這一決定，對臺灣民主化的啟動起了至關重要的倡導作用，但以黨外勢力為主體的反對運動在推動臺灣民主化方面亦功不可沒。其實上述六項議題中，充實「中央民意代表機構」，擴大地方自治，取消「戒嚴令」和「黨禁」乃是來自民間由來已久的呼聲，而非國民黨的專利。而且，在國民黨十二屆三中全會召開前，以黃少谷為召集人的國民黨「三中全會主要議題組」還指出，「組黨及戒嚴問題，目前不宜擴大討論」，因此全會僅決定籌議有關「中央民意機構」與地方自治兩項議題。然而，1986年春天，「黨外公共政策研究會」在菲律賓「阿基諾旋風」的激勵下，不顧國民黨的戒令，籌組各地分會，加快組黨步伐。與此同時，許信良等流亡海外的反對運動人士，在美國成立了臺灣民主黨建黨委員會，與臺灣黨外勢力遙相呼應，給國民黨造成了很大的壓力。為防止海外「臺獨」力量繼續向臺灣蔓延，5月上旬，蔣經國一面要求國民黨與臺灣反對運動領袖主動溝通，一面指示「十二人小組」，考慮將取消「戒嚴令」與「黨禁」問題也一併列入籌議範圍。國民黨的這一決定，使黨外勢力的活動更為大膽。從抗議國民黨長年實施「戒嚴令」的「五·一九綠色行動」，陳水扁、黃天福、李逸洋、鄭南榕、顏錦福、林正傑等人相繼被捕判刑後的一系列街頭抗議行動，到黨外人士的多次組黨說明會及其所提出的「民主時間表」，形勢急轉直下，從而改變了國民黨當局優先解決「充實中央民意代表機構」和「強固地方自治」兩項議題的初衷。蔣經國明確提示「十二人小組」，「戒嚴問題應列為第一優先」，「應朝解除戒嚴令及準許新黨成立的政策方向前進」。而黨外勢力則不願按國民黨的改革節拍起舞，在國民黨還未解除禁令前，於當年9月28日

搶先成立了民主進步黨,迫使國民黨承認既成現實,加快民主化的步伐。1987年7月國民黨當局正式解除「戒嚴令」,放寬對人民言論、信仰、結社、集會、遊行、請願、罷工、罷課、罷市等基本權利的限制,放寬出入境限制和海防、山防管制,縮小軍法審判範圍,並允許人民在符合「遵憲、反共、反臺獨」三原則前提下,以選舉為目的,組織合法政黨。1988年1月,臺灣正式解除了「報禁」和新聞、出版管制。在上述六項政治革新議題中,取消「戒嚴令」和「黨禁」這兩項議題最遲列入國民黨的議事日程,卻最早得到落實解決。這跟反對力量的積極推動與國民黨當局的靈活應變是分不開的。

民進黨不顧禁令,「起步偷跑」後,國民黨內保守勢力曾主張對其繩之以法,但蔣經國最後還是容忍了民進黨的「非法參與」,其交換條件則是後者必須接受「遵憲、反共、反臺獨」三原則。1988年1月李登輝繼任國民黨代主席之初,主動會見了民進黨的一些領導人物,其後兩黨進行了政治溝通。根據民進黨的要求,國民黨當局廢除了備受爭議的「國大代表出缺遞補制」,就臺灣外匯存底作了公開說明,對一些「政治犯」進行了減刑、復權,並同意對海外同鄉不能返臺的「黑名單」進行個案處理。民進黨在溝通中則表示認同「國號」、「國旗」、「國歌」及年號。在這次溝透過程中,國民黨「唯我獨大」的心態與民進黨一味排斥現存體制的情結均有所改變,保證了民主轉型的和平進行。

二、「議會」政治與街頭抗爭的並行

民進黨成立後,採取對體制內理性競爭與體制邊緣激烈抗爭兼收並蓄的策略,以突破原有威權體制對反對黨派政治競爭和參與空間的限制。1989年,民進黨第一次以合法政黨身份,以邁向執政之路的強勢姿態(high pro-file)及「地方包圍中央」的選戰藍圖,參加了「增額立法委員」選舉與縣、市長選舉。結果在101席「增額

立法委員」中，國民黨獲得72席，民進黨奪得21席，無黨籍8席；民進黨的得票率由三年前的22.2%增加到28.2%。在21位縣、市長中（不包括金門、馬祖），國民黨贏得14席，民進黨的席次由上一屆的1席增加為6席，加上無黨籍的1席，由反對黨派控制的7個縣、市的人口總數，高達全省21個縣、市的45%。在這次選舉中，除國民黨和民進黨外，還有16個小黨派人士參選，但無一當選上述席位，第三黨的生存空間遭到嚴重擠壓，兩黨政治初具雛形。

　　隨著反對黨籍立法委員的增加，立法院逐漸從有「行政院立法局」之稱的橡皮圖章，轉向政策辯論、民意彙集的中心。為加強組織化運作，民進黨籍立法委員組成黨團，利用各種議事杯葛手段和質詢權，從議事的程序到內容，從立法院的代表結構到「憲政」體制，對國民黨展開激烈的攻訐；並憑藉所擁有的20個以上的席次，運用提案權，主動出擊，使國民黨無法一手主導議案審議的順序。但由於民進黨籍立法委員在人數上的明顯劣勢，加以國民黨籍的「資深立法委員」仍然占據立法院的大量席次，朝野立法委員和新舊立法委員對立法院的代表結構和議事規則及其結果，往往難以達成共識，從而導致民主轉型陣痛期的議事失序。立法院充滿了暴戾之氣，呈現出一派無休止的「茶杯與麥克風齊飛，怒吼與叫罵聲共響的景象」。一些立法委員甚至於以「肢體語言」代替理性辯論，影響了議事功能的正常發揮。立法院歷屆會期往往未能完成預定議程，拖欠了許多與民眾生活息息相關的法案。在1990年的第85會期中，積壓大量民生法案的現象更為嚴重，立法委員在議事成績單上幾乎交了白卷。1991年，立法院的議事亂象仍未改變，第87會期開議首日，便發生立法委員撒冥紙、燃汽油等動與行政院長郝柏村率領官員退席的事件，被美、日等國家的媒體列為年度「世界奇觀」；在第88會期中又發生了行政院長在抗議聲中完成施政報告的破天荒事情。根據《中國時報》1991年初對臺灣民間所做的電話訪問，有八成三民眾對立法院的表現痛心疾首，反映了臺灣民間對轉

型未定的立法院運作已漸漸失去耐性。

與立法院議事亂象相伴隨的是街頭抗爭的風起雲湧。民進黨成立後，除了積極投入選戰，從事議會鬥爭外，並未放棄群眾路線，繼續發動了一系列街頭運動，較大規模的有1987年5月19日和6月12日舉行的反對制定《國家安全法》的示威遊行，1988年3月29日舉行的要求「國會」全面改選的示威遊行，以及1990年5月29日的反對郝柏村出任行政院長的示威遊行。在上述示威活動中，均發生了程度不等的警民流血衝突。除了政治性的遊行示威外，臺灣民眾為維護自身利益，也以新的結合形式，頻繁發起各種自力救濟事件，消費者運動、環境保護運動、反核運動、勞工運動、農民運動、校園改革運動、退伍軍人運動、婦女運動、反雛妓運動、無住屋運動、客家人權運動、全民生產力運動等蓬勃興起。特別是在1988年，臺灣爆發了一系列農民運動，當年5月20日臺北市發生大規模農民請願活動，造成382名警察受傷，成為解嚴以來最大規模的警民衝突流血事件。

1990年夏天「國是會議」的召開，是執政黨當局整合「朝野」改革力量，化解反對勢力的體制邊緣抗爭的重要步驟，代表著臺灣民主轉型的重大進展。在這之前，國民黨當局的改革步伐較為緩慢，諸如在1987年6月以《動員戡亂時期國家安全法》取代「戒嚴令」，1988年2月計劃兩階段擴充「增額國大代表」和立法委員，對「資深代表」採取自願退職的辦法而非強迫退休，1988年8月修改「臨時條款」，而不是乾脆予以廢除，以及地方自治的擴大遲遲未能落實等。其主要原因在於黨內保守派反對大幅度改革以及「資深代表」戀棧不去。李登輝在1988年執政後，國民黨高層權力鬥爭很快成為公開的祕密。先是以行政院長李煥為代表的「非主流派」（以外省籍為主）提出實行「內閣制」的主張，對李登輝提出權力挑戰，繼而出現了林洋港與蔣緯國計劃搭檔參選「總統」、「副總統」，與李登輝、李元簇公開競爭的風波。雖然事後李登輝透過提

名郝柏村接任行政院長及勸退林洋港，成功地瓦解了「非主流派」陣營，並透過建立兼容「主流」（以本省籍為主）、「非主流」兩大派的七人決策小組（包括李登輝、李元簇、郝柏村、林洋港、蔣彥士、邱創煥、宋楚瑜），暫時彌合了高層政爭，但「主流派」與「非主流派」的裂痕已為日後國民黨的分裂埋下了契機。面對黨內「非主流派」的挑戰，李登輝轉向在野方面，尋求支持力量。1990年3月的野百合學潮，正好為國民黨「主流派」提供了一個召開「國是會議」，借助反對黨派和民間人士對付黨內保守勢力的絕好機會。這次學潮的導火索是一些「國大代表」趁「總統」選舉之機，倡議每年集會一次，行使「創制、複決」兩權，並將1986年選出的「增額國代」的任期由六年延長至九年，以便與「總統」的任期一致。3月學潮是四十年來臺灣第一次大規模的學生運動，展現了青年大學生對「國大代表」要求擴權、延任的極度憤慨。學潮為期六天，由中正紀念堂前20位學生的靜坐絕食行動，演變為數千位學生和教授的和平、理性抗爭，迫使國民黨正視「憲政」危機，宣布同年6月召開「國是會議」，訂定改革時間表，加決全面改選「國會」的進程。在此次學生運動中，原有的臺大學生會與民主學聯兩大組織互相奧援，良性競爭，展現了不介入黨派之爭、不走極端、進退有序的政治智慧，贏得了社會的廣泛支持。

「國是會議」的召開，對臺灣回歸「憲政」起了關鍵性的推動作用。在「國是會議」召開前夕，國民黨當局授意「司法院大法官會議」作出第261號「釋憲文」，規定第一屆「中央民意代表」的任期到1991年底截止。在「國是會議」上，與會的朝野各方人士，紛紛要求「資深代表」早日退位，不少人還主張以1990年底或1991年7月為退職的最後期限，從而使戀棧不去的老「代表」面臨法律和民意的雙重壓力。在「總統」如何產生問題上，多數與會代表贊成由人民直接投票選舉「總統」（44人），或以委任代表制方式由「國民大會代表」選舉「總統」（29人），只有少數「代表」仍然

主張維持由「國大代表」間接選舉的現有制度（19人）。在行政體制方面，贊成「總統制」的有52人，主張維持「五權憲法雙首長制」的38人，而「內閣制」則乏人問津。由「國是會議」所彙集的民意，對迫使「資深代表」早日退出議壇，削減「國民大會」的選舉、罷免權限，建立權責並重的「總統制」，起了重要的輿論鋪墊作用。

　　「國是會議」後，國民黨「憲政」改革策劃小組於1990年12月27日決議，採取「國民大會兩階段修憲」模式，建議「國民大會」在1991年4月以前舉行臨時會，廢除「臨時條款」，訂定《「中華民國憲法」增修準備期間有關過渡條文》，完成第一階段「修憲」；1991年12月辦理第二屆國民大會代表選舉，連同原有的「增額國代」進行第二階段「修憲」，訂定《「中華民國憲法」增修條文》。此一方案，既不同於由「資深代表」占絕大多數的第一屆「國民大會」（包括84名「增額國代」和當時尚存的570名左右「資深國代」）逕行「修憲」的保守方案，也不同於民進黨所主張的透過「制憲會議」、「公民複決」或由「第二屆國大代表」單獨制定「新憲法」的激進方案。1991年4月，「國民大會」按照國民黨的既定部署，完成了第一階段「修憲」任務，臺灣隨後宣布結束「動員戡亂時期」。1991年底，「國民大會」、立法院和「監察院」中尚存的老代表全部退職，「資深國代」和「戡亂戒嚴體制」成為歷史名詞，以回歸「憲政」為要旨的第一階段民主轉型告一段落。其後，臺灣又分別在1992、1994、1997、1999、2000和2005年進行了六次「修憲」，決定「臺灣省長」、「臺北市長」、「高雄市長」和臺灣最高領導人的直接選舉辦法，調整「行政院」和立法院的權力關係，「凍結」臺灣省的選舉和權力，確立不分區政黨代表的名額，虛化「國民大會」的權力（只在「複決憲法修正案」時臨時選舉產生，完成任務即予以解散），改革立法院選舉制度以及徹底廢除「國民大會」等。頻繁的「修憲」沒有根本解決臺灣政治

體制的弊病，反而因為「凍省」和「總統」擴權，留下了日後的政治隱憂。

第二節　政黨政治的發展特點

「萬年國會」的終結，為臺灣政黨政治的發展，提供了前所未有的平臺。如上所述，1986年民進黨的成立，代表著臺灣兩黨政治的開端。作為新成立的政黨，民進黨之所以能夠跟擁有長年執政優勢的國民黨相抗衡，並迅速走向執政之路，在很大程度上應該歸因於國民黨內部以省籍情結為基本分野的「流派」之爭。「國是會議」後，國民黨「主流派」繼續在黨內「非主流派」和在野反對派之間尋求「憲政」改革的平衡點，使臺灣政壇成為兩黨三方的博弈舞臺。

一、兩黨三方的政治博弈

1991年底，臺灣進行了第二屆「國大代表」選舉，代表名額包括225名「區域代表」，80名「全國不分區代表」，20名「華僑代表」，「不分區代表」和「華僑代表」依各政黨在「區域代表」選舉中的得票率予以分配。國民黨卯足全力，投入選戰，以維持在第二階段「修憲」中的主導地位。民進黨亦不甘落後，力圖贏得四分之一以上的席次，以阻礙國民黨的「修憲」主導權。由於國民黨在政治資源和選舉規則方面的有利地位，選區縮小有利國民黨發揮組織及派系優勢，民進黨在「五全」大會和選舉期間強調「臺獨」訴求，以及各政黨區域代表得票率超過5%始得參與分配「不分區國代」和「僑選國代」，結果國民黨獲得68.8%選票，民進黨獲得23.6%選票，其他政黨或無黨籍人士得票率僅為7.6%。國民黨占據了四分之三以上的席次，民進黨的席次不足四分之一。

國民黨在1991年的「國大代表」選舉獲勝後，不少人曾擔心在

第二階段「修憲」中，國民黨將一手主導運作過程，從一黨之私出發，對「五權憲法」進行小修小補，維持由「國大代表」委任直選總統的方案，而不會考慮在野黨派有關大幅「修憲」的主張，從而導致民進黨以街頭抗爭，杯葛國民黨的一黨「修憲」。但在1992年4月「國大」集會進行第二階段「修憲」過程中，朝野兩黨並未發生預期的兩極化嚴重對立，倒是國民黨內部在總統選舉方式與總統、行政院長的權限問題上再次爆發了激烈的爭論。「國大」集會前，執政黨「修憲」策劃小組曾建議實行「委任直選」，李登輝則以民間要求「公民直選」為由，要求「修憲」小組將「委選」、「直選」兩案並陳交「中常會」決定。結果在「中常會」和隨後召開的國民黨十三屆三中全會上，黨內「委選」派和「直選」派意見嚴重分歧。國民黨當局擔心由全會對此案進行表決，很可能造成黨的分裂，只好暫且擱置「委選」、「直選」之爭。但在4月初的「國民大會」上，又爆發了總統和行政院長的權限攻防戰，「直選派」聯署提案取消行政院長對本身人事任免案的「副署」權，「委選派」則提案刪除總統的「復議核可權」（即「行政院」對於立法院之決議，移請立法院復議，得經總統核可）。由於「委選」、「直選」派在國民黨高層及黨籍「國代」內部勢均力敵，上述爭論亦無法形成定論。

　　從法理層面分析，有關總統選舉方式與總統、行政院長權限之爭，源於對「五權憲法」中的權能分立與行政系統「雙首長制」的設計究竟應該如何予以取捨和調整的問題。如果實行總統直選，「憲法」所規定的「國民大會」的選舉、罷免權將廢而不存，其作為政權機關的功能將受到嚴重削弱；而如果實行「委任直選」，「國民大會」則能保持形式上的選舉權，對「五權憲法」的調整幅度較小。而「府院」之爭的法理根源，則是「憲法」所規定的「雙首長制」。支持實行「總統制」者認為，根據「憲法」，行政院長沒有解散「議會」權，「議會」亦無「倒閣」權，「議員」尚且不

得兼任官吏，這些均不符合「內閣制」的精神。加以「臨時條款」的授權，臺灣多年來實行的是「總統制」，若改行「內閣制」，工程浩大。反對實行「總統制」者認為，「民國憲法」的基本精神是責任內閣制，「行政院」為「國家」最高行政機關，擁有決策權、副署權和提案權，向「議會」負責；「臨時條款」屬於「違章建築」，不具法效，在回歸「憲法」後，只要作出立法委員可兼任政務官的相應規定，即可確立「內閣制」。

從權力鬥爭層面分析，國民黨「主流派」強調「臺灣生命共同體」意識和「『中華民國』在臺灣」的現狀，在總統的產生方式上，不執著於一個中國的意涵；「非主流派」則強調中國意識和「中華民國」的「法統」，認為由包括部分「全國不分區代表」的「國民大會」選出的總統，才具有代表整個中國的象徵性。「主流派」與「非主流派」在政權代表性上的歧見，跟不同省籍人士在政治資源分配上的衝突，有著難解之緣。在威權統治時代，國民黨以代表全中國的政權自居，維持外省籍人士在政治資源分配上的明顯優勢地位。隨著臺灣民主轉型的進展，國民黨政權日趨本土化，外省籍第二代難免產生一定程度的政治危機感和受挫感，從而催化了所謂臺灣國民黨和中國國民黨之爭。前者希望透過總統直選，建立權責並重的「總統制」，直接訴諸民意，加強李登輝的權力根基，進一步推動臺灣的本土化進程；後者則希望透過委任直選總統，實行「內閣制」或維持「五權制」，以「國民大會」和「行政院」制約李登輝的權力擴張，維護外省籍人士原有的政治空間。

面對國民黨「主流派」和「非主流派」圍繞「憲政」體制問題的爭論，具有濃厚臺灣意識和「臺獨」理念的民進黨很自然地站到「主流派」一邊，支持總統直接由民間選舉產生，建立美國式的總統制。其主要動因有三。第一是希望李登輝以臺灣民意為後盾，對抗國民黨內「保守」勢力，發揮強勢領導作風，切實推行臺灣政治的本土化，此即所謂的「李登輝情結」。第二是民進黨當年受人才

缺乏的限制，短期內難望贏得「議會」的多數，但如果與國民黨進行一對一的總統普選，則有可能提前走上執政之路。第三是實行總統直選，本身即含有宣示臺灣與大陸毫無主權瓜葛的政治意味，這跟民進黨的「臺獨」理念頗為一致。在總統選舉方式上，國民黨「主流派」和民進黨的共識和默契，使國民黨內的「非主流派」成了少數派，從而加速了臺灣權力體制向「總統制」方向的調整步伐。

從臺灣確立總統直選原則和政黨政治發展的趨勢看來，延續多年的「府院」之爭，以「總統制」的確立得以解決，為此，「五權憲法」中有關「內閣制」的成分已亟待廢棄。而「國民大會」的選舉、罷免權既已流為空文，在完成階段性的「修憲」任務後，已難以長期存續。事實上，1992年第二次「修憲」以後，臺灣已經由以「國民大會」為主體的「一機關修憲」，過渡為由「國大」與立法院共同參與的「兩機關修憲」，「國民大會」的功能遭到了進一步的削弱，其象徵性的功能（包括部分「全國不分區代表」）也因為總統直選而失去意義。與此相反，經過1992年全面改選的立法院，成為臺灣政黨政治運作的主戰場。但由於立法院和總統選舉的時間不一致（立法院三年一選，總統四年一選），故而理論上說，立法院的多數席位（絕對多數或相對多數）和總統當選者未必屬於同一黨派，為日後的「府會」衝突預留伏筆。從本書第四章可以看到，這一權力體制的弊病在民進黨執政時期得到了明顯的表現。

1992年以來，臺灣政黨政治有了進一步發展。民進黨在1991年底的第二屆「國代」選戰中失利後，注意調整政黨形象，在1992年底的第二屆立法委員選舉中大有斬獲。在這次選戰中，民進黨除堅持「一中一臺」的理念外，在政治訴求上強調「反特權」、「反軍權」、「反金權」與總統直選，並首次系統地提出了一套公共政策藍圖，包括批評「六年國建」、促進企業私有化、全面大幅減稅、建立福利社會等。結果民進黨獲得31.4%的選票和51個立法委員席

位,國民黨獲得52.7%的選票和94個席位,其他黨派和人士得票15.9%,獲得16個席位。從朝野兩黨的距離拉近和第三黨缺乏發展空間看來,兩黨政治的規模似已逐漸形成。但若對國民黨「主流派」、「非主流派」和民進黨三股勢力的政見訴求作進一步分析,這次選舉實際上又透露出臺灣政黨政治可能朝三黨政治發展的苗頭。在選舉期間,民進黨採取「以團結的少數對抗分裂的多數」的戰略,以「一中一臺」主張和「反郝柏村」牌,與部分國民黨「主流派」候選人互相呼應,以催化國民黨的內部分裂。因此,在統「獨」糾紛與省籍衝突方面,形成了國民黨「主流派」居中,國民黨「非主流派」與民進黨位於兩端的局面。

　　國民黨內的「主流派」和「非主流派」之爭,使臺灣初步形成的兩黨政治結構充滿極大的不穩定性。黨內「流派之爭」在1993年夏天的「十四全」大會前後進一步激化。由於「主流派」在實際上已放棄了中華意識,主張對「五權憲法」作大幅修正,並在本土化的走向下與大企業和地方派系結合,使李登輝受到堅持傳統理念的「非主流派」人士的挑戰。另一方面,民進黨對李登輝本省籍總統地位和本土化政策予以支持,李登輝則極力拉攏民進黨參與「國是會議」、「國家統一委員會」和「行政院大陸事務委員會」(「陸委會」),使他與民進黨的關係糾纏不清,從而加深了部分外省籍第二代的政治危機感。為緩和流派之爭,國民黨在「十四全」增設副主席,但仍未能避免「新國民黨連線」出走,成立第三政黨,即中華新黨。該黨成立後,以革新政治、安定政局、制衡兩黨為旗號,主張開放兩岸直航,積極與中國大陸談判,在臺北市得到了一定數量的選民的支持。雖然在1993年底的縣、市長選舉中,新黨只獲得3.08%的選票,但在1994年年底的臺灣省和北高兩市地方選舉中,新黨在總共52個席位的臺北市議會,獲得11個席位(國民黨20席,民進黨18席,無黨籍3席),在外省人較多的臺北市有一定斬獲。1995年以來,國民黨內部的流派之爭進一步發展,從新同盟會

的頻繁活動,國民黨「救黨改革委員會」的成立,「監察院長」陳履安的退黨參選總統,到國民黨副主席林洋港的堅持留黨競選,均顯示國民黨已面臨進一步分裂的危機。在1995年的第三屆立法委員和1996年第三屆「國大代表」選舉中,國民黨分別獲得46.1%和49.7%的選票,民進黨分別獲得33.2%和29.9%的選票,新黨的得票率為13.0%和13.7%,初步形成一大一中一小的三黨政治局面。在1996年的總統選舉中,由於候選人的個人因素及臺海危機效應,國民黨的李登輝獲得54.0%選票,民進黨的彭明敏得到21.1%,脫黨獨立參選的林洋港和陳履安分別得到14.9%和10.0%的選票。在這次選舉中,民進黨的不少票源流向國民黨,造成得票率偏低;林洋港和陳履安兩組候選人的票源則不完全來自新黨的支持者,還包括其他中間選民,不宜簡單解讀為第三勢力的急劇上升。表3.1反映了國民黨、民進黨和新黨在1990年代歷次選舉中的得票率和席次。這三股一大一中一小的政治勢力,比例失衡,透露出臺灣的政黨生態尚未定型,日後還將進一步分化組合。

表3.1　1990年代歷次選舉主要政黨得票率和席次

	1991「國代」	1992「立委」	1993 縣、市長	1994 台北市長	1994 高雄市長	1995「立委」	1996「總統」	1996「國代」	1997 縣、市長	1998「立委」	1998 台北市長	1998 高雄市長
國民黨	68.8% 254席	52.7% 94席	47.3% 16席	25.9% 敗	54.5% 勝	46.1% 85席	54.0% 勝	49.7% 183席	42.1% 8席	46.4% 124席	51.1% 勝	48.1% 敗

續　表

	1991 「國代」	1992 「立委」	1993 縣、市長	1994 台北市長	1994 高雄市長	1995 「立委」	1996 「總統」	1996 「國代」	1997 縣、市長	1998 「立委」	1998 台北市長	1998 高雄市長
民進黨	23.6% 66席	31.4% 51席	41.2% 6席	43.7% 勝	39.3% 敗	33.2% 54席	21.1% 敗	29.9% 99席	43.3% 12席	29.6% 70席	45.9% 敗	48.7% 勝
新黨	未成立	未成立	3.1% 0席	30.2% 敗	3.5% 敗	13.0% 21席	無候選人	13.7% 46席	1.4% 0席	7.1% 11席	3.0% 敗	0.8% 敗
其他	7.6% 5席	15.9% 16席	8.5% 1席	0.3% 0	2.8% 0	7.8% 4席	14.9% 10.0%＊	6.8% 6席	13.2% 3席	16.9% 20席＊＊		2.3% 敗
總計	325席	161席	23席			164席		334席	23席	225席		

＊分別為林洋港和陳履安的得票率

＊＊其中包括「建國黨」的1個席位。

資料來源：臺灣「中央」選舉委員會。兩次「國大代表」選舉資料引自臺灣學者黃德福和游清鑫的文章（Teh-fu Huang and Ching-hsin Yu，「Developing a Party System and Democratic Consolidation」，in Steven Tsang and Hung-mao Tien，Democratization in Taiwan：Implications for China，Hong Kong：Hong Kong University Press，1999，p.90），其他數據均源自臺灣政治大學選舉研究中心表列數據，http://vote.nccu.edu.tw/engcec/vote4.asp.

二、政黨光譜的變化

根據英國保守主義思想家埃得蒙·柏克的定義，政黨是「大家基於一致同意的某些特殊原則，並透過共同奮鬥來促進國家利益而團結起來的人民團體。」此一定義帶有明顯的規範意義和理想主義色彩，強調的是政黨的公益性。現代政黨理論將政黨分為外生型政黨和內生型政黨。外生型政黨是指某些政治勢力，在政府體制之外活動，透過社會運動和動員民眾，組成革命型的政黨。這種政黨的出現，主要是由於社會發生嚴重的階級衝突、參與爆炸或民族、領

土危機，嚴重影響到原有政權的政治權威和政治合法性。與外生型政黨相對應的是內生型政黨。內生型政黨是由議會內部的政治團體或勢力建立的政黨，它的基本價值理念與議會政治密不可分。

根據這一分類標準，最初以建立中華民國、實現三民主義為立黨宗旨的中國國民黨屬於外生型政黨；民進黨兼具內生型政黨和外生型政黨的色彩，而以後者更為明顯。脫胎於黨外勢力的民進黨，原先由兩部分人構成。一是以黨外公共政策研究會為依託的公職人員（包括「議員」和縣、市長），二是以黨外編輯作家聯誼會為中心的非公職人員。民進黨的創黨理想是作為忠誠的反對黨，透過選舉，與國民黨競爭「議會」和行政部門的主控權，實現「臺獨」目標。但受到建黨前所採取的體制外抗爭方式的影響，不少民進黨人士仍習慣於在「議會」內以暴烈的形式，挑戰既定的議事規則，甚至不惜在街頭引火自焚，煽動「臺灣悲情」，帶有明顯的原教旨主義色彩。新黨屬於典型的內生型政黨，其前身本來就是國民黨在議會內的次級團體，該黨較具統一意識。而在1996年後成立的「建國黨」，以實現「臺獨建國」為目標，鼓吹暴力革命路線，比民進黨更具外生型政黨的色彩。2000年由先後離開國民黨的宋楚瑜和李登輝各自創立或支持的親民黨和臺聯黨，分別取代了新黨和「建國黨」在原先政黨光譜中的地位。這兩個政黨均屬於內生型政黨，同時帶有明顯的個人黨色彩，隨著李、宋淡出政治舞臺和「議會」選舉小區單席制的實行，這兩個政黨也將進一步泡沫化，臺灣兩黨政治勢必最終成形。

政黨利益具有特殊性，臺灣政黨亦帶有一定的階級或階層屬性。國民黨作為長期執政的政黨，更多代表了社會精英的利益。民進黨在建黨之初，基於反對運動的特點，較國民黨更多地代表了社會中下層的利益，尚未與財團發生密切關係。而且在從事社會抗爭的過程中，黨外勢力與臺灣的環保運動和勞工運動，也發生了或多或少的關係。民進黨的黨旗以綠色為底色，林義雄的環保訴求成為

民進黨的神主牌,均為典型的例子。早期的黨外運動還包括了夏潮聯誼會這類有社會主義思想的團體。一些民進黨人士曾以美國的民主黨自詡。出於對國民黨黑金政治的不滿,不少知識分子也曾一度為民進黨所謂「綠色執政,品質保證」的口號所吸引(例如李遠哲)。但民進黨在2000年執政後,迅速與大財團發生了廣泛的聯繫。在2008年選舉中,民進黨在臺灣中、南部選票的部分流失,跟其階級性的淡化恐怕也不無關係。

除了階層屬性外,省籍也是區別政黨的一項指標。省籍和政黨的分野在小黨身上最為明顯。如中華新黨幾乎都是由外省人組成,而建國黨和臺聯基本均由本省人構成。親民黨的支持者中外省人的比例也很高。國民黨和民進黨的情況略微複雜些。作為大黨,國民黨必然要爭取獲得本省人的支持才能生存。雖然在治臺初期,國民黨由大陸籍主控黨政大權,但從1970年代就開始了本土化的過程。1980年代末李登輝執政後,本省政要更在黨內占據了統治地位。民進黨的支持者以本省人為主,但為了爭奪中間選民,也包容了部分的外省人(例如「外獨會」),但其高層則完全是本省人的地盤。兩黨的主要區別是國民黨基於歷史原因,對外省人有較高的包容性,外省籍政要在國民黨內有較大的發展空間。另外,由於臺灣問題的歷史獨特性和臺灣政治人物的宣傳,一般選民對兩岸統一或臺灣「獨立」,有不同的價值偏好,對臺灣目前的政治定位和兩岸關係的性質,也有截然相反的認識。因此,臺灣黨派鬥爭,往往集中在「國家認同」問題上,一般的民生問題,反而看不出政黨之間的明顯區別。例如,臺灣政壇上一度較為活躍的勞動黨和工黨,均主張捍衛工人利益,其區別在於統「獨」立場的差異;勞動黨偏統,工黨則偏「獨」。

在臺灣的政黨光譜中,位於左端的是由民進黨分裂出去而組成的建國黨和由脫離了國民黨的李登輝一手創立的臺灣團結聯盟(臺聯)。作為在野黨,建國黨和臺聯偏執於臺灣「獨立」、民主「建

國」的理念，對一旦「臺獨」可能招致兩岸關係緊張以及美國未必支持臺灣「獨立」的政治現實未能或不願予以認真考慮。位於光譜右端的是由國民黨分裂出去而組成的中華新黨和其後由脫離了國民黨的宋楚瑜建立的親民黨。這兩個政黨的共同點是較執著於「中華民國」的法統和「三民主義統一中國」的理念，反對「臺獨」，認為兩岸關係的位階高於臺灣的「對外關係」，主張開放兩岸直接「三通」。這些小黨的政治空間均屬有限，對於臺灣政治較具影響力的仍屬國民黨和民進黨這兩大政黨。如表3.1所示，民進黨成立後，在歷次選舉中的得票率在20%和50%之間浮動。在1994年的北、高兩市和臺灣省長選舉中，民進黨的臺北市長候選人陳水扁，得益於國民黨候選人黃大洲（得票25.9%）和新黨候選人趙少康（得票30.2%）的鷸蚌相爭，以43.7%的得票率當選。在1996年的總統大選中，民進黨候選人彭明敏的得票率曾跌至21%之低點，但在1997年的地方縣、市長選舉中，該黨又贏得43.3%的選票和21縣、市長中的12個席位，在地方政治層面控制了71.6%的人口和財源，而且在地理上形成了對國民黨南北夾攻的態勢。1996年和1997年兩次選舉結果的明顯落差，反映了臺灣民眾既不滿國民黨長期執政又不放心將政權交給民進黨的矛盾心態。在1998年「三合一」選舉中，國民黨雖然失去了高雄市，但成功「光復」了臺北市，並穩控立法院的過半席位，贏得了「政權保衛戰」。但若細加分析，還是可以看出問題所在。雖然國民黨的馬英九以51.1%的得票率，擊敗時任臺北市長陳水扁（得票率45.9%），光復臺北市，但國民黨籍高雄市長吳敦義則以些微票數差額（不到1%），落敗於民進黨的謝長廷。與1994年的北高市長選舉不同的是，當年陳水扁勝選，主要是得益於國民黨和新黨的分票效應，而此次謝長廷在高雄則是在一對一的情況下勝出，反映了民進黨在地方選舉中的實力的進一步增長。陳水扁落選，得票率還是比1994年多了2個百分點；而謝長廷的得票率（48.7%），也比其在1994年的得票率（39.3%）有了明

顯增長。

　　臺灣政治轉型啟動後，國民黨和民進黨在統「獨」問題上的立場趨於模糊。在蔣經國執政時期，國民黨採取明確的反「臺獨」立場，追求「三民主義」統一中國的既定目標。李登輝執政期間，特別是1990年代後期，國、民兩黨對其政策訴求均作出了較大的調整，由使命型政黨開始向以選舉勝敗為終極考量的掮客型政黨轉化，在政策訴求上趨於接近。在「臺灣優先」的共識下，國民黨和民進黨在拓展「外交」空間、處理兩岸關係方面的策略呈現日趨接近之勢。從本書第五章可以看到，國民黨從1993年開始，每年推動「重返聯合國」的活動，主張兩岸在聯合國應有「平行代表權」，與民進黨所主張的「以臺灣名義加入聯合國」實屬異曲同工。而民進黨對於國民黨拓展國際空間的努力，亦予以積極配合，主張「臺灣朝野各界應不分黨派，在對外政策上建立共識，整合有限資源，以面對中國的打壓」。民進黨籍的一位立法委員就曾多次表示，在推動臺灣政治本土化、總統直接選舉、凍省廢省、參加聯合國及拓展「國際空間」等問題上，國民黨實際上是在執行民進黨的路線，這也是民進黨內「李登輝情結」揮之難去的一個重要原因。從這一視角觀察，李登輝在1999年7月9日對德國媒體談話中有關兩岸關係屬於「國家與國家，至少是特殊的國與國關係」的公開宣示，可以視為國民黨民進黨化的一個重要里程碑。但國民黨民進黨化的另一方面，則是民進黨的國民黨化。「總統府」的一位高層官員曾於1998年12月間表示，國民黨高層為了軟化民進黨的「臺獨」立場，曾派他與民進黨主席林義雄進行了多次的溝通，以爭取兩黨在維持現狀這一點上達成共識。陳水扁一面以李登輝路線的繼承者自居，一面大力抨擊國民黨的黑金政治，恰恰說明了當年國、民兩黨之爭更多的是權力之爭，而非鮮明的統「獨」之爭。

第三節　民進黨走向執政之路

一、民進黨的政策調整

民進黨自成立以來，始終以建立「臺灣共和國」為目標，但從爭取執政的現實利益考慮，從1990年代初期就開始了漫長的政黨轉型，從「理念臺獨」（視「臺獨」為神聖目標）向「工具臺獨」（視「臺獨」主張為奪取政權的工具）演變。先後擔任民進黨黨主席的許信良和施明德都曾公開宣稱，民進黨即使上臺，也沒有必要宣布臺灣「獨立」，理由是臺灣已經是一個「主權獨立的國家」。在1990年代後期，許信良以「事實主權論」淡化「臺獨」黨綱，表示「臺獨」黨綱已經成為民進黨的歷史性文獻，臺灣只要能維持現狀，就是最大的贏家。原來對許信良、施明德等人所倡導的政黨轉型不以為然的陳水扁，在1998年臺北市長選戰一役敗北後，也不得不調整策略，接受「中華民國國號」，以「兩個華人國家」的提法，取代「一中一臺」。陳水扁還宣稱若贏得總統選舉，不會撤換軍情系統的現有首長。其目的在於消除省籍隔閡，化解阻力，吸引臺灣中間選民，爭取贏得兩千年的總統大選。民進黨於1999年5月透過的《臺灣前途決議文》即宣稱：「臺灣是一主權獨立國家，其主權領域僅及於臺澎金馬與其附屬島嶼」，雖然臺灣「依目前憲法稱為中華民國，但與中華人民共和國互不隸屬，任何有關獨立現狀的更動，都必須經由臺灣人民全體住民以公民投票的方式決定」。可見民進黨已將「公民投票」視為維持「事實獨立」（de facto independence）的防禦性工具，而非走向「法理獨立」（de jure independence）的進攻性利器，並從「憲法」的意義上接受了「中華民國國號」。在兩岸關係方面，民進黨也認為應該與大陸進行「全方位對話，尋求深切互相瞭解與經貿互惠合作，建立和平架構，以期達成雙方長期的穩定與和平，」而不是像以往那樣，動輒

懷疑、指責國民黨當局在與大陸方面打交道時,「出賣」臺灣民眾的利益。但這並不等於說民進黨已經放棄了「臺獨」的終極目標。事實上民進黨仍堅持臺灣還未實現法理上的「獨立」,以爭取「獨派」票源。民進黨祕書長游錫堃1999年5月接受筆者面訪時就坦承,民進黨的長遠目標是建立「臺灣共和國」,只是由於北京的反對、美方的限制和臺灣缺乏共識,故民進黨即使執政,也不會貿然推動「公投臺獨」。

民進黨的策略調整,反映了臺灣一般民眾希望維持現狀的共識。根據臺北官方和民間機構歷年所進行的民意調查,只有極少數人主張臺灣立即「獨立」或兩岸立即統一,絕大多數民眾均主張維持現狀或先維持現狀,等以後再走向統一或「獨立」。中國大陸武力反「獨」的鮮明立場和華盛頓不支持臺灣「獨立」的明確表態,對臺灣民意和政黨政策取向亦有一定的影響。根據筆者1995年4月訪臺期間對臺北街頭一些民眾的詢問,在反對臺灣「獨立」的民眾中,有一半人固然是基於中國意識不願與大陸永久分離,但也有一半人只是擔心一旦臺灣宣布「獨立」,大陸將對臺使用武力,停止「打壓臺灣的國際空間」。過去民進黨試圖從「主權獨立」和維護安全兩個角度為「臺獨」立論。在強調臺灣「獨立」的可行性時,斷言即使臺灣宣布「獨立」,北京也未必敢對臺灣使用武力;在強調臺灣「獨立」的必要性時,又宣稱只有臺灣「獨立」,在大陸武力攻臺時,國際社會才會對臺灣提供安全防衛。此一理論上的悖論恐怕只能用迎合不同選民的需求予以解釋,但卻無法化解民眾對民進黨一旦執政將導致兩岸關係緊張的擔心。1995-1996年的臺海危機,使臺灣民眾更為擔心「臺獨」所可能招致的嚴重後果,這是民進黨在當年總統選戰中遭到慘敗的一個重要原因。民意走向與民進黨的執政需求,是迫使民進黨調整策略的主要原因。

二、民進黨的「拱宋打連」策略

在參加2000年臺灣總統選舉的三位候選人中，連戰、宋楚瑜、陳水扁都有豐富的從政經驗。連戰的優勢是有國民黨機器和李登輝的輔選支持，弱點是國民黨的黑金政治包袱及其本人缺乏與民眾打成一片的形象。例如，筆者1999年5月訪臺期間親身感受到，臺北出租司機對連戰堅持中午回家用餐，不惜管制交通，造成車輛堵塞很有意見。宋楚瑜的優勢是其「全省走透透」的親民作風和居高不下的民意支持度，弱點是其不是本省人以及缺乏政黨機器的動員支持。陳水扁的優勢是其擁有民進黨和建國黨的固定票源，弱點是民進黨的「臺獨」歷史包袱難免影響到其開拓中間票源的能力。對於連、宋的可能得票率，連、宋陣營有不同的評估，均看好己方。

　　在選戰正式開打前，民進黨採取了「拱宋」出來競選的策略，以此造成連、宋相爭不下的局面，這樣民進黨只要爭取贏得35%的選票，就可以在連、宋平分選票的情況下穩操勝券。民進黨祕書長游錫堃曾表示，連戰和宋楚瑜跟民進黨的關係，是亦敵亦友的關係，沒有連、宋互相牽制，民進黨就不會有勝選的希望。民進黨立法委員張旭成亦表示，民進黨將根據選戰的不同階段，確定「打連」還是「打宋」。民進黨人士游盈隆主持的山水民調，在宋楚瑜正式參選前，多次披露宋楚瑜的高支持度。從民進黨的選戰策略看來，這一民調是否摻雜有「拱宋」的主觀考量，頗值得推敲和玩味。

　　國民黨若能推出「連宋配」，本可篤定贏得2000年的總統大選，但卻因為李（登輝）、連、宋三人的關係糾葛，錯失良機。有的臺灣學者認為，李登輝不願促成連、宋搭檔的原因，除了兩人以往在「凍省」問題上的意見、利益之爭外，還跟李的人事佈局有關。李希望在卸任總統一職後，仍能以國民黨黨主席的身份，控制臺灣的大政方針，並讓其直系人馬，占據二分之一的「政府」位置。如果以強勢的宋楚瑜搭配連戰，兩人當選後將難以分配剩下的二分之一席位。另一方面，宋楚瑜也不滿足於當一個虛位的「副總

統」,而希望兼任行政院長。在國民黨高層終於在1999年6月釋放出推動「連宋配」的意向後,宋楚瑜陣營卻已經從最初爭取「連宋配」的低調姿態(low profile),轉為反對「連宋配」的強勢姿態。宋楚瑜主張兩岸「三通」、減少「金錢外交」及與大陸進行政治對話的訴求,與陳水扁批評「戒急用忍」政策、主張在兩個「國家」架構下與大陸進行政治談判的強勢姿態,從不同面向構成了對連戰競選主軸的挑戰。連、宋分裂為民進黨提供了漁翁得利的難得機遇。

三、「兩國論」對國民黨選情的影響

從臺灣的政黨光譜和統「獨」訴求看來,李登輝在1999年7月9日有關兩岸屬於「特殊的國與國關係」的公開宣示,不但牽動了華盛頓、北京、臺北三邊關係的新一輪互動,而且對撲朔迷離、即將開打的總統大選預設了論辯的議題。「兩國論」出臺後,國民黨內部對大陸政策分成了以蘇起、張榮恭為主的連戰陣營和以張榮豐、林碧炤為首的本土派陣營。李登輝陣營的學者陳博志在「兩國論」後公開支持陳水扁。「兩國論」與臺北大陸政策的關係及對美臺關係的影響,將在本書第五章和第七章分別予以討論。這裡僅從臺灣政治生態和選戰的角度,分析其策略目標與實際效果。

從主觀上看,「兩國論」的提出,不能排除有為國民黨總統候選人連戰定調,以對付陳水扁和宋楚瑜兩股勢力左右夾擊的政治動機。如上所述,在臺灣的政治光譜中,民進黨偏左,宋楚瑜以及新黨等第三勢力偏右,國民黨「主流」勢力居中。陳水扁在2000年選前將兩岸定位為「兩個華人國家」,其用意顯然在於淡化民進黨謀求「一中一臺」的形象,化解省籍隔閡,與國民黨總統候選人爭奪中間偏「獨」的選民。根據中華歐亞學會1999年4月間在臺灣所進行的一項民意調查,在1065份有效問卷中,認為「中華民國」是一個「國家」的受訪者占94%,認為中華人民共和國是一個國家的受

訪者也有77%，意味著當年臺灣有相當一部分民眾將兩岸關係視為「兩個國家」之間的關係。而這一部分民眾正好是一向主張臺灣「獨立」的民進黨和主張「階段性兩個中國」的國民黨所爭奪的對象。民進黨有關「兩個華人國家」的新訴求和主張兩岸進行「國與國談判」的強勢姿態，含有蠶食國民黨傳統票源的動機。而國民黨推出「兩國論」，則有與民進黨爭奪「兩國論」版權和偏「獨」選民的主觀考量。李登輝趕在陳水扁和宋楚瑜相繼正式宣布參選總統之前提出「兩國論」，含有重新界定「中道路線」，拉抬連戰民調支持度的用意。另一方面，「兩國論」的提出，也對主張發展兩岸經貿關係、加強政治對話、減少「金錢外交」的宋楚瑜構成了挑戰。如果宋楚瑜迎合「兩國論」，其積極改善兩岸關係的溫和形象將為之沖淡；如果宋楚瑜固守「兩個政治實體」的論述，又將得罪那些贊成「兩國論」的民眾。宋楚瑜在接受美國CNN全球連線專訪時，將兩岸關係定位於「相對主權的準國際關係」，恐怕就是出於爭取這一部分選民的考慮。

從客觀實際看，「兩國論」的出臺，牽動了臺灣統「獨」光譜的左移。根據《聯合報》在「兩國論」出臺之初所作的民調，49%受訪者贊同將兩岸關係定位於「特殊的國與國關係」，30%受訪者不贊同，20%受訪者無意見。根據國民黨中央政策會1999年7月下旬進行的一項民意調查，57%受訪者表示同意「特殊兩國論」，27%民眾表示不同意。而根據《自由時報》在同時間進行的民調，支持「特殊兩國論」的比例還要更高。雖然新黨人士、一些學者專家和媒體人士公開反對「兩國論」，但宋楚瑜陣營僅以「臺灣不必害怕中國大陸，但也不必刺激對方」予以回應，不願輕易捲入這場是非之爭。與此相反，民進黨面對國民黨搶攻偏「獨」選民的策略，提出將「兩國論入憲」的更為激進主張。其結果是，國民黨與民進黨的重要區隔，不再是「一國兩體論」與「兩國論」之爭，而是「兩國論」是否應該「入憲」之爭。民進黨「國際事務部」主任

蕭美琴曾在一次閉門研討會上表示，民進黨主席林義雄和總統候選人陳水扁均無意推動「兩國論入憲」。但只要民進黨將其《臺灣前途決議文》中有關臺灣「主權範圍僅及於臺澎金馬與其附屬島嶼」的規定落實到「憲法」條款上，與「兩國論入憲」已無根本差異。國民黨實行與民進黨爭奪中間票源的策略，無形中帶動了臺灣整個政治光譜朝「獨」的方向偏移。在這種新形勢下，國民黨已經無法像過去那樣，用「主張『臺獨』的民進黨一旦上臺將導致臺海危機」的安定牌，來輕鬆地爭取大部分的選票。國民黨的政策，與主張臺北明確放棄對大陸主權的民進黨的界限趨於模糊，客觀上沖淡了民間對民進黨一旦執政將導致兩岸關係崩盤的擔心。從這個意義上我們有理由認為，「兩國論」的出臺實際上是幫了民進黨的忙，促成了臺灣政黨輪替的提前到來。

第四節　小結

　　雖然臺灣政治民主化的啟動較晚，但政治轉型的過程較為平穩，朝野之間未出現大規模的暴力衝突，而被國民黨譽之為「寧靜的革命」。政治轉型的順利啟動，源於國民黨改革派的「求新圖變」意識和黨外溫和派體制內抗爭路線的結合。在轉型過程中，不管是執政黨當局，還是反對黨派，均扮演了同等重要的角色，屬於朝野共推的改革模式或亨廷頓的「變換」模式。這一模式的平穩運作，取決於多方面因素的結合。從社會條件來看，臺灣的經濟富裕和所得分配的平均，教育和大眾傳媒的普及，社會結構的多元化和中產階級的興起，有利於緩解轉型期的社會衝突，疏導政治參與的壓力，為和平、穩定的民主轉型提供了較為堅實的基礎。從制度層面來看，「黨禁」和「戒嚴令」的解除，「中央民意代表」的全面改選，北、高兩市市長和最高領導人的直接選舉，為民進黨提供了走選舉路線的政治誘因。從政治博弈的角度來看，李登輝執政後，

利用民間反對黨派的臺灣意識和本土化要求，對付黨內大陸籍政治勢力，使自身處於左右逢源的主動地位，避免了朝野之間的兩極化嚴重對立，有助於促成民進黨內部的「李登輝情結」和朝野「主流」勢力在「憲政」改革方面的共識。

　　臺灣政治轉型以來，政黨光譜發生了很大的變化。國民黨的流派之爭和李登輝的強勢領導風格，導致了新黨的出走和國民黨的多次分裂。同時，國民黨由使命型政黨向掮客型政黨轉型，淡化了一個中國原則和統一訴求；而民進黨為走向執政之路，對「臺獨」訴求也有所收斂。國民黨和民進黨在臺灣政治定位上理念趨近和「兩國論」的出臺，導致了政黨光譜的模糊和兩岸關係的撲朔迷離。在2000年最高領導人選舉中，不管是民進黨的「兩個華人國家論」，國民黨的「兩國論」，還是獨立候選人宋楚瑜的「相對主權論」，均以維繫臺灣的「獨立主權」為優先考慮。國民黨放棄一個中國原則，使自己喪失了打安定牌的有利條件，客觀上沖淡了選民對民進黨一旦執政將導致兩岸關係崩盤的擔心，而將關注點放到「黑金政治」問題上來，從而對國民黨的選情帶來了負面影響。與此同時，民進黨利用國民黨的分裂和政治貪腐的盛行，「拱宋打連」，迅速走向執政之路，實現了臺灣的第一次政黨輪替。

第四章　臺灣政治轉型的嬗變

　　從2000年到2008年，臺灣實現了兩次政黨輪替，就常規民主理論而言，可以說是代表著民主鞏固（democratic consolidation）或民主適應（democratic habituation）過程的完成。但若從首次政黨輪替的早熟症候和臺灣「藍、綠」兩股政治勢力極度對立的視角觀察，臺灣的政治轉型是以巨大的社會成本為代價的，這一轉型過程不但留下不少經驗教訓，而且有待深化和鞏固。陳水扁在2000年代表民進黨出任臺灣總統，在長達八年的執政期，不但未能兌現「勤政清廉」的選前承諾，反而變本加厲推行政商勾結的「黑金政治」，結果在官司纏身、眾叛親離的境況下黯然下臺。在這期間，臺灣經濟持續低迷，兩岸關係頻生危機，就連民進黨當局當初頗為自得的美臺關係，也因臺北執意推行「漸進臺獨」路線，出現了明顯的裂痕。民進黨人士郭正亮在十年前出版《民進黨的轉型之痛》一書時，也許沒有料到民進黨在執政後所遇到的難題和陣痛，遠較先前的「轉型之痛」為劇，更沒想到當年戮力推動政黨轉型的施明德、許信良等領導人，會因黨內鬥爭的慘烈而被迫出走。從政黨轉型的角度觀察，民進黨要從使命型政黨（missionary party）轉化為務實型政黨（pragmatic party），去除「臺獨」的意識形態包袱，改變其長於選舉、不善執政的體質，確非一件易事。在臺灣完成二次政黨輪替之後，探討臺灣政治轉型的代價和教訓，解析民進黨執政失敗的內在根源和臺灣政黨再次輪替的深層原因，當有助於推論臺灣政黨政治的未來走向及其對兩岸關係的長遠影響。

　　本章分為四節。第一節運用民主轉型理論，解析臺灣政黨輪替的早熟症候，討論其原因和表現形式。第二節梳理民進黨「由盛而衰」的歷史脈絡，分析選民投票行為，探討民進黨遭到失敗的必然

邏輯；並從民進黨的治理危機和派系鬥爭，探究其執政失敗的根源。第三節從制度演進和比較研究的視角，探討臺灣權力體制的內在張力和實際運作中的弊端，剖析臺灣立法院選制改革的博弈過程，探討選舉制度改革對政黨生態的影響，並分析民進黨推動「憲改」的失敗原因。第四節分析臺灣政黨再次輪替後臺灣政治生態的變化和未來走向。

第一節　政黨輪替的早熟症候

　　臺灣政黨輪替的早熟性與其民主啟動過程的漫長形成鮮明的對照。從表面上看來，民進黨在1986年成立後，歷經十四年的大小選戰，才獲得總統的寶座，在時間上也不算快。如果對比20世紀80年代才開始民主化而在90年代即發生兩次政黨輪替的韓國，臺灣的政黨輪替還有姍姍來遲的表象。然而，民進黨的成立並不意味著臺灣已經完成了民主的啟動（democratic breakthrough）過程，因為臺灣在90年代初才對最高層級的「民意機構」進行全面改選，1996年始由選民直接選舉總統。在這之前，政黨競爭的舞臺受到了很大的限制。以熊彼特為代表的主流民主理論認為，民主指的是一個國家或地區的政治領導者在定期的、自由的選舉活動中透過競爭獲得人民的選票。選舉競爭已經構成國際社會判斷一個國家或地區是否民主的實際準繩，即拉里·戴蒙德（Larry Diamond）所說的「民主的底線」。在討論第三波民主浪潮時，亨廷頓也認為，「如果用普選的方式產生最高決策者是民主的實質，那麼民主化的進程的關鍵點就是用在自由、公開和公平的選舉中產生的政府來取代那些不是透過這種方法產生的政府。」根據上述理論，1996年臺灣直選總統，應該被視為臺灣完成民主啟動過程的關鍵年。雖然「國民大會」和立法院分別在1991年和1992年實行了1947年以來的第一次全面改選，但李登輝卻是在1990年由未經改選的「國大」投票產生的。也就是

說，1996年之前臺灣最高行政權力的運作是缺乏民意基礎的。從1986年開始，臺灣歷經十年才基本完成民主啟動過程。而從2000年到2008年，臺灣實現了兩次政黨輪替，就常規民主理論而言，完成了民主鞏固（democratic consolidation）的過程。民主啟動過程之長，政黨輪替之速，實屬罕見。

　　民進黨在臺灣開放總統選舉四年後即取得政權，帶有很大的偶然性。其實，民進黨當年也沒料到這麼快就能取得執政權，既缺乏執政的實力，也沒有做好執政的準備。在2000年的選舉中，民進黨候選人陳水扁以39.3%的得票率擊敗國民黨候選人連戰（23.1%）和由國民黨脫黨競選的宋楚瑜（36.8%），僥倖取勝，使打出「勤政、清廉、愛鄉土」口號的民進黨從在野黨一躍成為執政黨，並利用執政優勢，在2001年的立法院選舉中一躍成為第一大黨。其直接原因是李登輝個人專權，阻擾國民黨政要連戰和宋楚瑜搭檔競選，造成連、宋分裂和日後親民黨對國民黨傳統票源的蠶食。如本書第三章所述，李登輝為了維持其退位後的影響力，刻意阻撓「連宋配」。在宋楚瑜執意以獨立候選人參選後，李登輝又拋出「興票案」，在抨擊宋楚瑜貪腐的同時，凸顯了國民黨「黑金政治」和黨內缺乏民主機制的軟肋。但導致民進黨勝出的更深層原因是社會人心思變，民眾對國民黨「黑金」政治痼疾的極度反感，因而寄希望於民進黨或獨立候選人宋楚瑜，結束貪腐政治。在2000年選舉中國民黨候選人的得票率（23.1%）遠遠低於其他兩組候選人（分別為39.3%和36.8%），原因就在於國民黨政治貪腐的劣績，抵消了其在經濟發展方面的政績，使其在社會上的形象嚴重受損。雖然國民黨成功帶領臺灣度過亞洲金融風暴，但在2000年選舉中，其候選人的得票率卻敬陪末座。對此，臺灣學者盛治仁認為，國民黨當年不是輸在成績上，而是輸在形象上。「大家覺得，這個黨執政太久了，貪汙腐化，『黑金』政治的現象嚴重。」更準確地說，問題的關鍵是國民黨政治貪腐的劣績，抵消了其在經濟發展方面的政績，使其

在社會上的形象嚴重受損。執政黨的施政成績和執政形象乃是同一硬幣的兩面。民進黨在2000年執政後臺灣經濟明顯下滑，仍然可以在2001年立法院選舉中成為第一大黨，原因也是部分選民當時仍寄望民進黨，實現「清廉勤政」的政治目標。然而民間社會「換黨做做看」的心態和民進黨所擁有的執政資源和執政能力之間卻存在巨大的落差。

事實上，在民進黨一度出現的「鼎盛」外貌下，本來就含有較大的泡沫成分。雖然民進黨在2001年的立法院選舉中獲勝，但其與臺聯相加的100個席位，仍然不敵「泛藍」聯盟的115個席位（表4.1）。而在地方基層，民進黨更是處於明顯的弱勢。在2001年的縣、市長選舉中，民進黨在縣、市的執政優勢開始流失。民進黨雖然奪得彰化、嘉義和南投的縣長席位，但失去了基隆市、桃園縣、新竹縣、新竹市、臺中縣、臺中市，在北部僅保住臺北縣和宜蘭縣，初步形成了「北藍南綠」的對峙局面。

表4.1　2001年臺灣各政黨在不同選舉中所獲席位

職位類別	民進黨	國民黨	親民黨	台聯	新黨	新黨
「立法委員」	87	68	46	13	1	10
縣、市長	9	9	2	0	1	2
縣、市議員	147	382	49	7	3	309
鄉、鎮長	28	194	4	0	0	93

資料來源：《中國時報》，2001年12月1日，第1版；《聯合報》，2002年1月7日，第1版。

臺灣第一次政黨輪替的早熟性，突出表現在倉促上臺的民進黨缺乏執政實力、人才和經驗。如第三章所述，根據民進黨前主席許信良所謂「地方包圍中央」的謀略，民進黨在1994年開始與國民黨平分臺北、高雄兩個「院轄市」的執政權，在1997年底取得了大部

分縣、市的執政權，似乎具備了地方執政的實力。但民進黨在縣、市議員和鄉、鎮長中所占席位，遠遠落後於國民黨。在1998年至2001年期間，民進黨僅僅擁有立法院內225個席位中的67席，不到三分之一，無法與連、宋所代表的「泛藍」勢力相抗衡。由於缺乏執政實力和人才，陳水扁在就任之初，建立起所謂「全民政府」，任命國民黨籍的唐飛為行政院長，國民黨籍的伍世文為「國防部長」，無黨籍的田弘茂、蔡英文為「外交部長」和「陸委會主委」，同時由民進黨籍的游錫堃、邱義仁分別出任「行政院副院長」、「國安會副祕書長」職務，以獲取執政經驗，並掌控實權。這一「準聯合政府」（quasicoalition government）不是政黨協商的產物，而是已經卸任國民黨主席職位的李登輝與陳水扁私下謀劃的結果，其立意本是獲取臺灣不同黨派的最大支持，但存在無可克服的先天弱點。其一，唐飛面臨兩難困境：如果他與國民黨籍立法委員採取同一立場，將為民進黨所不容；如果他秉承民進黨的意圖行事，又無法得到立法院多數派的支持。其二，陳水扁作為「正義連線」的龍頭，在獲取執政權後，無法擺脫民進黨派系共治的政治傳統，他所任命的唐飛內閣飽受時任民進黨祕書長的「新潮流系」大老吳乃仁的批評，陳水扁和「美麗島世代」呂秀蓮之間的不協調，從執政之初就已暴露無遺。「唐飛內閣」的這些弱點，在是否興建「核四」問題上得以全面暴露。雖然這一耗資65億美元的核電廠在民進黨上臺時已興建了三分之一，但民進黨基於其競選期間的承諾，還是斷然下令停建。在立法院多數黨派的反對下，一度為陳水扁贏得79%民意支持度的「唐飛內閣」上臺不到半年，就被迫下臺，以「福利國連線」的張俊雄為行政院長的「少數政府」正式登場。其後，陳水扁又四次更換行政院長。民進黨在執政期間，也出現過六個黨主席（其中陳水扁和謝長廷兩次出任）的頻繁交替局面（詳見表4.2）。其中既有出於對敗選負責的考慮，也反映了民進黨派系共治、輪流坐莊的特點。

表4.2　陳水扁執政時期臺灣主要黨政領導職位的頻繁更替

黨主席	黨秘書長	「總統府」秘書長	「行政院長」	「國安會」秘書長
謝長廷（2000）	吳乃仁（2000.5）	張俊雄（2000.5）	唐　飛（2000.5）	莊銘耀（2000.5）
		游錫堃（2000.7）	張俊雄（2000.10）	丁渝州（2001.8）
陳水扁（2002.7）	張俊雄（2002.3）	陳師孟（2002.1）	游錫堃（2002.2）	邱義仁（2002.3）
		邱義仁（2003.2）		康寧祥（2003.2）
		蘇貞昌（2004.5）		邱義仁（2004.5）

續　表

黨主席	黨秘書長	「總統府」秘書長	「行政院長」	「國安會」秘書長
蘇貞昌（2005.1）	李逸洋（2005.2）	游錫堃（2005.2）	謝長廷（2005.2）	
游錫堃（2006.1）	林佳龍（2006.1）	陳唐山（2006.1）	蘇貞昌（2006.1）	
陳水扁（2007.9）	卓榮泰（2007.10）	邱義仁（2007.2）	張俊雄（2007.5）	陳唐山（2007.2）
		葉菊蘭（2007.8）		
謝長廷（2008.1）	李應元（2008.1）	陳唐山（2008.3）		

此外，臺灣第一次政黨輪替的早熟性表現在由執政黨淪為反對黨的國民黨，無法有效地制衡民進黨的逆勢操作行為。國民黨的下臺，主要是因為宋楚瑜的脫黨競選，分散了其傳統支持者的票源，帶有很大的偶然性。而連、宋分裂，在很大程度又是因為李登輝從中作梗，並不意味著國民黨的支持者真正一分為二。但是，宋楚瑜未能在李登輝出走後重返國民黨，由其籌組的親民黨也未能在「核四」問題誘發的「倒扁」運動中與國民黨採取統一步伐，充分暴露了在野的「泛藍」勢力缺乏合縱聯盟的能力。事實上，從2000年到2005年夏天，親民黨在政策和路線導向上，不止一次地尋求將自己定位於國民黨和民進黨之間，在臺灣的政治光譜上占據有利方位。2005年初的「扁宋會」就是一個典型的例子。回頭看來，民進黨2000年在立法院所占席位，不到三分之一。如果在野勢力能夠團結一致，獲得三分之二的多數，可以成功罷免陳水扁；即使達不到這

一目標,在野勢力也可以透過「倒閣」,對陳水扁當局施加壓力。但「泛藍」勢力卻憚於陳水扁可能採取解散立法院的反措施而投鼠忌器,其抗爭停留於杯葛民進黨當局的「立法」提案,包括民生法案在內。其結果是立法院成為黨派鬥爭的競技場所,議事亂象層出不窮。與此同時,對民進黨政權與臺灣黑金勢力的迅速結緣,反對黨卻缺乏有效的制約。在2006年紅衫軍倒扁活動中,在野黨派也未能採取一致行動,失去迫使陳水扁下臺的有利機會。

　　政黨輪替早熟型特徵實質上反映的是臺灣政治精英尚未真正形成同心協力處理社會所面臨問題的能力,對於剛剛完成民主啟動過程不久的臺灣來說,民主的成就不僅依賴於既定的規則和程序,而且取決於政治精英如何實際操作。臺灣第一次政黨輪替後,選民的投票率持續下降。以立法委員選舉為例,1992年的投票率是72%,2001年下降為66%,2008年則遽降至58.5%,後七年的下降幅度明顯超過前九年。臺灣學者朱雲漢也發現,臺灣民眾對民主制度的熱情在衰退,因為「在民主制的治理下,社會管理水平卻似乎出現了下降。」這既反映了民進黨執政能力的不足,也跟臺灣權力體制的設計有很大關係。

第二節　民進黨之由盛而衰

　　如上所述,民進黨在2000年取得執政權,在2001年的立法院選舉中一躍成為第一大黨,與國民黨的分裂和親民黨對國民黨傳統票源的蠶食有關,但更深層的原因是民眾對李登輝執政後期「黑金」政治的極度反感。此外,2000年時民進黨候選人陳水扁在年齡(50歲)方面比國民黨候選人連戰(64歲)和宋楚瑜(58歲)享有優勢,在臺灣民眾求變心切的時期,較易於吸收年輕人的選票。在2004年總統選舉中,陳水扁因為選前槍擊事件,僥倖當選,其得票

率較之2000年39.3%的得票率猛增10個百分點以上，達到50.11%（參見表4.3）。民進黨的氣勢盛極一時。許多海內外的學者專家都預料民進黨為代表的「泛綠」勢力可望在2004年的立法院選舉中獲得過半席位，甚至可能二十年長期執政。

表4.3 臺灣不同黨派在歷年總統選舉中的得票率（%）

	1996	2000	2004	2008
國民黨	54	23.1	49.89	58.45
民進黨	21.13	39.3	50.11	41.45
第三勢力	14.9a	36.84c		
其他	9.98b	0.76d		

a.林洋港和郝柏村的得票率。

b.陳履安和王章清的得票率

c.宋楚瑜的得票率。

d.許信良、朱惠良和李敖、馮滬祥兩組候選人的合計得票率。

資料來源：臺灣「中央」選舉委員會，引自臺灣政治大學選舉研究中心分年表格數據（http://vote.nccu.edu.tw/cec/cechead.asp）。本表系作者根據歷年數字彙總編輯。

然而，民進黨執政之初的清廉形象，在八年後恰恰為貪腐所取代；民進黨候選人的年齡優勢在國民黨完成世代交替後也不復存在。其實，陳水扁在2004年的得票率較之2000年急速增加，帶有很大的水分。從表面上看，連戰和宋楚瑜在2000年分別獲得23.1%和36.8%的得票率，假定連、宋當年搭檔競選，似乎可以挾六比四的票源優勢，輕鬆贏得選舉。但即使當年連、宋聯手，也未必能確保60%的得票率。脫黨競選的宋楚瑜，獲得遠較連戰為多的選票，反映了中間選民對李登輝後期國民黨「黑金」政治的厭惡和唾棄。

連、宋當年如果聯手，固然很可能擊敗陳水扁，但部分中間選民也很可能出於對國民黨的失望，「棄宋投陳」，增加陳水扁的得票率。再考慮到槍擊事件對陳水扁的加分作用，民進黨在執政四年期間，並沒有開拓那麼多的票源。其原因是民進黨未能善加利用行政優勢，爭取中間選民的支持，反而執迷於操弄統「獨」這一高敏感性議題，罔顧經濟低迷和貪腐政治的蔓延，陷於派係爭鬥和弊案頻生的困局，很快打破了其「勤政、清廉、愛鄉土」的招牌，在選舉中頻頻失分，欲振乏術。與此相反，國民黨雖然在2000年的大選中遭到慘敗，但在立法院的實力仍然遙遙領先於親民黨，只要後者歸隊，即可恢復立法院第一大黨的地位，進而贏得總統的選舉。在2004年的立法院選舉中，民進黨沒有達到預定目標，國民黨則止跌回升，挽回頹勢。2005年國民黨主席連戰、親民黨主席宋楚瑜、新黨主席郁慕明連續訪問大陸，獲得對臺北大陸政策的議程設定（agenda setting）的主控權。同年7月，馬英九出任國民黨主席，成為「泛藍共主」，預示著臺灣第二次政黨輪替即將到來。

2005年高捷弊案的爆發和年底「三合一」（縣市長、縣市議員、鄉鎮長）選舉，可以視為民進黨「盛極而衰」和陳水扁開始「跛腳」的重要分水嶺。在此次選舉中，民進黨遭到慘敗，其執政縣、市由10個降到6個（即雲林縣、嘉義縣、臺南市、臺南縣、高雄縣和屏東縣，不包括高雄市），限定在濁水溪以南的一小塊地盤，以國民黨為代表的「泛藍」陣營則掌握了16個縣、市（不包括臺北市）的執政權，明顯領先。雖然民進黨在縣、市長選舉中的總體得票率仍維持了全島41.95%的基本盤（比國民黨的50.96%選票少了9個百分點），地理上依然穩住南部「深綠」根據地，但其縣、市執政版圖大幅度收縮，卻是不爭的事實。

作為民進黨「由盛而衰」的轉折點，2005年的「三合一」選舉，具有追溯投票（retrospective voting）的明顯特點。追溯投票指的是選民依照執政黨的施政成績來決定投票行為。就解釋選民個體

投票行為的研究途徑來說，追溯投票屬於理性選擇理論，強調經濟議題對選民投票行為的影響。追溯投票意味著選民對政治領導具有事後追究的能力。2000年宋楚瑜和陳水扁以改革和反「黑金」為口號，使國民黨的傳統票源大幅流失，是選民能力的展現。而在2005年縣、市長選舉中，臺灣大部分選民重新選擇了國民黨，同樣反映了民眾對民進黨既無力理政而又弊案頻生的不耐，希望透過再次政黨輪替，解決「黑金」問題。在高捷弊案的陰影下，陳水扁極力輔選的臺北縣長候選人羅文嘉敗於代表國民黨參選、得到馬英九大力支持的周錫瑋，說明臺北縣選民省籍意識的淡化及對陳水扁的唾棄。與民進黨在選舉中遭到重挫相襯托的是，陳水扁的聲望下跌到上任以來的新低。根據《聯合報》在2005年選後調查，只有21%的受訪民眾給予陳水扁好評，不滿意比率則攀升到62%。與此相反，有68%的民眾支持馬英九代表國民黨角逐2008年的總統大位，有63%的選民甚至還表示，期待下屆總統人選換個政黨做，只有13%的人希望民進黨繼續執政。臺灣學者黃偉峰在研究歐洲選舉時發現，歐洲選民對執政黨施政的不滿，常常會在比較次要的選舉中，先送出警訊，在這些次要選舉中吃了虧的執政黨，如果不能在下次主要選舉前有突破性的表現，注定遭到慘敗。這一規律在臺灣也得到了驗證。在2006年北、高兩市的市長選舉中，民進黨雖然在高雄勉強勝出，但在臺北則只能明知不可為而為之，大幅落後於國民黨候選人。選民的追溯投票行為，在2008年的總統選舉中表現得更為明顯。根據TVBS在2007年9月公佈的民意調查，支持總統「換黨做做看」的受訪者高達66%，較8年前的類似調查，大幅上升15個百分點。同時根據臺灣深具影響力的《天下雜誌》在2008年1月在所發表的民意調查報告顯示，對臺灣經濟現狀表示不滿意的受訪民眾高達72.4%；認為貧富差距嚴重的受訪者高達85.2%，不滿意臺灣目前整體生活環境質量的民眾超過了50%。更嚴重的是，與2000年相比，逾7成民眾認為臺灣正向下沉淪。《天下雜誌》的調查數據顯

示民眾認為臺灣當年最大的危機就是經濟衰退；這也是過去5年，頭一次經濟議題超越政黨惡鬥，成為民眾最擔心的問題。就臺灣退步最多的項目而言，回答經濟發展退步的有51.9%，貧富差距的有18.7%，教育文化退步的則占18.6%。此外，促進兩岸關係，也被列為前5項議題之一。63%受訪民眾認為，臺灣跟大陸關係長期而言，最好的狀態是維持現狀；贊成當局開放兩岸直航（傾向在一定條件下開放或盡快開放）的比例，加起來超過70%。這兩項調查說明臺灣選民對民進黨執政無方的普遍不滿。透過回顧民進黨2004年以來在各種選舉中的表現，可以看出在臺灣二次政黨輪替之前，民進黨執政的腐敗無能已經耗盡了許多原先支持者的熱情。

民進黨執政八年，統治危機不斷。首先表現在施政績效方面。由於缺乏人才，民進黨「拚經濟」的能力嚴重不足。臺灣經濟在民進黨執政期間，持續低迷，跟全球特別是美國的經濟形勢固然有很大關係，但民進黨強行停建「核四」，卻提前引爆了這一危機，導致「全民政府」虛像的破滅和臺灣股票市場在2000年狂跌35%，以後又一路下滑，民生問題構成民進黨的致命傷。根據2007年5月28日臺灣師範大學與「中時電子報」合作進行的一項民意調查，對「臺灣第一次的政黨輪替經驗」，有67.7%的受訪者感到「不滿意」，覺得「滿意」的只占32.3%。「不滿意」者中，最不滿意的是「拚經濟」，占60.8%；其次為「拼治安」，占13.0%。同時，民進黨也未能履行其在當選之初提出的穩定兩岸關係的承諾，在2002年拋出「一邊一國」論後，又在2003-2004年不顧中國大陸和美國的反對，逆勢推動「公投」、「制憲」，造成兩岸關係危機和美臺關係的緊張。2007-2008年民進黨推動「入聯公投」，使兩岸關係再次進入「高危期」，而美國反對「入聯公投」的多次官方表態，也意味著美臺關係已跌入谷底（詳見本書第五章和第七章）。弔詭的是，民進黨在其執政的最初兩年，曾一度想走「中間路線」，陳水扁也拋出過「未來一中」、「統合論」等試探性氣球，而由國民

黨出走的李登輝及臺聯，當時反而是激進「臺獨」路線的代言人；但隨著選戰的臨近，民進黨又將「臺獨牌」、「主權牌」視若至寶，跳到臺灣政治光譜的邊緣。陳水扁執政後期，民進黨所面臨的兩難選擇是：修正政策往中間路線移動，還是更堅決靠攏「臺獨基本教義」勢力？從歷史經驗來看，1991年民進黨在「國大代表」選舉中因大肆鼓吹「臺獨」而失敗，次年該黨在立法委員選舉中即淡化「臺獨」訴求，開始了建黨後的第一次政黨轉型。1996年以彭明敏為代表的「基本教義派」，擊敗主張「大膽西進」的許信良，代表民進黨參選總統，但面對李登輝中間路線的強勢推擠，只獲得21.12%的選票，進而誘發了民進黨的第二次轉型。陳水扁在1998年臺北市長選戰的敗北，導致民進黨的第三次轉型。如本書第三章所述，民進黨於1999年5月透過的《臺灣前途決議文》，接受「中華民國」稱號，變相地凍結了「臺獨」黨綱，為未來執政鋪路。這三次轉型都曾一度為民進黨開拓新的票源。但在2005年縣、市長選舉失敗後，民進黨卻未能再次轉型，反而變本加厲地推行「急獨」路線，置貪腐和民生議題於不顧，堵死了未來繼續執政之路。

其次，民進黨的統治危機表現為政治貪腐案層出不窮。從2005年開始，民進黨的弊案連連，包括高雄捷運弊案、太平洋SOGO公司禮券案、「國務機要費」案，「臺開」案、「達震」案、巴布亞紐幾內亞「建交」醜聞等等。在這些弊案的衝擊下，陳水扁的親信陳哲男、馬永成、顏錦昌、柯承亨、黃志芳、邱義仁等先後紛紛下臺，民進黨前主席施明德於2006年9月領導「反貪倒扁紅衫軍」，對陳水扁當局提出了嚴峻的挑戰。在施明德所發起的「倒扁」運動的驅使下，臺灣政壇的另一些人物也紛紛登場。李登輝建議與宋楚瑜、王金平一道出面，在「倒扁」和「挺扁」兩股力量間搓和，並由王金平「組閣」。此一政治協商模式，排除了國民黨和民進黨主要領袖的參與，有另組第三勢力的意味。馬英九主張在立法院推動對陳水扁的第二次罷免案，明知不可為而為之，以彌補其先前在

「倒閣」案上投鼠忌器而給外界留下的反貪不力的形象。民進黨則由黨主席游錫堃出面表示民進黨反「罷免」、反「倒閣」、反重組「內閣」的立場，防止「藍軍」透過取得一些民進黨籍立法委員的支持，成功透過「罷免」案。

　　第三，民進黨內的權力鬥爭，進一步加劇了其「由盛而衰」的大趨勢。民進黨內派系林立，向有「派系共治」或「派系聯盟」的傳統。在其建黨初期，主要有「泛美麗島」和「泛新潮流」兩大派系。1990年代初，從上述兩大派系中又分離出「正義連線」（1990年）和「福利國連線」（1992年），加上由海外返臺的「臺獨聯盟」成員，形成五大派系並存的局面。1990年代後期，隨著許信良退出民進黨和黃信介逝世，「美麗島系」開始沒落，其成員大多轉入張俊宏領導的「新世紀辦公室」和許榮淑領導的「新動力辦公室」。民進黨執政後，「新潮流系」、「正義連線」、「福利國連線」和「臺獨聯盟」的一些要員，如邱義仁、游錫堃、張俊雄、蘇貞昌、謝長廷、陳唐山等，紛紛進入行政系統，擔任要職，原來的派系關係發生了新的變化。從陳水扁第二任期開始，特別是2005年高捷弊案曝光後，民進黨內的「四大天王」呂秀蓮、蘇貞昌、游錫堃和謝長廷爭奪未來大位的「卡位」之爭開始浮上臺面。與高雄捷運弊案沒有關聯的民進黨主席蘇貞昌在2005年縣、市選舉後即行辭職，承擔敗選責任，以退為進。行政院長謝長廷在選前就因為陳水扁將其作為高雄捷運弊案的替罪羊之一而遭到致命打擊，選後又面臨「內閣重組」的壓力，只好讓位於蘇貞昌。隨著「四大天王」的「卡位之爭」的加劇，所謂謝系、蘇系、游系的說法不脛而走，並一度出現了以「新蘇聯」（由「新潮流系」、「蘇系」和「綠色友誼聯線」構成）為一方和以「正義連線」、「福利國連線」和「公媽派」（由原屬「主流聯盟」的蔡同榮和「新動力辦公室」的許榮淑為代表）為另一方相抗衡的局面。事實上，民進黨內部的派系構成以及各派系或政治人物的合縱連橫，乃是利益交換的策略性聯

盟，在政策訴求上沒有根本區別。除了「新潮流系」和「謝系」外，其他派系的組織凝聚力都比較弱。2006年7月民進黨第十二次「全代會」決定解散派系後，民進黨內的派系活動雖然受到一定的制約，但並沒有停止暗鬥。「新潮流系」在兩年後成立了「財團法人臺灣新社會智庫」，作為凝聚原派系成員的組織平臺。近年民進黨內的派系變化脈絡，由表4.4可以概見。

表4.4　民進黨內的派系分佈（2006-2008）

派系	公媽派	扁系	游系	謝系	新潮流	蘇系	綠色友誼連線	其他**
主要領導人	蔡同榮	陳水扁	游錫堃	謝長廷	吳乃仁	蘇貞昌		

續　表

派系		公媽派	扁系	游系	謝系	新潮流	蘇系	綠色友誼連線	其他**
中常委 2006年7月	指定		陳唐山	游錫堃			蘇貞昌		呂秀蓮 柯建銘
	票選	蔡同榮	余政憲		謝長廷	楊秋興 劉世芳	吳秉睿	陳勝宏 黃慶林	葉菊蘭 陳明文
「中執委」 2006年7月		蔡同榮 許榮淑 莊儒蓮*	余政憲 黃昭輝 邱議瑩 陳水塗* 沈國榮*		謝長廷 李俊毅 林耀文 管碧玲	段宜康 楊秋興 曹啓鴻 劉世芳 柯金德* 顏曉菁*	吳秉睿 林錫耀 許金鈍	黃慶林 陳勝宏 黃曉秀 林美玲* 黃露慧* 何明杰*	葉菊蘭 陳明文 蕭美琴
「中常委」* 2008年7月	指定*					陳菊 楊秋興 賴清德			蔡英文 柯建銘 張花冠
	票選	蔡同榮 (公媽派)	羅文嘉 許添財	方升茂*		段宜康 徐佳青	蔡憲浩	陳勝宏	陳明文 蘇治芬
「中執委」 2008年7月		蔡同榮	羅文嘉 許添財 陳其邁 余政憲 江昭儀	林佳龍 林右昌 方升茂*	李俊毅 王世堅 林永堅 邱莉莉* 康裕成	段宜康 徐佳青 潘孟安 李昆澤 吳思瑤 林宜瑾 洪智坤* 郭國文*	蔡憲浩 林錫耀 許金鈍	陳勝宏	陳明文 蘇治芬 陳亭妃 周中元* 吳富亭*

　　*除楊秋興系由執政縣、市長共推產生外，蔡英文（黨主席）、陳菊（高雄市長）、柯建銘（立法院黨團總召）、賴清德（幹事長）和張花冠（書記長）為當然「中常委」。因為職務變

73

動，賴清德和張花冠的「中常委」身份已經在2009年6月後為王幸男（「獨盟」）和高志鵬（「正義連線」）所取代。高志鵬的黨職因為涉入司法案件而停止。

　　蔡同榮接替柯建銘擔任黨團總召後，後者仍得列席「中常會」。帶*號的人士為代表某派系出任「中常委」或「中執委」者，其個人影響力有限。

　　**在屬於其他類的人士中，呂秀蓮、葉菊蘭、張花冠、蕭美琴曾加入「正義連線」，柯建銘曾加入「福利國連線」，蘇治芬早年加入「新潮流系」，後又曾與「福利國連線」結盟，但這些人士的派系色彩不鮮明。

　　民進黨內的權力鬥爭，在其執政的最後兩年期間進一步公開化。2006年秋天扁家弊案曝光、吳淑珍遭到起訴後，施明德帶領「紅衫軍」走上街頭，黨內的一些人士，特別是以洪奇昌、林濁水、段宜康、李文忠等人為代表的北部「新潮流」人士（所謂「北流」），跟「中央」黨部和陳水扁保持距離，成為黨內其他派系的攻擊對象。這些人和沈發惠、蔡其昌、林樹山（均屬「新潮流系」）以及沈富雄、羅文嘉、郭正亮、鄭運鵬（均屬「正義連線」）還被黨內的基本教義派稱為「十一惡寇」。南部的「新潮流」勢力（所謂「南流」）雖然跟民進黨的「主流」較接近，但跟其他派系也有矛盾。與此同時，行政院長的蘇貞昌透過媒體放話的方式，公開表示如果他的家庭發生類似弊案，他就將毅然辭職，謝長廷則私下勸陳水扁找個適當時機下臺，表示「總統下臺，也不是大不了的事，」對陳水扁施加「逼宮」的壓力；謝在年底的臺北市長選舉中，還有意與陳水扁切割，凸顯了民進黨「律師世代」的分裂。呂秀蓮也與陳水扁保持距離，以「藍天綠地」聯盟為口號，透露出其與李登輝、王金平結盟，提前承接大位的心路。唯有黨主席游錫堃，以「正綠」的代表者自居，全力支持為家庭弊案所困的陳

水扁，遊走於扁、蘇之間，安撫蘇貞昌，將其與陳水扁的政治前途捆綁在一起，緩解「逼宮」壓力。為轉移民眾對扁案的視線，游錫堃推行激進的「臺獨」路線，實行「排藍民調」，排除中間或「偏藍」的選民參加民進黨在黨內提名前所進行的民調，從而使一些較有民意基礎的民進黨人士在黨內初選中淘汰出局；游錫堃還企圖在2007年5月民進黨決定總統候選人之前，提出「憲改」草案，將「憲改」往「新國家、新認同」的方向推進，攫取個人利益。

民進黨內「四大天王」爭奪「總統候選人」鬥爭，以謝長廷勝出而告終。在2006年的北、高兩市選舉中，謝長廷在臺北市長選舉中雖然敗於國民黨的郝龍斌，但得票率不低，為其累積了爭奪大位的資本。同時，民進黨主席游錫堃強行推動「排藍民調」，在爭奪黨內提名2008年「總統候選人」的初選中慘敗；得到「新潮流系」支持的蘇貞昌，也因黨內其他派系的聯合反彈，在黨內民調中落敗於謝長廷。黨內各派系合縱連橫的最終結果是出現「謝蘇配」這一貌合神離的競選團隊，反映了陳水扁因弊案所困政治操控力的下降。雖然陳水扁在其任內沒有預先指定「總統候選人」的人選，但從陳與「四大天王」的關係來看，其較屬意的人選可能是蘇貞昌或游錫堃。如陳水扁在2009年初寫給蘇貞昌的信中，說明2004年未能進行「扁昌配」的原因，是遭到呂秀蓮和謝長廷的聯合抵制；認為蘇在2006年初出任行政院長，為競逐2008年的大位提供了「晉階」。而在同時寫給游錫堃的信中，坦承兩人的「關係最緊密」；在寫給自己的信中，又後悔沒有讓游錫堃一直擔任行政院長到2008年5月，如此就沒有「謝蘇之爭」，只剩下游錫堃搭配呂秀蓮「代表民進黨競逐2008年的總統」，「不至於只拿到41%的選票」。在陳水扁任內，臺灣主要黨政領導人頻繁更替職位，游錫堃先後擔任行政院長3年，「總統府祕書長」1年5個月，黨主席1年8個月，任職時間最長；蘇貞昌先後擔任「總統府」祕書長9個月，黨主席1年，行政院長1年4個月，資歷完整；謝長廷則擔任黨主席2年2個

月，行政院長不到1年，從未出任「總統府祕書長」這一職務，多少反映了扁、謝的心結（見表4.2）。而陳水扁在2008年選舉中，未給謝長廷提供競選經費，更說明了「長扁之爭」的客觀存在。陳水扁雖然跟謝長廷心存芥蒂，也只能接受由其代表民進黨參選，反映了其政治操控力的衰退。

　　由於民進黨內部的權力鬥爭，謝長廷在2008年大選前，遲遲未能完成內部整合過程，就是在謀求黨內團結的「2·28逆風行走」後，黨內也未完全解決團結的問題。陳水扁原本想全程參加逆風行走，結果才走了2個小時就被黨內人士勸退，擔心其成為「票房毒藥」。這種情況跟民進黨在2000年和2004年的經驗完全不同：在2000年大選期間，民進黨提前3個月即完成了內部整合；2004年大選時民進黨則是提前4個月排除了在總統副手人選問題上的變數。然而，2008年前民進黨內圍繞總統候選人的權力鬥爭，留下的派別鬥爭的裂痕，卻遲遲未得到彌合，加上謝長廷的身體狀況和選舉經費的限制，影響了選前的造勢力度。正如一位臺灣學者在選前所觀察的，謝長廷在2008年的選舉目標只是爭取小輸，故在選戰中置中間選民於不顧，主打「入聯公投」、「反對一中市場」等基本教義牌。可見，臺灣在2008年再次出現政黨輪替，是有其客觀必然性的。在2008年的總統選舉中，民進黨在只有兩組候選人的情況下的得票率，也只比2000年多了2個百分點，並沒有開拓多少新的票源。原因之一就是民進黨未能繼續推動政黨轉型，走中間路線。鑒於民進黨治理無方、貪腐有術，臺灣大多數選民在2008年兩場選舉中，都對其投了反對票，使民進黨飽受執政之痛，國民黨則大獲全勝。

第三節　政治體制的弊病與改革

一、「半總統制」的弊病

臺灣現行的「半總統制」是對原有「憲法」規定的「雙首長制」的揚棄。1997年臺灣所進行的第四次「修憲」，取消了立法院對總統所提名的「閣揆」的同意權和行政院長對總統頒布法律、發佈行政命令的「副署權」，大大增加了總統權力。總統可以隨意任命行政院長，不受立法院的制約。行政院長的權力來源於總統的任命，與立法院無關，實際上成為總統的幕僚長，「行政院」的大部分「部會首長」也是由總統指定。雖然行政院長及「部會首長」必須接受立法委員的質詢，立法院只要過半數同意，即可對行政院長提出不信任案，行使「倒閣權」；但行政院長可以在提出辭職的同時，呈請總統解散立法院。這一「恐怖平衡」的設計，使立法院勇於質詢，慎於「倒閣」，唯恐危及自身。總統雖然不能主動解散立法院，對立法院的議案亦無否決權，但其「組閣權」超過了其他權力體制所賦予行政首腦的權力。「副署權」的取消，使總統可以繞過「行政院」，決定重大政策而不必面對立法院的質詢。立法院無法對「行政院」的重要人事行使同意權，對總統有意見，只能找「行政院」發難，杯葛行政團隊的政策，或憑藉簡單多數透過議案，約束行政團隊的行為。就行政系統而言，總統有權無責，行政院長有責無權；就行政和立法系統的關係而言，總統的「組閣權」超過對政策的推動力，雙方可以憑藉過半民意互相對抗，影響政策實施。

這一權力體制，是臺灣在民主化過程中透過各方政治博弈形成的，因此充滿了內在張力。「規則制定過程中的不確定性有利於建立有效或自由的制度」，增加制定規則各方妥協的可能性。反觀臺灣在1997年的「修憲」，卻是在權力分配強弱涇渭分明的前提下進行的，因而缺少這種不確定性。「修憲」的結果是一旦國民黨和民進黨勢均力敵而分別掌控不同權力系統時，雙方將因為缺乏妥協精神的制度安排而發生激烈衝突。由於權力體制定位的不合理，在民

進黨執政期間，擁有立法院多數席位的「泛藍」勢力，只能訴諸質詢、杯葛議案、透過法案、製造新聞等手段，使立法院成為朝野抗爭的戰場。民進黨以執政黨自居，「泛藍」則認為民進黨在立法院既然是少數，就沒有獨攬大權的資格。陳水扁在2000年選舉中得票率不到40%，在2004年選舉中因槍擊案而勉強過半，幾乎成為其施政的阿喀琉斯之踵（Achilles』Heel），而在兩次總統選舉中失利的「泛藍」勢力，也因為現有體制所限，無法憑藉其在立法院的優勢主導政局。多數現任立法委員不願冒著落選的風險動用「倒閣權」，只限於採用杯葛法案和預算案的方法，來挑戰「行政」部門。正如一位臺灣學者所指出的，「如果國民黨早知道會在『總統』大選輸掉政權，就不會在1997年修憲時堅持拿掉『立法院』對『行政院長』任命案的同意權；如果民進黨早知道會當選『總統』，就不會在修憲時主張『總統』只有被動解散『國會』權；如果『立法院』擁有同意權或『總統』可以主動解散『立法院』，過去一年的紛爭就不會發生了。」權力體制的不合理設計，有違責任政治、分權制衡等民主政治的基本要求，加大了執政者和反對者之間進行零和博弈的可能性。

　　從比較政治的視野看來，世界上實行總統制的國家，在正常情況下不容易出現政府更迭的可能，政局較為穩定。行政權力全歸於總統，但總統在任命重要官員時，必須取得國會的同意，國會也可以透過法案，對行政系統進行約束。當同一政黨控制行政和國會系統時，即出現統一政府（Unified government）時，政府首腦的政策推動力較強；當總統和議會多數黨不屬於同一政黨時，則將出現行政權和立法權的對立，出現分立政府（divided government），從而影響總統對政策的推動。不過，總統若能控制三分之一以上的多數席位，仍可對議會的議案行使否決權，從而推行自己所屬意的政策。

　　實行半總統制的國家，可以區分為總統—議會制（presidentparliamentary regime）和總統―總理制（premier-presidential regime）。總統―議會屬於總統主導的半總統制。實行總統―議會制的國家，由總統組織行政子，無須議會同意。總統和議會多數若屬於同一政黨，組成統一政府，政推動力尚可；但在分立政府，即總統控制不了國會過半席位的情況下，則會出現行政和立法系統的嚴重對立，嚴重影響到行政績效。由於行政首腦和國會多數黨分別擁有過半數的民意支持，總統可以無視國會的多數意見，而任意組織行政團隊；國會在制定法案時，也不必顧忌總統行使否決權，只要掌握過半的票數（而不是三分之二），就可透過法案。雙方難免互不買帳，行政部門提出的法案，國會予以杯葛；國會透過的法案，行政部門則予以消極擱置，從而導致雙方惡性對抗。總統―總理制也可稱為國會主導的半總統制，總理須由國會多數黨領袖出任，總統和總理可以是同一政黨，也可能是不同政黨。在統一政府情況下，政策推動力較強。在分立政府情況下，行政權的重心將由總統轉向對議會負責的總理，以落實政黨政治的精神，如法國歷史上多次出現的「左右共治」（1986-1988；1993-1995；1997-2002）。在總統―總理制下，總理只對議會負責；而在總統―議會制下，總理則同時對國會和總統負責，權責不明。實行總統―總理制的國家，政府出現部分更迭的可能性大於總統―議會制，但總統權力仍大於內閣制下的虛位元首，可對總理形成某種制約，並且掌握國防、外交權力。

實行內閣制的國家，由議會多數黨組閣，不存在出現分立政府的可能性，而是以權力聚合（fusion of powers）原則，實現多數統治和責任政治，政府首腦的政策推動力最強，但也容易因為議會內政黨政治的變化，出現政府更迭的可能。就發生政府更迭的可能性來說，總統制、總統―國會制、總統―總理制和內閣制呈現由低到高的排序。就政府首腦的政策推動力而言，內閣制最強，其他三種體制在分立政府的情況下，總統制和總統―總理制的效率比總統―

議會制要略勝一籌。四種政府體制的利弊由表4.5可以概見。

表4.5　不同政府體制的利弊比較

政府體制	政府更迭的可能性	政府首腦對政策的推動力	
		統一政府	分立政府
總統制	低	較強	中
總統－議會制	較低	較強	低
總統－總理制	較高	較強	中
議會內閣制	高	最強(議會內閣制不存在分立政府的可能)	

　　臺灣所實行的權力運行體制，即所謂的「總統—議會制」，在體制上的弊病最多。民進黨執政時期，行政當局置立法院多數黨的聲音於不顧，一意孤行地推行其少數「政府」的政策，其結果是立法院亂象橫生，暴力相向的事件頻頻發生。追根溯源，這一獨特的權力體制，是1997年第四次「修憲」時為權傾一時的李登輝量身定製的。臺灣學者郝培芝指出，臺灣在1990年代引入半總統制，是李登輝主導和國民黨、民進黨兩黨妥協的結果。這一體制最麻煩的是當獲得多數選票的總統和立法院的多數黨不屬同一政黨，必然造成政治僵局。在2000年前，國民黨同時掌控立法院和總統職位，在一定程度上掩蓋了這一體制上的弱點。2000年第一次政黨輪替後，由於這兩個權力系統分屬不同政黨掌控，雙方分庭抗禮，互不相讓，制度弊病暴露無遺，構成了民進黨執政失敗的制度性原因。這一體制性問題並未隨著臺灣的兩次政黨輪替而得到解決，只是由於國民黨重新奪回對「行政權」和「立法權」的全面掌控，而暫時得到某種程度的緩解。一旦臺灣出現由不同政黨掌控行政、立法系統，就會激活這一制度上的病原。

　　二、立法院的選舉制度改革及其效應

　　從1992年到2004年，臺灣立法院選舉都是採取單一不可讓渡和一區多席制（single non-transferable vote and multi-member district electoral system）。這一制度為走極端路線的小黨提供了生存的空

間，不利於兩制的形成，同時助長同黨內部的惡性競爭。臺灣第一次政黨輪替後，「行院」和立法院嚴重對立和立法院內亂象叢生，導致民間對「立院」的極度反感和要求「立委」減半的強烈呼聲，迫使一些「立委」候選人在2001年立法院選舉前表態，一旦當選，將支持立法院透過「立委」減半的「憲法」修正案。民進黨前主席林義雄力主「立委」減半，也對民進黨的決策產生了重大影響。

在2004年總統選舉中，陳水扁因為選前槍擊事件僥倖當選，其得票率從2000年39.3%猛增到50.11%，盛極一時，當年的民進黨頗有長年執政的態勢，不少海內外的學者專家也預料民進黨為代表的「泛綠」勢力可望在2004年的立法院選舉中獲得過半席位。在這一對「綠營」有利的政治氛圍中，民進黨的一些策士未曾料到「泛藍」在2005年後迅速整合的趨勢，高估了自身開拓中間票源的能力，在2004年夏天推動立法院選舉制度改革時，與國民黨聯手透過立法委員減半，實行單席選區並立兩票制（paral-lel two-vote system）的改革方案。新的選舉制度理論上對國民黨和民進黨兩大政黨都有利，但其前提是兩黨得票率相近，否則在「區域立委」的席位分配上，就會產生「贏者全贏」的現象，放大兩黨的得票差距。對於選舉制度的改革後果，民進黨內有不同的評估。柯建銘等人秉承陳水扁、林義雄的意圖，主張實行單席選區兩票制。部分「新潮流系」人士則認為，在新的選舉制度下民進黨只能獲得113席中的35到40席，頂多45席，將明顯處於不利地位。林濁水因為反對選制改革，還險些被陳水扁開除出黨。

根據這一改革方案，立法院選舉以小區單席制為主、政黨比例代表制為輔的「修憲」共識，雙方決定第7屆「立委」的任期由三年改為四年，從2008年開始實行。在113席「立委」中，「區域立委」73名，一區一席；原住民的保障名額6名，分平地和山地原住民，各選3人，維持複數席位制；「不分區立委」34人，由政黨比例代表制產生；「區域立委」只要獲得簡單多數即可當選。這一新

的制度對小黨明顯不利：政黨比例代表制的名額（34席）不到「區域立委」（73席）的一半；大黨根據政黨票得票率，分配「不分區立委」的席位，不受「區域立委」當選數目的影響，所實行的是並立而非聯立兩票制（compensatory two-vote system）。假如臺灣採取的是聯立式兩票制，國民黨依照51.2%的政黨得票率就只能獲得58個席位，由於在73個「區域立委」中國民黨已經獲得57席（無黨籍人士獲得3席「區域立委」），便只能分配到1席「不分區立委」名額，外加4個原住民席位（另外2個原住民席位為親民黨和無黨籍人士所得），總席位就將是62席而非81席；但民進黨卻可以根據36.9%的政黨得票率，獲得42個席位，扣除已經獲得的13席「區域立委」，尚可分到34席「不分區立委」中的29個席位（另外4席「不分區立委」名額作廢），比目前選制下所能得到的多15席。新的選舉制度從2008年開始實施，明顯對大黨有利，不利於中小政黨，對民進黨也有嚴重的負面影響，對其日後的發展預設了不利的制度條件，為2008年政黨再次輪替埋下了重要的伏筆。（見表4.6）

　　由表4.6可見，民進黨在歷次立法院選舉中的得票率，從1992年到2001年，徘徊於31%和33%之間，似乎沒有因為2000年的政黨輪替而發生明顯變化。雖然在2001年的立法院選舉中，民進黨的得票率較1998年增加了近4個百分點，但比起1995年，則相差無幾。只是由於國民黨的分裂，民進黨作為第一大黨，在一區多席的選舉中，憑藉33%的得票率和較好的配票策略，獲取了將近39%的席次。同時，新成立的臺聯憑藉7.8%的得票率，獲得5.8%的席次，擴大了「泛綠」的地盤。在2004年的立法院選舉中，民進黨在得票率和席次率上略有增加，但未能實現「泛綠」取得立法院過半席位的既定目標。在2008年的立法院選舉中，民進黨在區域立法委員選舉中，無法如願地吸納臺聯的票源，雖然獲得了38.17%的總得票率，較2004年增加了2個多百分點，但只獲得73個席位中的13個席位，不到18%；好在民進黨以36.9%的政黨得票率，分配到34席不分區

立法委員中的14個席位，否則其在整個立法院中將處於更為弱勢的地位。與此相反，國民黨成功地整合了親民黨和新黨的票源，憑藉53.5%的區域立法委員得票率和51.2%的政黨得票率，囊括了立法院的81個席位，所獲席位是民進黨的三倍。新黨和臺聯黨的政黨票得票率分別為3.95%和3.53%，因未過政黨票的5%門檻而未分配到席位。親民黨不參加不分區選舉，僅在平地原住民立法委員選區獲得1個席位。

表4.6 臺灣主要政黨在立法院選舉的得票率、席位及席次率

	1992	1995	1998	2001	2004	2008 **
國民黨	52.7% 94 席 58.3%	46.1% 85 席 51.8%	46.4% 124 席 55.1%	28.6% 68 席 30.2%	32.8% 79 席 35.1%	53.50% 81 席 71.7%
親民黨	尚未成立	尚未成立	尚未成立	18.6% 46 席 20.4%	13.9% 34 席 15.1%	0.29% 1 席 0.9%
新黨	尚未成立	13.0% 21 席 12.8%	7.1% 11 席 4.89%	2.6% 1 席 0.4%	0.1% 1 席 0.4%	無候選人參選「區域立法委員」
民進黨	31.4% 51 席 31.7%	33.2% 54 席 32.9%	29.6% 70 席 31.1%	33.4% 87 席 38.7%	35.7% 89 席 39.6%	38.17% 27 席 23.9%
台聯	尚未成立	尚未成立	尚未成立	7.8% 13 席 5.8%	7.8% 12 席 5.3%	0.96% 0 席 0
其他*	15.9% 16 席 9.9%	7.8% 4 席 2.4%	16.9% 20 席 8.9%	9% 10 席 4.4%	9.7% 10 席 4.4%	7.08% 4 席 3.53%
總計	161 席	164 席	225 席	225 席	225 席	113 席

*其他包括未列出來的小黨或無黨籍人士。

**2008年的得票率指的是國民黨、民進黨等在區域和原住民立法委員選舉得票率，而不是政黨票的得票率，後者分別為51.23%和36.91%。

資料來源：臺灣「中央」選舉委員會。數據源自臺灣政治大學選舉研究中心分年度表列的數據（http://vote.nccu.edu.tw/engcec/vote4.asp）。表4.6系作者根據歷年數

字整理編輯，並根據原住民代表的得票率，對選舉研究中心所表列的2008年數據作了修正。

在2008年立法院選舉中，民進黨所獲席位（27席）遠不及於其得票率，甚至比原先最為悲觀的估計還要少，不管是所獲席位，還是席次率，均創下1992年「立委」全面改選以來的最低紀錄，預示著其在總統選舉中的敗局已定。對此結果不同政黨原先均未估計到。根據民進黨「中央」黨部在2007年2月初的評估，如果根據2004年總統選舉「藍、綠」得票率分區計算，「綠營」可望在73席「區域立法委員」中獲得40個席位，但根據2004年立法委員選舉「藍、綠」得票率分區計算，「綠營」就只能得到31席。而根據國民黨在同一時間的估計，也只預期拿下二分之一到三分之二的席位。其理由是國民黨雖然可以「通吃」五個小的縣、市和原住民的選區，但其他大的縣、市經過重劃選區後，雙方力量相當，國民黨沒有絕對勝算。之所以發生上述估計上的偏差，除了外界對初次實行的新選舉制度的影響估計不足外，跟民進黨在選前根據「排藍民調」推出立法委員候選人，選舉過程中放棄「中間路線」，以及黨內分裂，恐怕都有很大關係。具有諷刺意味的是，民進黨在2004與國民黨聯手透過以小區單席制為主、政黨比例代表制為輔的並立兩票制的選舉改革方案，目的是為了占親民黨、臺聯、新黨等小黨的便宜，沒想到民進黨的得票率明顯落後於國民黨，反而吃了大虧，若不是當年民進黨過高估計自己的票源，是不會遭到如此挫敗的，結果只能以「願賭服輸」來自我解嘲。但也有學者認為，民進黨對於此一結果並非沒有預見，但民進黨秉持理想主義，相信單席選區兩票制的改革，有助於改善臺灣的政治文化，「讓中間選民成為選舉成敗的左右者，使過去在複數席次下少數候選人切割激進選民而遭到放大、擴散的選舉亂象得到根本的解決。」從長期的觀點看，制度的理性終將成為影響行為的主導力量，讓民進黨逐步調整體質，重新贏回多數。「民進黨並不需要對於一時的受挫感到悲觀，

也不見得選舉新制下的勝選者，必然就會在日後的選舉中憑藉在任者的選區經營優勢而得以長期維持其席次」。

民進黨在2008年1月選舉遭到慘敗後，希望在3月份的總統選舉中出現「鐘擺效應」，產生「逆轉勝」的結果。鐘擺效應的理論依據是選民，特別是中間選民，出於對執政黨的不滿，將選票投給反對黨，而導致選舉結果的變化。但正如臺灣學者吳玉山所指出的，1月份選舉剛過，就期望3月份出現「鐘擺效應」，在邏輯上難以成立，因為選民根本不可能在這麼短的時間內就經過觀察、反思而改變投票行為。其實，「逆轉勝」也好，「鐘擺效應」也好，只是處於頹勢、面臨下臺的民進黨的一廂情願或宣傳造勢。2008年3月大選前，臺北有關「鐘擺效應」抑或「西瓜效應」的討論，所圍繞的核心問題是臺灣選民是否可能像美國一些選民那樣，有意採取「分裂投票」（split ticket voting）行為，使「行政系統」和「議會系統」互相牽制。國民黨強調「立法系統」和「行政系統」應該屬於同一個政黨，才能避免出現政治僵局和亂象，希望選民不要採取分裂投票的行為。民進黨則以防止出現「西瓜偎大邊」，亦即國民黨「一黨獨大」現象，為競選主軸之一。可見，如果兩場選舉在同一時間舉行，根本不會出現「鐘擺效應」這一似是而非的假議題。而臺灣選民之所以沒有進行「分裂投票」，也是基於對民進黨執政時期政治亂象的反思，而寄希望於國民黨全面執政，落實責任政治。

三、民進黨的「憲改」計劃及其流產

如上所述，「修憲」是臺灣政治轉型的重要內容。從1991年到2005年，臺灣歷經七次「修憲」，但是陳水扁當局在其第二任期內仍謀求繼續推動「憲改」。鑒於民進黨在臺灣立法院的實力不足，陳水扁在2004年5月的「就職演說」中特別提出全民參與「憲改」的主張。陳水扁原計劃在其第二任期內，於2006年「公投「透過「新憲法」，2008年予以實施，使臺灣成為一個「正常的國家」。

據一位參與規劃「憲改」方案的官員表示，所謂「憲改」或「新憲」，既不同於以往的「修憲」，也跟「制憲」不同。「制憲」系繞過現有的機構來推動，涉及「主權」範圍的重新界定和「憲法」名稱的改變。「修憲」是採取增修條文的形式，不動原條款，但對一些條款予以凍結。而「新憲」則是根據現有的「憲政」程序，將新條款加到「憲法」的本文中去，更動的幅度大於「修憲」，但不是在體制外進行，也不會涉及「主權領土」範圍等問題。「新憲」和「憲改」是介於「修憲」和「制憲」之間的一種安排。他認為根據臺灣法律，「公投」只能用於「複決」，不能用於「創議」，故沒有「公投制憲」問題。而讓民間討論「憲改」議題，只是為了造成要求「憲改」的壓力，而不是真正推動「制憲」。

其實，民進黨所推動的「憲改」，涉及兩個層面的問題。一是行政體制的重新定位問題，二是如何處理「憲法一中」的問題。第一個問題涉及臺灣是否應該採取「總統制」還是「內閣制」，是否應該採取三權分立還是維持「五院」體制。對此，民進黨內部在2006年北、高兩市選舉前有不同看法，有主張實行「內閣制」的，也有主張「總統制」的。但在選後因為對2008年選舉信心有所增加，又統一到支持「總統制」的立場。民進黨「中央」黨部的一位負責人在2007年2月表示，對「憲改」版本民進黨和行政當局的基本立場是確立總統的可課責性，避免出現總統有權無責的現象。他認為，臺灣既已實行了總統直選，要退回到「內閣制」，剝奪選民對最高職位的選舉權，有技術上的困難。只能從制度上約束總統，使其尊重立法院的多數。其具體做法要麼恢復立法院對行政院長行使同意權，要麼建立類以美國三權分立制度下，總統享有對國會提出的議案的否決權，但國會若再次透過總統則必須執行的互相制約的機制。

對於第二個問題，一些民進黨人士認為，「新憲」不會涉及「主權領土」範圍等問題；「新憲」不可能觸及「主權」、「國

號」等議題，因為民進黨無法得到立法院三分之二以上的多數票。陳水扁明知不可為而為之，只是為了向「深綠」人士表明他已經往這個方向推動，行不通不是他的責任。民進黨「中央」黨部的一位負責人在2007年年初表示，「第二共和」或「憲改」的主要問題是解決「中央政府」體制問題，也就是在「總統制」和「內閣制」間作一取捨。民進黨主席游錫堃對「憲改」問題，有其個人理念，強調要建立「新國家」、「新認同」，但該黨的基本立場是改革「中央政府」體制。關於民進黨的「憲改」版本是否會觸及「法理臺獨」的問題，民進黨「中央」黨部的一位主管表示，對「憲法」第四條有關「『中華民國』的固有疆域，非經『立法院』四分之三透過，『國民大會』四分之三多數複決，不得變更之」的有關規定，民進黨有三種處理方案。一是不處理。二是不動「固有疆域」字眼，但將其後文字修正為非經「立法院多數透過，公民投票複決，不得變更之」。三是將「固有疆域」改為「既有疆域」。採用第二種方案的可能性較大。「廿一世紀『憲改』聯盟」（由三四十個民間團體組成的）也認為，為了取得「全民」共識，「憲法」的前幾條可以基本不動，包括「憲法」第四條有關「固有疆域」的提法可保留，需要改變的是原先規定由「國民大會之決議」，應改為「公投複決」；「憲改」除瞭解決「中央政府」體制問題，還要解決「地方自治」問題。因為臺灣縣、市長雖然直選，但縣、市普遍鬧窮。此外，民進黨內部也有人主張制定「臺灣基本法」（模仿香港基本法）作為解套的辦法，既可重新確立「政府」體制，又可避免觸怒北京和華盛頓。

　　但不管怎麼說，「新憲法」一旦出臺，本身就有宣示臺灣「主權獨立」的強烈意味。陳水扁雖然使用「憲改」，以與「修憲」和「制憲」相區別，但他明確說明「憲改」的結果是為使臺灣成為一個「正常的、完整的現代國家」打下堅實的基礎，與李登輝在2004年前後所極力鼓吹的「制憲」並無本質不同。按照前「陸委會主任

委員」陳明通提出的「第二共和」方案,「憲改」要求凍結「憲法」總綱部分,添加序言,明定「新憲法」的適用範圍。民進黨「中央」黨部的一位主管也曾表示,「憲改」將涉及「領土」和「主權」的重新界定問題,民進黨內部對此沒有爭議,只是等待適當時機再推出而已。參與研究民進黨「憲改」方案的臺灣學者徐永明也坦率地表示,是否維持「憲法一中」是民進黨的討論焦點;既然要對「憲法條款」進行直接修改,必然要涉及如何處理「臺灣和中國」的關係問題,所以也就有提出「第二共和」的必要。另一位學者郝培芝也表示,「憲法」一定要作調整,不動原條款有困難。可以在總綱不動的情況下,設計出一套新的體制。民進黨基本可接受「中華民國」,不會推動確立「臺灣共和國」的「憲改」案,但要做到「主權在地化」,有部分的「去中國化」的意義。

　　民進黨原計劃在2007年4月推出「憲改」草案,5月份推出總統候選人,但結果卻不了了之,其主要原因是民進黨在2004年的立法院選舉中未能過半,國民黨反對再次「修憲」。雖然國民黨內也曾經有人(如「立法院長」王金平)主張再次「修憲」,實行「內閣制」,但國民黨的基本立場是在「憲改」問題上,不主動出招,讓民進黨鬧去。不管民進黨推出什麼「憲改」版本,國民黨就是不響應,更談不上在「固有疆域」等字眼上做文章。同時美國政府也對「憲改」持謹慎態度。美國助理國務卿幫辦柯慶生(Thomas Christensen)在2006年11月初的一次國際學術研討會上就明確表示,美國不反對臺灣為重構一個有效「政府」進行「修憲」,但反對將領土和主權等問題納入「憲改」議程。華盛頓和國民黨對「憲改」的保留態度,是喧囂一時的「憲改」案無疾而終的主要原因。

第四節　國民黨重新執政後的政局變化

2008年臺灣的兩次選舉，使國民黨成為掌控立法院四分之三席位和行政大權的執政黨，隨之而來的是選民要求國民黨對未來的施政績效完全負起政黨政治的責任。馬英九領導下的國民黨奪回對「行政」、「立法」兩大系統的全面主控權後，順理成章地建立起一個追求責任政治的「多數政府」，同時注意吸收一些國民黨以外的執政人才，借重他們的經驗，並以此拓展票源，擴大執政基礎。然而2008年以來的世界金融危機所帶來的全球經濟衰退，卻使馬英九行政團隊無法在「拚經濟」上交出亮麗的成績，其在競選期間有關「馬上好」（即馬英九一上臺，經濟不振的局面就會改觀）的支票難免跳票，馬英九的民意支持度也急劇下降。在政治上，以馬英九為代表的行政團隊、以吳伯雄為代表的黨務系統和以王金平為代表的「立法」系統，未能完全和衷共濟。為了推動黨務改革，提高行政效率，馬英九在2009年6月改變初衷，決定兼任黨主席，實行「黨政合一」。但國民黨內以行政團隊和「黨中央」為一方，以立法委員和地方黨部及派系為另一方的矛盾，不但沒有緩解，反而因為行政團隊對2009年「八·八水災」處理不力以及地方勢力對馬英九改革意圖的反彈而進一步激化。

　　一、以「選舉內閣」取代「學者內閣」

　　馬英九執政團隊在「八八水災」屆滿1個月之際，決定對劉兆玄「內閣」進行大幅度改組，由富有選舉和地方領導經驗的吳敦義和朱立倫分別出任行政院的正副院長，扭轉災情對國民黨未來選情的衝擊。馬英九的這一舉動，展現了其政治領導能力，彌補了治理能力的不足，在一定時期提升了民意對國民黨的支持度。由國民黨副主席朱立倫出任行政院副院長，與馬兼任黨主席的安排，意味著臺灣政治將進一步向黨政一體、以黨輔政的方向演變，以落實政黨政治的精神。「內閣」雖然大幅改組，但「國安」團隊和海（海基會）陸（「陸委會」）團隊不變，體現了臺灣對外政策的延續性，吳敦義和朱立倫與大陸密切交往的經驗，也有助於憑藉國共交流平

臺的紅利，繼續發展兩岸關係。

「八八水災」暴露了劉兆玄團隊行政領導能力的不足。對於這一災害，劉兆玄團隊先是低估險情，繼而反應遲鈍，反映了行政執行力的不足，造成了馬英九民意支持度的急劇下降。劉兆玄在2009年6月間曾批評一些行政團隊成員「有知識沒有常識」，其實他本人在災後也犯了同樣的錯誤。在臺灣社情民意、黨派對立和大眾傳媒的互相激盪下，良好的願望、淵博的知識、循規蹈矩的工作作風、按部就班的生活方式，未必能導致好的執政成績和形象，行政團隊的應變能力和駕馭媒體的能力，更為重要。吳敦義和朱立倫雖然沒有在「中央」工作的經驗，但有較豐富的選舉經驗和意識，對於及時提升馬英九的民意支持度，改變馬團隊的「無能」形象，有正面效應。同時，吳敦義又有在南部長期耕耘的經驗，由朱立倫出任「行政院副院長」，還可借助其岳父高育仁的在南部的人脈，透過打造災後重建的新局面，與民進黨爭奪南部的選票。與此同時，民進黨在「八八水災」後，將其政治資源向南部傾斜，與民眾搏感情，對於2009年底的縣、市長選舉，由原先的保三（雲林縣、嘉義縣、屏東縣）調整為坐三望五，企圖在三個執政縣、市之外，與國民黨在宜蘭、花蓮、臺東、南投等地一爭短長。為此，馬英九決定推出一流戰將吳、朱，強棒出擊，提前為年底的選舉佈局。由於吳、朱既是立法委員出身，同時又是國民黨的副主席，這一安排，有助於加強國民黨的黨政協調，以及「行政院」與立法院的合作。在這次「行政院」改組中，「內政部」、「國防部」、「外交部」、「經濟部」、「教育部」、「經建會」的部會領導，由新人擔任，更動幅度較大，原屬馬英九市府團隊的人馬，謀得新的重要位置，國民黨在2000年以前的舊官僚，大量出局，馬英九的領導地位得到一定加強。

在國民黨的中生代中，吳敦義、朱立倫、胡志強和郝龍斌屬一流戰將。其中吳敦義是本省籍，朱立倫屬於半個本省籍，胡志強和

郝龍斌是外省籍。胡志強的北上之路因為臺中縣、市改制延選而受阻，郝龍斌則因為臺北捷運問題影響到民意支持度。加上兩人的外省籍身份，基本已被排除出接班人選。吳敦義到2016年已經68歲，看來難以接班，朱立倫的可能性較大。按照馬英九的原計劃，劉兆玄要幹滿兩年，至少是2009年的縣、市長選舉之後再調整。到時可以利用「內閣」改組的效應，拉抬馬英九的支持度。但由於「八八水災」的衝擊，影響到本來一片看好的年底選情，吳敦義、朱立倫等人也被迫提前登場。這反映了馬英九的政治操控能力和「斷臂求生」的政治決斷。但這樣也使「新內閣」面臨較長時間的考驗（兩年半），增添新的變數。

根據臺灣政局的近期發展，國民黨能否推出強棒人選參加2010年五大都市選舉，是影響2012年大選結果的關鍵因素之一。受臺南縣、市升格的影響，國民黨和民進黨的競選態勢，屆時將呈現激烈競逐的局面。一般說來，民進黨在大高雄、大臺南較有勝算，國民黨在臺北市和大臺中較具優勢，新北市則成了關鍵的一役。在2009年6月間，臺南縣、市不在升格之列，國民黨內對該縣、市是否升格，也有不同意見。主張臺南升格的人士，是想在2009年的縣、市長選舉中，將民進黨擁有執政優勢的縣、市由五個減到三個，而這三個縣、市在當時看來民進黨並無勝算，國民黨可望在2009年底選舉中進一步挫敗民進黨的士氣。但因為水災的影響，民進黨的士氣有了明顯的提升。臺南升格，將使2010年五大都市的選舉，更為激烈。如果沒有臺南都市選舉，民進黨即使贏得新北市，加上大高雄，與國民黨也只是打個平手。但加上大臺南，一旦民進黨在五大都市中贏得三個，對國民黨的士氣則是極大的傷害。為此，國民黨除了固守新北市外，必須在南臺灣有所作為。吳敦義和朱立倫的聯手登臺，有助於國民黨借災後重建，開拓南部票源，改變國民黨「重北輕南」的形象。

二、民進黨止跌回升

如果說，民進黨在執政初期的盛像帶有相當水分的話，那麼，國民黨在2008年立法院選舉中大獲全勝，也容易導致人們低估民進黨對其基本盤的控制。換句話說，臺灣立法院中「一大一小」的席次格局，多少掩蓋了臺灣政壇的兩黨政治格局。2009年縣、市長選舉後，民進黨的士氣得到明顯提升。在這次選舉中，民進黨不但奪回宜蘭縣，在所有17個縣、市的得票率還從四年前的39.5%提高到45.3%。按照民進黨在選後的評估推測，如果把所有縣、市都包括進來一起選，民進黨的得票率就將是48.7%，僅次於2004年大選的得票率。這種說法有一定道理。因為就停選的臺北縣、臺中縣、臺中市、臺南縣、臺南市和高雄縣這六個縣、市而言，民進黨在2005年的得票率約44.5%（當年23個縣、市長選舉民進黨的總得票率為42%，上述17個縣、市和6個縣、市的人口相當），若不停選的話，這6個縣、市的得票率不是沒有可能達到50.5%，這樣，民進黨的總得票率就將不是45.3%，而是47.9%，為歷年所僅見（見表4.7）。

表4.7　1989年以來臺灣各政黨在縣、市長選舉中的得票情形

年份	席位總數	國民黨得票率	席位	民進黨得票率	席位	親民黨得票率	席位	新黨得票率	席位
1989	23	56.1%	16	30.1%	6	尚未成立		尚未成立	
1993	23	47.3%	16	41.2%	6	尚未成立		3.1%	0
1997	23	42.1%	8	43.3%	12	尚未成立		1.4%	0
2001	23	35.1%	9	45.3%	9	2.4%	2	9.9%	1
2005	23	50.0%	14	42.0%	6	1.1%	1	0.2%	1
2009	17	47.9%	12	45.3%	4	/		/	

　　資料來源：臺灣「中央」選舉委員會。1989年的數據源自網絡維基百科和Steve Tsang&Hung-mao Tien， eds.，Democratization in Taiwan（Hong Kong：Hong Kong University Press，1999），p.88。其

它數據源自臺灣政治大學選舉研究中心分年度表列的數據
（http://vote.nccu.edu.tw/cec/cechead.asp）。

表4.8　1989年以來臺灣各政黨及無黨籍人士在各縣、市執政情況及目前各縣、市「區域立委」分佈

年度	台北縣	基隆市	宜蘭縣	桃園縣	新竹縣	新竹市	苗栗縣	台中縣	台中市	彰化縣	南投縣	雲林縣	嘉義縣	嘉義市	台南縣	台南市	高雄縣	屏東縣	台東縣	花蓮縣	澎湖縣	金門縣	連江縣
89	民進黨	國民黨	民進黨	國民黨	民進黨	國民黨	國民黨	民進黨	國民黨	國民黨	國民黨	國民黨	無黨籍	國民黨	國民黨	民進黨	國民黨	國民黨	國民黨	國民黨	國民黨	國民黨	國民黨
93	民進黨	國民黨	民進黨	國民黨	民進黨	國民黨	國民黨	民進黨	國民黨	國民黨	國民黨	國民黨	無黨籍	民進黨	國民黨	民進黨	國民黨	民進黨	國民黨	國民黨	民進黨	國民黨	國民黨
97	民進黨	民進黨	民進黨	民進黨	民逃黨	無黨籍	民進黨	民進黨	國民黨	無黨籍	國民黨	國民黨	無黨籍	國民黨	民進黨	民進黨	國民黨	民進黨	國民黨	民進黨	國民黨	國民黨	國民黨
01	民進黨	國民黨	民進黨	國民黨	無黨籍	國民黨	國民黨	民進黨	國民黨	民進黨	國民黨	無黨籍	民進黨	民進黨	民進黨	民進黨	親民黨	國民黨	民進黨	新黨	親民黨		
05	國民黨	國民黨	國民黨	國民黨	國民黨	國民黨	國民黨	國民黨	國民黨	民進黨	民進黨	國民黨	民進黨	民進黨	民進黨	無黨籍	國民黨	新黨	親民黨				

年度	台北縣	基隆市	宜蘭縣	桃園縣	新竹縣	新竹市	苗栗縣	台中縣	台中市	彰化縣	南投縣	雲林縣	嘉義縣	嘉義市	台南縣	台南市	高雄縣	屏東縣	台東縣	花蓮縣	澎湖縣	金門縣	連江縣
09	停選	國民黨	民進黨	國民黨	國民黨	國民黨	國民黨	停選	停選	國民黨	國民黨	民進黨	民進黨	國民黨	停選	停選	停選	民進黨	國民黨	無黨籍	國民黨	國民黨	國民黨
各縣市區域立委分布情況	國民黨10 民進黨2	國民黨1	國民黨1	國民黨4 民進黨2*	國民黨1 民進黨1*	國民黨1	國民黨1 民進黨1* 無黨籍1*	國民黨3 民進黨1 無黨籍1	國民黨3	國民黨4 民進黨1*	國民黨2	國民黨1 民進黨1	國民黨1 民進黨1	國民黨1		國民黨3 民進黨3	國民黨1 民進黨2	國民黨1 民進黨2	國民黨1 民進黨1*		國民黨1 無黨籍1	無黨籍1	國民黨1

註：帶*號是2008年「立委」選舉後因原「立委」去職補選而增加的非國民黨席位。臺北市和高雄市的「區域立委」數目未列入本表。

從表4.7可以看出，1990年代以來，民進黨在歷年縣、市長選舉中的得票率維持在41.2%到45.3%之間，國民黨加上新黨和親民黨的得票率，則維持在43.5%和51.3%之間。民進黨執政縣、市數目最多的是1997年，為12個，「泛藍」執政縣、市數目最多的是2005年，為16個。從民進黨1986年成立以來在縣、市層次的執政情況來看，其執政歷史最長的是高雄縣（1989年至今），其次是臺南縣（1993年至今）、屏東縣（1989-1993，1997年至今）、臺北縣（1989-2005）、宜蘭縣（1989-2005）、臺南市（1997年至今）、新竹縣（1989-2001）、嘉義縣（2001年至今）和彰化縣（1989-1993，2001-2005）。民進黨目前除了掌控宜蘭、雲林、嘉義和屏東四縣外，在臺南縣、臺南市、高雄縣和臺北縣，都有較深厚的執政基礎或歷史，特別是在臺南縣和臺南市，民進黨在最為頹勢的2008年，

還能囊括所有的立法委員席次。如果這四個縣、市在2009年沒有停選的話，都有較大可能為民進黨所得。這樣民進黨的執政縣、市就可能達到七、八個，僅次於1997年和2001年，但與國民黨相比，仍然處於弱勢。

從表4.8可以看出，2008年大選後，民進黨在各縣、市的區域「立委」，以南部縣域居多。但比起國民黨，立法院畢竟是民進黨的最薄弱環節。如上所述，即使在民進黨執政時期，「泛綠」勢力也從未取得立法院的多數席位。雖然在2001年的立法院選舉中，民進黨成為第一大黨，但加上臺聯的13席，仍不敵「泛藍」的115席。2004年的立法院選舉，基本維持了以上的「藍、綠」格局。2008年立法院選舉採取新的單席選區並立兩票制，放大了民進黨和國民黨的得票率的差距。雖然民進黨在2009年和2010年的幾次「立委」補選後，增加了六個席位，但其在立法院的總席次，仍只有33席，不敵「泛藍」陣營的75席（包括親民黨一席），短期內改變不了其在立法院內的弱勢。民進黨較有可能突破發展瓶頸的還是2010年底的五大都市選舉。只要民進黨贏得五個都市中的三個，對國民黨的士氣就將是一個嚴重的打擊。

三、民進黨的派系消長

蔡英文當選民進黨主席後，延續黨內派系共治的結構，拉攏「新潮流系」和「謝系」，以擴大自己的權力基礎。例如，以「新潮流系」的大老吳乃仁取代了原屬「美麗島系」的王拓，擔任「中央黨部」的祕書長，借助該派系的力量組織選戰。從民進黨提名參選2009年臺灣縣、市長選舉的候選人的背景，可以看出民進黨內派系的消長變化，已經由陳水扁時期以「正義連線」為主，「新潮流系」和「福利國連線」為輔的派系共治演變為以「新潮流系」為主的派系共治格局。截至2009年5月間，已經獲得民進黨中央提名的14位候選人中，派系色彩較為明顯的有屬於游系的林佳龍（參選臺

中市長)和林右昌(參選基隆市市長),屬於「謝系」李俊毅(參選臺南縣長)及與「謝系」關係密切的蘇治芬(尋求連任雲林縣長),和屬於「新潮流系」的賴清德(參選臺南市長)、林岱樺(參選高雄縣長)和曹啟鴻(尋求連任屏東縣長)。從民進黨新世代人士的卡位之爭,可以看出黨內派系的鬥爭。在提名臺南縣長候選人問題上,蔡英文在與陳水扁關係密切的陳唐山的內部民調居高不下且又外洩的情況下,毅然決定由「謝系」的李俊毅參選,防止葉宜津以辭任立法委員換取陳水扁對其參選臺南縣長的支持,堵住了陳水扁東山再起的機會。對此,民進黨縣、市長提名小組組長葉國興公開表示不滿,陳唐山表示要參選到底,葉宜津表示不會動員其資源,支持李俊毅,游錫堃表示既然蘇貞昌可以回鍋參選臺北縣長,陳唐山也有理由回選臺南縣長。民進黨內部的這些異議,因為臺南縣等六個縣、市的升格而暫時得到化解。在2009年縣、市長選舉中,蔡英文帶領民進黨打贏選戰,提高了其在民進黨內的領導威信。為避免黨內在形勢好轉後,出現新的權力鬥爭,蔡英文在選後表示,民進黨在2010年底五大「都市」選舉前,不會考慮2012年總統選舉的候選人問題,也不會調整現有的大陸政策,而是優先考慮明年五大「都會」市長候選人的人選,全力打贏謀取奪回政權的第二場戰役。

　　民進黨向有派系共治的傳統。2008年大選後,「扁系」、「游系」的影響力下降,「新潮流系」、「蘇系」和「謝系」仍比較活躍。在2009年縣、市長選舉中,「四大天王」的輔選戰區有所側重,策略也有所不同。謝長廷在重點輔選新竹縣的過程中,有意凸顯「打馬」的主題,採取正面衝撞的方式,但民進黨未能在新竹縣獲勝,對「謝系」是一個很大的衝擊。「新潮流系」的林聰賢贏得宜蘭縣,使該派系在八個執政縣、市中占據了五個席位。原來「新潮流系」所占據的席位有高雄市、高雄縣、屏東縣和臺南縣,這次又加上了宜蘭縣,實力進一步擴大。而在民進黨現任「立委」中,

「新潮流系」所占據席位本來就遠多於其他派系（見表4.9）。「新潮流系」所支持的蔡英文和蘇貞昌的政治行情看漲，已經為外界所公認。

　　對於2012年總統大選，蔡英文、蘇貞昌、謝長廷、陳菊都有所圖謀，但還是以蔡、蘇較有可能獲得民進黨的提名。「新潮流系」將寶押在誰的身上，其他派系如何反應，值得觀察。早在2005年「新潮流系」就曾跟「蘇系」和「綠色友誼聯線」結盟，而有所謂的「新蘇聯」之稱，與此相抗衡的則是由「正義連線」、「福利國連線」、「獨盟」和「新動力辦公室」結合而成的派系聯盟。在2008年民進黨內爭奪總統候選人提名過程中，「新潮流系」原本支持蘇貞昌，遭到其他派系反彈，導致謝長廷勝出。2008年民進黨黨主席改選時，因為蘇貞昌沒有意願，「新潮流系」轉而推出蔡英文，其後又在黨內大老林義雄等人的敦促下，由「新潮流系」的吳乃仁接替王拓，擔任民進黨的祕書長，幫蔡英文的忙。對於未來兩次的總統選舉，民進黨在「八‧八」水災前的腹案是在2012年推出蘇貞昌，2016年再推出蔡英文，把希望放在2016年。但在「八‧八」水災後，各派人馬又有了新的盤算。除了蘇貞昌保留參選意圖外，陳菊透過邀請達賴訪臺和播放熱比婭影片，提高自己的知名度，2009年縣、市長選舉中，又賣力在宜蘭拉票助選。謝長廷在選舉中，有意拉高民進黨的勝選席次目標，力圖在選後取代蔡英文，擔任黨主席，為2012年鋪墊一個進可攻、退可守的平臺。「蘇系」積極謀劃參選2012，一度表示不排除接受徵召，參選新北市或臺北市。蔡英文因為打贏選戰，民意支持度升高，可望連任民進黨主席，其本人對投身選舉政治有了更大的興趣和自信心。

　　根據「藍、綠」在這五個都會區的實力對比及其執政狀況，民進黨內鼓動蔡英文和蘇貞昌參選臺北市和新北市的呼聲頗高。許多民進黨人士認為，蔡英文跟郝龍斌可以一搏，即使因為臺北市的選民結構對國民黨有利而無法贏得選舉，也可以借郝龍斌的施政績效

不佳（如臺北捷運問題）做文章，拉抬民進黨在臺北市的得票率；由蘇貞昌參選新北市，則足以打敗民意支持度低迷的現任臺北縣長周錫瑋，即使國民黨推出朱立倫參選新北市，雙方也可形成五五波的對局。但蘇貞昌對參選臺北市長顯然更有興趣，而搶先宣布參選。對於南部的大高雄市和大臺南市，民進黨的勝算較大，黨內也有多人想謀取這兩個「肥缺」。有意參選大高雄市長的，除了現任高雄市長陳菊外，尚有現任高雄縣長楊秋興。有意參選大臺南市長的除了現任臺南市長許添財和臺南縣長蘇煥智外，還有「立委」賴清德、李俊毅和葉宜津。至於大臺中，雖然「綠營」的選票結構明顯不利，但林佳龍等人仍有參選的強烈願望。在2010年的五大「都會」選舉中，民進黨能否奪取臺北市或新北市，由選前的二比三，改為三比二甚至四比一，對民進黨能否爭奪2012年的大位至關重要，為此民進黨勢必全力以赴，最後決定由最具實力的蘇貞昌和蔡英文分別出馬，打這兩場硬仗，而後根據選舉結果，再決定2012年選舉的候選人，「論功行賞」。同時由陳菊、賴清德和蘇嘉全一度分別代表民進黨參選大高雄、大臺南和大臺中。民進黨新任祕書長蘇嘉全有關五大「都市」候選人的提名，不採取黨內初選，而是採取協調的方式產生，反映了民進黨力圖營造黨內團結的盤算。鑒於謀取黨內提名的競爭者較多，由不同派系人士搭檔，作為正、副市長候選人，也許有可能成為化解黨內派系衝突的政治安排。

四、民進黨的轉型困境

民進黨在2008年兩次選舉中遭到慘敗後，本來應該迅速跟陳水扁切割，並選擇理性的中間路線，爭取未來重新執政。根據以往的經驗，民進黨在2008年的兩次選舉中，既然是因為受到「排藍民調」和「正常國家決議文」的負面影響，而遭到慘敗，本應痛定思痛，再次進行政黨轉型。然而，蔡英文在出任民進黨主席之初，卻缺乏推動民進黨繼續轉型的意志和魄力。蔡英文對美國學者表示，她必須兼顧基本教義派和中間派的利益。這可能跟她在民進黨內缺

乏像當年許信良、林義雄所擁有那樣人格魅力有很大關係。作為一個學者出身的政治人物，蔡英文對民進黨內派系林立的鬥爭文化，至少需要一段的調適期。蔡英文既不想讓陳唐山回鍋參選臺南縣長，又將其納入內部民調的範圍，使陳唐山得以民意為依託，爭奪提名權；甚至委派葉宜津尋求陳水扁的支持，使後者趁機要價，均說明了其政治經驗的不足。

除了個人因素外，影響民進黨選擇中間路線的更根本原因是結構性和制度性的。從臺灣的選票結構上來看，有一半選票是以統「獨」議題為分野的，另一半選票則關注民生議題，與統「獨」無關。與此相應，民進黨的選票來自兩個部分。一是支持「臺獨」的鐵票，二是中間選票。支持「臺獨」的鐵票，固然不可能轉化為支持國民黨的票源，但可能因為民進黨走中間路線而流失，而轉而支持其他奉行「基本教義」的黨派或人士。民進黨在推動政黨轉型以爭取中間選票時，不得不權衡所得是否可以超過所失。從臺灣的選舉制度上來看，民進黨在2008年立法院選舉後所得到的席位，不足四分之一，大大低於其實際得票率。儘管選舉制度改革，是國、民兩黨在2004年為對付小黨聯手透過的方案，但選票和席位的不對稱性，是民進黨的策士當初所始料未及的。如果民進黨認為其民意基礎，無法透過代議機構，得到合理的代表和陳述，便只能訴諸直接民主途徑，動員民眾走上街頭，影響公共政策的制定和執行。民進黨在2009年2月間宣布2009年為臺灣的「社會運動年」。在「民間國是會議」閉幕時，蔡英文一方面表示，民進黨立法院黨團要努力使兩岸協商透明化，受到「國會」監督，另一方面又宣稱，「民進黨將推動全民直接參與兩岸重大議題的權利與機制；並將『民間國是會議』結論與社會運動連接，持續與民間團體溝通、對話，推動社會共識」。這意味著民進黨的策略將游離於選舉路線和街頭抗爭之間，民粹主義仍是其所憑藉的重要工具之一。

對於這一策略的實際運用，民進黨的公職人員和社會運動人士

是分進合擊，還是互別苗頭，是值得觀察的。民進黨籍的嘉義縣長陳明文2009年3月在民進黨「中執會」上指出，民進黨的大陸路線不應維持過去敵我分明的意識形態，應該因應時代轉變修正。陳明文的說法，顯然是出於挽救、振興南部縣、市經濟的考慮。而高雄市長陳菊在2009年5月的大陸之行，也是出於同樣的原因。2008年夏天以來兩岸交流不斷升溫，赴臺旅遊的大陸遊客從最初的每日三百多人，朝三千人的原定目標逼近。面對兩岸關係的和平發展，民進黨的閉關鎖島政策路線不但無法阻擋這一時代潮流，反而影響到民進黨執政縣、市的政績，明智之士勢必要跟激進的「反中」情結切割，正確對待兩岸關係。與此相反，對於民進黨中央發動的「5.17」嗆馬大遊行，「獨」派大老辜寬敏、黃昭堂、黃昆虎、高俊明、姚嘉文等卻出面號召中南部群眾和本土社團留在高雄，參加另外一場「嗆馬」大會，反映了民進黨「中央」與「獨」派大老對社會運動主導權的爭奪。民進黨對2009年5月初臺灣立法院修訂《集會遊行法》，採取院內杯葛和院外抗爭相結合的方式，黨籍立法委員為了杯葛議案的審查，將自己鎖在會議室；在第四次「陳江會」期間，民進黨在臺中發動大規模的街頭抗爭活動，一些支持者甚至不惜觸犯法律，這些都說明民進黨難以擺脫以往的鬥爭心態，並不會因為2009年縣、市長的勝選而完全改弦易轍。如果說，在1990年代初臺灣立法院全面改選前，朱高正帶頭在「國會殿堂」大施拳腳還可凸顯議事制度的不合理的話，那麼，在選舉制度改革、兩次政黨輪替後，民進黨還以政治抗爭代替理性問政，未免令人遺憾。

表4.9　目前擔任民進黨重要黨職、公職人士及其派系屬性

姓名	中常委	中執委	職務	派系色彩	備註
蔡英文	V		黨主席		
蘇貞昌				「福利國連線」/「蘇系」	
謝長廷				「福利國連線」/「謝系」	
遊錫堃				曾與「泛新潮流系」、「正義連線」短暫合作	

續　表

姓名	中常委	中執委	職務	派系色彩	備註
蘇嘉全			秘書長	曾與「泛新潮流」、「福利國連線」短暫合作	
柯建銘	V	V	「不分區立委」、政策執行長	「福利國連線」出身	2009年6月卸任「立法院」黨團總召，轉任政策會執行長
蔡同榮	V	V	「不分區立委」、黨團總召	「獨盟」「福利國連線」、「公媽派」	2009年6月接替柯建銘任「總召」前就有「中常委」身分
王幸男	V		「不分區立委」，幹事長	「獨盟」	曾任書記長，接替李俊毅任幹事長
高志鵬	V		「不分區立委」，黨團書記長	扁系	連任「中常委」，曾於2006年擔任「正義連線」秘書長
陳菊	V		高雄市長	「新潮流系」	參選高雄市長
楊秋興	V		高雄縣長	「新潮流系」	
許添財	V	V	台南市長	「扁系」	
陳明文	V	V	嘉義縣第二選區「立委」		2010年2月27日補選當選
蘇治芬	V	V	雲林縣長		
羅文嘉	V	V	無公職	「扁系」	
段宜康	V	V	無公職	「新潮流系」	
徐佳青	V	V	無公職	「新潮流系」	
蔡憲浩	V	V	無公職	「蘇系」	
陳其邁	V	V	無公職	「扁系」	2010年2月臨時黨代會替補方升茂出任「中常委」

續　表

姓名	中常委	中執委	職務	派系色彩	備註
陳勝宏	V	V	無公職	「綠色友誼連線」	
李俊毅		V	台南縣第三選區「立委」	「謝系」	曾任「福利國連線」召集人、「立法院」黨團幹事長
洪智坤		V		「新潮流系」	陳菊幕僚
李昆澤		V	黨主席特別助理	「新潮流系」	
林永堅		V		「謝系」	
潘孟安		V		「新潮流系」	
許金鈍		V		「蘇系」	
吳富亭		V			
林右昌		V		「游系」	2009年參選基隆市長
王世堅		V		「謝系」	
郭國文		V	謀求參選台南縣議員	「新潮流系」	蘇煥智幕僚
林佳龍		V		「游系」	謀求參選台中市長
余政憲		V		「正義連線」	
江昭儀		V		「正義連線」	
林錫耀		V		「蘇系」	
周中元		V			
康裕成		V		「謝系」	
陳亭妃		V	台南市第一選區「立委」		
邱莉莉		V	台南市議員	「謝系」	

續　表

姓名	中常委	中執委	職務	派系色彩	備註
吳思瑤		V	台北市議員	「新潮流系」	
林宜瑾		V	台南縣議員	「新潮流系」	
曹啓鴻			屏東縣長	「新潮流系」	謀求連任屏東縣長
蘇煥智			台南縣長	「新潮流系」	謀求參選台南市長
林聰賢			宜蘭縣長	「新潮流系」	
張花冠			嘉義縣長		原該縣第二選區「立委」，曾任「立法院」黨團書記長
陳節如			「不分區立委」		
蔡煌瑯			「不分區立委」	前「美麗島系」成員，後加入「正義連線」	
涂醒哲			「不分區立委」	「扁系」	參選嘉義縣長
邱議瑩			「不分區立委」	前「美麗島系」成員，後加入「正義連線」	
黃淑英			「不分區立委」	「福利國連線」／「新潮流系」	
薛凌			「不分區立委」	「綠色友誼連線」	
陳瑩			「不分區立委」	「扁系」	原住民
余政道			「不分區立委」	「正義連線」	
翁金珠			「不分區立委」	「新潮流系」	
田秋堇			「不分區立委」	「新潮流系」	
管碧玲			高雄市第二選區「立委」	「謝系」	
郭玟成			高雄市第五選區「立委」	「福利國連線」	

續　表

姓名	中常委	中執委	職務	派系色彩	備註
林淑芬			台北縣第二選區「立委」		
余天			台北縣第三選區「立委」		
葉宜津			台南縣第一選區「立委」		
黃偉哲			台南縣第二選區「立委」		
賴清德			台南市第二選區「立委」	「新潮流系」	曾任「立法院」黨團幹事長，「新潮流」總召集人
陳啓昱			高雄縣第三選區「立委」	「新潮流系」出身，後依託余政憲	
蘇震清			屏東縣第三選區「立委」	「蘇系」	
潘孟安			屏東縣第三選區「立委」	「新潮流系」	
劉建國			雲林縣第二選區「立委」		2009年9月26日補選當選
郭榮宗			桃園縣第二選區「立委」		2010年1月9日補選當選
簡肇棟			台中縣第三選區「立委」	「新潮流系」	2010年1月9日補選當選
賴坤成			台東縣選舉區「立委」		2010年1月9日補選當選
黃仁杼			桃園縣第三選區「立委」		2010年2月27日補選當選
彭紹瑾			新竹縣「立委」		2010年2月27日補選當選

註：打V的表示具有「中常委」或「中執委」身份

第五節 小結

　　臺灣在2008年出現的第二次政黨輪替，反映了臺灣民主政治的漸趨成熟。陳水扁在2000年以「綠色執政，品質保證」為口號，以「拱宋打連」為謀略，僥倖當選為臺灣總統，主要是緣於連、宋分裂和臺灣社會對國民黨貪汙政治的不滿，而帶有一定的偶然性。嚴格說來，臺灣在1996年剛剛進行總統的直接選舉，在四年後就出現了第一次政黨輪替，可以說帶有明顯的早熟症候，不管是民進黨還是國民黨，都沒有做好角色換位的思想準備。特別是民進黨的執政實力、人才和經驗均很缺乏，不管是在基層還是立法院，都未能占據主導地位，執政基礎薄弱。觀察民進黨執政八年「由盛而衰」的過程，其主要原因在於其受制於意識形態包袱、派系共治特點和選舉優先考慮，未能解決政治貪腐經濟衰退這兩個選民最關心的問題。結果是臺灣「黑金」政治癒演愈烈，經濟競爭力不斷下降。為此，臺灣人民用選票作了新的選擇，2005年「三合一」也因之成為民進黨「由盛而衰」的分水嶺。這次選舉帶有明顯的追溯投票的特點，選民依照民進黨的施政成績來決定投票選擇。2008年的兩次選舉同樣體現了追溯投票的鮮明特點，反映了中間選民對民進黨的唾棄。具有諷刺意味的是，當年民進黨以「綠色執政，品質保證」為競選口號，最後卻在弊案連連的打擊下，陷入貪腐有術，理政無方的內外交困的境地，可以說是「成也蕭何敗也蕭何」。從民進黨的派系結構分析，「謝蘇配」的形成，是民進黨內各派系的妥協結果，反映了陳水扁政治操控力的下降。但由於黨內派系林立和政治貪腐的「共犯結構」，民進黨既不能團結一致，也無法與陳水扁明確切割以重塑清廉形象，反而在「入聯公投」等激進「臺獨」路線的捆綁下，不斷失去中間選民的支持，終於導致了臺灣政黨的再次

輪替。

　　從制度層面分析，臺灣所實行的「總統─議會」式的「半總統制」，是在政黨輪替前為處於政治優勢地位的國民黨和政治強人李登輝量身定製的。一旦「行政」和「立法」系統由不同政黨掌控，或執政黨缺乏強有力的領袖人物，這一權力體制就會出現嚴重的功能失調。觀察民進黨在位八年期間由「全民政府」到「少數政府」的執政亂象，缺乏政治妥協精神的體制設計是制度性原因。陳水扁在2004年再次當選後，民進黨的政客和策士，勝利沖昏頭腦，過高地估計了自身開拓中間票源的能力，預期「泛綠」可以在2004年第六屆立法院選舉中過半。基於這一樂觀判斷，民進黨在當年夏天跟國民黨聯手，達成了立法院選舉以小區單席製為主、政黨比例代表製為輔的分立兩票制，其立意本在於透過「修憲」，確立對國民黨和民進黨有利的政黨制度，企圖以此蠶食中小政黨的票源，擠壓小黨的生存空間。但在2008年初次採用新制的立法院選舉中，民進黨和國民黨的得票率懸殊，民進黨以38.17%的「區域立法委員」得票率和36.9%的政黨得票率，分配到與其實力頗有落差的四分之一席位，在立法院屈居小黨的地位，使民進黨在同年總統選舉中，處於更為不利的地位。

　　2008年臺灣出現的第二次政黨輪替，意味著臺灣的選舉政治的進一步成熟。從規範的意義上說，政黨再次輪替是測量民主化鞏固程度的關鍵指標之一。從經驗層面分析，在野八年的國民黨得以「班師回朝」，民進黨遭到選民的唾棄，根本原因在於當年僥倖取勝的民進黨缺乏理政能力，執意謀求臺灣「法理獨立」，罔顧經濟發展和政治清廉這兩個臺灣人民普遍關心的議題。如果說，國民黨在2000年的下野，主要是因為「黑金」政治的腐蝕的話，那麼，民進黨在2008年選舉中兩次敗北，則是因為其在「拚經濟」和「反貪腐」這兩個議題上都交了白卷。這也說明民生議題已經成為臺灣選民最為關心的問題，選民的投票行為基本趨於務實、理性，擺脫了

省籍情結和民進黨所刻意打造的「統獨之爭」或「臺灣認同」等議題的糾葛。但值得注意的是，原有體制未能對政治妥協、權力分享和責任政治進行制度性安排的缺失，只是因為國民黨的選票優勢和馬英九的個人因素得到緩解，仍然是未來的一個隱憂。而國民黨在野八年的經歷，是否真正有助於其化除以往「黑金政治」的痼疾，也是值得觀察的指標。

民進黨失去政權後，既未能根本終結黨內派系共治的紛爭，也不能停止黨內的路線分歧，其轉型困境恐非2009年底的縣、市長選舉所能扭轉。民進黨在八年執政期間都不能實現轉型目標，由「為反對而反對」的草根性在野黨，轉變為以「和解—溝通」為導向的精英型執政黨，由激進、冒險的「臺獨黨」轉化為穩定兩岸關係、對臺灣前途負責的「中道」力量。其在失去政權後，面對政治空間的緊縮和「基本教義派」的牽制，能否進一步轉型，提出務實可行的大陸政策？從民進黨目前所擁有的公職來看，跟其建黨初期有相似之處。1989年民進黨在立法院101名「增額立委」選舉中，以29.9%的得票率，獲得20.8%的席位；在縣、市長選舉中，以30.1%的得票率，獲得6個席位。現在民進黨也只占有立法院四分之一略多的席位和八個縣、市長席位，與20年前相差無幾。所不同的是，民進黨在2008年立法院和2009年縣、市長選舉中的得票率均遠高於當年。對於這一選票和席位上的落差，民進黨是靠街頭路線，尋求彌補，還是透過改善自身體質和心態，吸納中間選票，增加公職數目？隨著民進黨的世代更替和臺灣單席選區兩票制的確立，民進黨有無可能擺脫派系共治的傳統？這些問題關係到民進黨的未來發展及其兩岸政策的走向，有待進一步觀察。

從1986年民進黨成立以來，臺灣出現了以兩黨對峙為主、多黨並存為輔的局面。2008年臺灣立法院選舉採取單席選區為主、政黨比例代表為輔的兩票制後，曾在政壇上扮演或試圖發揮「關鍵少數」角色的新黨、親民黨、臺聯迅速泡沫化。根據迪維爾熱定律，

單席選區制有利兩黨制的形成。從制度演變的軌跡來看，選舉制度改革是國、民兩黨在勢均力敵情況下，為蠶食小黨票源、爭取選票最大化的理性選擇。雖然新制兼容了政黨比例代表制的精神，但因為比例代表的名額不到區域「立委」的一半，而且各政黨所獲區域「立委」和比例代表「立委」席位之和占總席次的比例可以高於政黨得票率而不受限制，對大黨尤為有利。從長遠觀點來看，這一制度選擇的結果勢必影響到國、民兩黨的政黨行為。在擺脫了小黨的牽制後，兩大政黨既有必要也有可能以爭取中間選民為選戰主軸，調整政策訴求，緩解黨內紛爭，日益向掮客型政黨轉型。雖然臺灣初次嘗試這一制度，尚未形成嚴格意義的兩黨政治，但基於「藍、綠」基本盤的對立和選舉制度的誘導，臺灣政黨政治終將走向比較均衡的兩黨制。以相對多數制選舉總統，將鼓勵兩組候選人的對決；實行單席選區為主、政黨比例代表為輔的兩票制，則將使第三黨在立法院沒有存活的空間。鑒於國民黨和民進黨各有屬不同階層、不同地域的基本支持者，臺灣民眾在身份認同、統「獨」議題、兩岸關係、涉外關係方面存在明顯的「藍、綠」分野，民眾在政黨認同上也曾出現過「藍、綠」平分秋色的現象，有理由預料政黨輪替將成為臺灣政治的常態。但「藍、綠」對立的政治光譜不會因為均衡兩黨制的實施而很快得到緩解。這是因為臺灣「藍、綠」對立的意識形態，蘊含省籍衝突的歷史情結，涉及對臺灣身份、兩岸關係和涉外關係的不同認知，一時難以改變，勢將影響到選民的投票行為。此外，民進黨內的「深綠」、「淺綠」之爭，國民黨內「深藍」和「淺藍」之分，也將影響到政黨的內部團結和政策調整，進而影響到臺灣政黨政治的發展趨勢和內外政策走向。

第五章　臺灣政治轉型與涉外關係

　　尋求擴大臺灣的國際參與活動，是臺灣政治轉型衍生的產物。正如本書第二章所指出的，臺灣的政治轉型和其在國際社會的孤立有內在的相關性。在臺灣民主化起步前，國民黨威權政體遭到一連串的「外交」挫折。不少民眾因為不滿臺灣「國際地位」的下降和國民黨的「外交」政策，進而要求民主改革，成為推動臺灣民主化的一股重要力量。鑒於臺灣政治民主化啟動過程中的這一背景，國民黨在臺灣政治轉型後，將擺脫「外交」危機，列入議事日程，與主張臺灣前途「自決」以至「臺獨」的民進黨互別苗頭。但如何真正改變臺灣在國際社會的孤立狀態，臺灣不同黨派在不同時期採取了不同的政策。從1971年臺灣退出聯合國前夕，到2008年臺灣發生第二次政黨輪替，依臺灣對外交往的空間和政策變化情況，可以分為三個時期。第一是蔣經國時期，可以進一步細分為前後兩個階段。從1970年到1978年，是「兩蔣」權力交接期，臺北所採取的是所謂「漢賊不兩立」的政策，其「邦交國」的數目一路下滑，明顯下降。從1978年到1988年是蔣經國中、後期，臺北先後實行「實質外交」和「彈性外交」，其「邦交國」的數目有升有降，基本不變。第二是李登輝時期，從1988年初到2000年初，臺北奉行「務實外交」路線，其「邦交國」的數目雖然有所增加，但失去了沙特阿拉伯、韓國、南非等「外交」重鎮。第三是陳水扁執政時期，從2000年5月到2008年5月。在這期間，臺北由「務實外交」走向「烽火外交」，其「邦交國」的數目再次一路下滑。隨著中國大陸經濟實力的增強和大國外交的拓展，臺北的「國際空間」更加緊縮。臺灣政黨再次輪替後，國民黨吸取以往的經驗教訓，提出了具有「彈

性外交」意味的「活路外交」思路，謀求在改善兩岸關係的基礎上，擴大臺灣的「國際空間」。本章首先對上述不同時期臺灣的涉外關係分別進行探討，繼而分析「活路外交」的意涵、特點及其限度，最後從兩岸互動的角度，推論「活路外交」的可能出路。

第一節　從「實質外交」到「彈性外交」

　　蔣經國在1972年出任臺灣行政院長之前，早已成為年老體衰的蔣介石的內定接班人。他出任行政院長後，臺灣的權力中心隨即由「總統府」轉到「行政院」。1975年蔣介石去世後，「副總統」嚴家淦成為沒有任何實權的總統，1978年蔣經國從嚴家淦手中接過總統職位，正式完成了權力交接過程。在這期間，臺灣在國際社會日益孤立，但仍堅持「漢賊不兩立」的「外交」政策，同時強調「以經濟代替政治」，發展或維持與他國的實質關係。1971年中華人民共和國取代了「中華民國」在聯合國的席位，1972年美國總統尼克森訪華、實現中美關係正常化後，日本搶先與中國建交。從1971年到1972年，與臺灣「斷交」的國家多達26個，包括日本、馬爾代夫、伊朗、科威特、黎巴嫩、土耳其、塞拉利昂、喀麥隆、盧旺達、塞內加爾、多哥、馬達加斯加、乍得、墨西哥、祕魯、智利、厄瓜多爾、阿根廷、牙買加、奧地利、比利時、盧森堡、希臘、馬耳他、澳大利亞和新西蘭。此後幾年中，又有西班牙等20個國家與臺「斷交」。在這期間，與臺灣新建立「外交」關係的只有湯加和南非兩個國家。臺灣的「邦交國」數目由1970年底的67個，一路下滑到1977年底的23個，包括韓國、湯加、沙特阿拉伯、利比亞、南非、科特迪瓦（象牙海岸）、馬拉維、萊索托、斯威士蘭、巴拿馬、海地、哥倫比亞、哥斯達黎加、危地馬拉、薩爾瓦多、洪都拉

斯、巴拉圭、烏拉圭、玻利維亞、尼加拉瓜、多米尼加、美國和教廷（詳見表5.1）。同時，聯合國的眾多專門機構，包括農業發展機構、工業發展組織、教科文組織、世界衛生組織、國際海事組織、國際民用航空組織、萬國郵政聯盟、國際電信聯盟、世界氣象組織、國際勞工組織等，先後恢復中華人民共和國在這些組織的合法席位，頂替臺灣的原有席位，臺灣在聯合國相關機構關稅及貿易總協定的觀察員席位，也被取消。

1978年蔣經國就任「中華民國總統」後，提出「實質外交」路線，以拓展臺灣的國際空間。其含義是在一個中國的原則的指導下，以臺灣經貿實力為支撐，透過增加對一些小國的經濟援助，以換取其對臺灣的「外交」承認或支持。在推行「實質外交」的同時，蔣經國對大陸維持「不妥協、不談判、不接觸」的「三不」政策，禁止與所有社會主義國家的經貿往來，而且在「漢賊不兩立」的原則下，斷絕與任何承認中華人民共和國的國家的「外交」往來，堅持以「中華民國」的名義，參加國際組織的活動。除了爭取以經濟援助，換取「外交承認」外，臺北支持美國雷根政府的加勒比海計劃（the Caribbean Basin Initiative）和緩解拉丁美洲外債危機的布萊迪計劃（the Brady Plan），以擴大其在中、南美洲的影響。從1978年初到1987年底，有8個位於太平洋和拉丁美洲的小國家先後與臺灣「建交」，包括圖瓦盧（1979）瑙魯（1980）、所羅門（1983）、聖文森特和格林納丁斯（1981）、格林納達（1981）、多米尼克（1983）、聖基茨和尼維斯（1983）、聖盧西亞（1984），但同時也有8個更重要的國家與臺灣先後「斷交」，包括利比亞（1978）、美國（1979）、哥倫比亞（1980）、科特迪瓦（象牙海岸）（1983）、萊索托（1983）、玻利維亞（1985）、尼加拉瓜（1985）和格林納達（1985），臺灣的「邦交國」由1977年底的23個，一度上升為1984年底的26個，再降為1987年底的23個，總的數目維持不變。其中格林納達是1981年才與臺灣「建交」、

1985年就「斷交」的不穩定的小國。除去上述這些與臺灣「建交」的新生獨立國家，與臺灣有較長期（1978年前跟臺灣有「邦交」關係者）「外交」關係的國家只有16個（詳見表5.2）。在國際組織中，臺灣的地位進一步下降。1980年4月和5月，國際貨幣基金組織和世界銀行分別恢復了中華人民共和國在這兩個機構中的合法席位。1984年中華人民共和國加入國際刑警組織。1986年中華人民共和國加入亞洲開發銀行，臺灣的會員名稱改為「中華臺北」。

嚴重的國際孤立使臺北「外交」政策以至施政能力，受到臺灣社會的懷疑批評。為此，蔣經國晚年在推動國民黨威權政體本土化和政治革新的同時，又提出了「彈性外交」的口號。對於亞洲開發銀行改名問題，臺北當局採取「不參加、不退出、不接受改名」的「三不」政策，以缺席的方式表示抗議。所謂「彈性」表現在「不退出」這一做法，而不是像以往那樣一走了之，但總體思路仍含有「漢賊不兩立」的遺緒（legacy）。李登輝繼任臺灣總統之初，宣稱其涉外政策將延續蔣經國的「彈性外交」路線。但很快就修正了蔣經國的「以經濟代替政治」的「彈性外交」路線，代之以「務實外交」。1989年4月，李登輝在接受日本《讀賣新聞》訪問時表示，他的涉外政策結合了大陸政策和參與國際組織政策，最好被稱為「務實外交」，而非「彈性外交」。

從「實質外交」到「彈性外交」再到「務實外交」，反映了國民黨當局「外交」思維的重大變化。陳啟懋對「實質外交」和「務實外交」的差別作過辨析。他認為，「實質外交」以一個中國原則為指標，而「務實外交」則以所謂的「階段性的兩個中國」為指標；「實質外交」反對「雙重承認」，而「務實外交」則不排除「雙重承認」；「實質外交」也不像「務實外交」那樣，允許爭取參加聯合國或其他只能由主權國家參加的國際組織、進行臺灣領導人非正式出訪以及邀請與中華人民共和國建交國家的領導人或高級官員訪問臺灣。但對於「彈性外交」和「實質外交」或「務實外

交」的區隔，國內外學者卻有不同的看法。臺灣學者蕭全政認為，「彈性外交」和「實質外交」可以通用，但與「務實外交」不同。他認為，「彈性外交」是蔣經國晚年提出的口號，指的是國民黨威權政體在本土化和政治革新之初，在一個中國原則的指導下，以臺灣經貿實力為支撐，透過對一些小國的經濟援助，換取其對臺灣的「外交」承認。美國學者科波（John Copper）則將「彈性外交」理解為「務實外交」的同義語，並將其與「實質外交」區分開來。科波認為「彈性外交」是多方向（multidirectional）、全方位（omnidirection-al）的外交途徑，允許臺灣與共產主義國家或前共產主義國家進行經貿活動，發展兩岸關係，其目的是適應後冷戰時期的新國際秩序。以上兩位學者的共同點是將「實質外交」和「務實外交」視為不同的「外交途徑」。不同的是，蕭全政將「彈性外交」等同於「實質外交」，科波則將「彈性外交」等同於「務實外交」，兩人對「彈性外交」的定義有明顯分歧。這種互相矛盾的說法，恰恰反映了「彈性外交」是從「實質外交」過渡到「務實外交」的中間狀態。

第二節　李登輝的「務實外交」

　　臺灣進入民主化時期後，國民黨已沒有必要刻意渲染「反共戡亂」的迷思，在國際場合堅持與大陸「誓不兩立」的立場。為此，李登輝執政後很快就提出了「務實外交」的思路。所謂「務實外交」的本意指的是基於現實可行性而非道德準則之上的外交。但李登輝提出這一概念，則有其特定含義。根據「務實外交」的思路，臺北在國際場合所採取的政策不是「漢賊不兩立」，而是「賊立漢也立，你來我也來，你來我不走，你走我不走」。與「務實外交」相關聯的有「渡假外交」、「過境外交」和「金援外交」等概念。「渡假外交」指的是臺灣領導人以私人身份，以渡假為名，前往臺

灣的非「邦交國」訪問。「過境外交」則主要指臺灣領導人以轉機為由，過境美國，藉機會見美國的政府官員和國會議員。「金援外交」（又稱「金元外交」，dollar diplomacy）的對象，則是屬於第三世界的一些窮國或小國，即以金錢援助為手段，爭取這些國家與臺灣「建交」或重新「建交」。因為金錢交易的色彩極為濃厚，這裡的金援或金元較之經援，要傳神得多。

　　李登輝推行「務實外交」的具體做法有二。一是不惜變通名義，重返國際組織。1988年4月，臺北結束兩年來因不滿亞洲開發銀行更改臺灣會員名稱而採取的缺席抗議行為，派「中央銀行」總裁張繼正到馬尼拉參加亞洲開發銀行年會，接受「中華臺北」的名義，次年5月，臺北又派遣「財政部長」郭婉容領隊到北京參加亞洲開發銀行年會，超越了蔣經國所設立的「三不」政策和「彈性外交」的最後底線。1990年1月，臺北決定以「臺、澎、金、馬」關稅區的名義，申請加入關稅及貿易總協定，即後來的世界貿易組織。從1993年開始，國民黨與民進黨一致行動，每年組團到紐約，爭取國際上對臺灣加入聯合國的支持。不同的是，民進黨堅持以臺灣的名義重新申請；國民黨則主張以「中華民國」或「『中華民國』在臺灣」的名義，重返聯合國及其周邊組織。二是透過「渡假外交」、「金援外交」，與一些國家發展非官方關係，進而尋求國際社會的交叉承認。1989年李登輝以「來自臺灣的總統」的名義，訪問當時尚未與中華人民共和國政府建交的新加坡，其後又先後訪問了泰國、菲律賓、印尼、約旦、阿聯酋等國，會見這些國家的領導人。1994年2月和1995年4月，李登輝又先後出訪菲律賓、印度尼西亞、泰國、阿拉伯聯合酋長國和約旦等國，從事「渡假外交」。1995年李登輝以「參加校友集會」為藉口訪問美國，是臺北「務實外交」或「渡假外交」的集大成者，也是當年夏天兩岸關係出現重大危機的導火索。

　　臺北「務實外交」的拓展，不可避免地導致一個中國原則的淡

化和兩岸關係的緊張。雖然李登輝在執政初期曾表示反對「兩個中國」的想法，但他在權力鬥爭中先後擊敗以俞國華、李煥、郝柏村等人為代表的大陸籍國民黨政要後，很快就將一個中國原則弱化為可與「一國兩體」、「一國兩府」、「以一個中國為指向的階段性兩個中國」、「一個分裂的中國」、「『中華民國』在臺灣」等構想相兼容的模糊概念，其所倡導的「務實外交」也很快擺脫了以往「漢賊不兩立」的思路，朝「兩個中國」或「一中一臺」的方向演進。儘管臺北在推動「務實外交」的同時，宣布結束「動員戡亂時期」，成立「國家統一委員會」，進一步開放兩岸間接交流和半官方接觸，但卻難免「假統真獨」、「隱性臺獨」或「先獨後統」的嫌疑。臺北既無力以「中華民國」取代中華人民共和國的國際地位，又不敢公開放棄對中國大陸的主權，便只能在穩定兩岸關係和拓展國際空間間尋求微妙的平衡。

　　臺灣的選舉政治對臺北「務實外交」的推行起了催化的作用。1996年臺灣舉行第一次總統選舉前，國民黨為爭取選票，在選前強調「務實外交」的優先性。例如，李登輝在1995年9月初接受《紐約時報》採訪時就宣稱，作為「中華民國」領導人，「必須對國家尊嚴有所表示」，「人民不能在孤立中生活」。同年10月初李登輝在談到「主權在民」原則時，再次提及「臺灣人的悲哀」，其後又表示當選總統後，「要到大陸想都想不到的國家」去訪問。諸如此類與北京公開較勁，以爭取選民的言論，很自然地構成了國民黨以及民進黨競選言論的重要內容。但在1996年臺灣完成總統直接選舉後，臺北所面臨的突出問題則是如何處理兩岸關係。對此，當時臺灣「朝野」三個政黨有著不同的政策訴求。

　　新黨主張臺灣前途應由兩岸人民共同決定，反對片面追求「務實外交」，影響兩岸關係的正常發展和臺灣安全。新黨以及民進黨內以許信良為代表的「非主流」勢力，均認為臺灣不應該花費大量納稅人的錢，去「養」二三十個小「邦交國」，也不應該在加入聯

合國問題上下太多的血本，而應該將主要精力放在加入國際經濟性組織上。這些觀點在中國大陸看來較為務實，因為後者在原則上並不反對臺灣加入國際性的經濟組織。

與此相反，民進黨「主流派」則擺出與中國大陸對抗的立場，強調臺灣的當務之急是爭取「獨立的外交主權」，尋求國際支持，維護臺灣安全；而不應「隨中共的音調起舞，看中共的眼色行事」。多年來，民進黨一直批評國民黨沒有能力為臺灣取得與其經濟地位相當的「國際地位」。他們認為，臺灣「外交」困境的根源在於臺北不敢以臺灣的名義，堂堂正正地拓展「外交」空間，加入國際組織，卻拘泥於「中華民國」或「『中華民國』在臺灣」等模糊字眼，從而影響了國際社會對臺灣「獨立主權」的承認。

國民黨的「外交」政策，介於新黨與民進黨「主流派」的政見之間，主張拓展「務實外交」和改善兩岸關係兩手並舉，以「中華民國」的名義，拓展「外交」空間。在臺海危機期間，臺北一面宣示反對「臺獨」的主張，一面強調「務實外交」的必要性。李登輝於1996年當選總統後，雖然表示將「優先處理結束兩岸敵對狀態」，但又宣稱臺北將繼續推動「務實外交」，以「擁有必要的生存與發展空間」。李登輝在1997年9月出席巴拿馬運河會議期間，強調在臺灣「邦交國」數目有限的情況，沒本錢跟中國大陸談判，說明臺北當局並不安於消極維持現狀。與此同時，「行政院副院長」章孝嚴宣稱，臺北推動「務實外交」，目的在於「以戰止戰」。問題在於臺北「以戰止戰」的底線究竟何在？臺北的「外交戰」要打到什麼局面，才願意「止戰」？是像一些人士所期望的那樣，等臺灣有八十多個「建交國」後，再迫使北京接受鬆散的大英國協模式？還是像李登輝所說的，等臺灣有四十多個「建交國」時再談？或是只要北京默認臺北的現有「外交」格局，允許臺灣加入國際性的經濟組織，就可實行「外交休兵」？在這些問題上，臺灣朝野政黨及其內部並無一致看法。

事實上，1997年兩岸在國際場合的爭奪不但沒有緩解，反而越演越烈。臺北的「外交」努力，集中於鞏固其與非洲和中南美洲盟邦的關係，同時也發展與其他國家的關係。1月初，「副總統」連戰訪問了尼加拉瓜，參加該國總統阿里曼（Aleman）的就職典禮。在連戰的中美洲之行中，臺北為其在中美洲的「盟國」提供了2.5億美元的援助，以防這些國家轉而與中華人民共和國建交。3月間，「外交部長」章孝嚴訪問聖露西亞，以防當時準備接受中國政府貸款的該國與臺「斷交」。5月間，臺北與聖多美普林西比「建交」，8月查德與臺北恢復「外交」關係。9月，李登輝訪問巴拿馬，參加運河各國首腦會議。連戰繼而也對冰島和新加坡進行了私人訪問。1998年初，連戰又以低姿態，訪問了約旦、黎巴嫩、巴林、馬來西亞諸國。

　　在這期間，臺灣的「邦交國」數目由1987年底的23個，上升到1999年底的29個。與臺灣新「建交」的國家6個，包括伯利茲（1989）、布基納法索（1994）、聖多美普林西比（1997）、馬紹爾群島（1998）、帕勞（1999）、馬其頓（1999）；與臺灣「復交」的國家5個，包括格林納達（1989）、尼加拉瓜（1990）、岡比亞（1995）、塞內加爾（1996）、乍得（1997），與臺灣「斷交」的國家5個，包括烏拉圭（1988）、沙特阿拉伯（1990）、韓國（1992）、南非（1997）、聖盧西亞（1997）。與臺灣「建交」後又「斷交」的國家有巴哈馬（1989年「建交」，1997年「斷交」）和幾內亞比紹（1990年「建交」，1998年「斷交」）；與臺灣「復交」後又「斷交」的國家是萊索托（1990年「復交」，1998年「斷交」）和中非（1991年「復交」，1998年「斷交」）；最複雜的是利比里亞，在12年內經歷了與臺灣「復交」、「斷交」、「再復交」的過程（1989「復交」、1993年「斷交」，1997年再「復交」）。推行「務實外交」的直接後果是兩岸在國際場合競爭的激烈程度遠遠超過了蔣經國時期。特別是1989年和1990年期間，

臺灣與貝里茲、巴哈馬、幾內亞比紹「建交」，與格里拉達、利比里亞、尼加拉瓜和萊索托「復交」，但卻同時失去沙特阿拉伯這一重要「外交」重鎮，全面退出中東地區，其「邦交國」從1988年底的22個，增加到1990年底的28個。1997-1999年也是兩岸在國際場合激烈角逐的時期。新年伊始，臺灣即失去南非這一重要的「邦交國」，使其「邦交國」數目由上一年底的30個降到29個。臺灣在1997年5月6日與聖多美普利斯比「建交」，5月18日又失去巴哈馬；8月12日剛與乍得「建交」，8月30日又失去聖盧西亞，9月又與利比里亞「復交」，其「邦交國」數目勉強維持30個不變。1998年臺灣連續失去中非、幾內亞比紹、萊索托和湯加，只增加了僅有5萬多人的太平洋島國馬紹爾群島，「邦交國」減少到27個。1999年臺灣與兩個新獨立的國家帕勞和馬其頓「建交」，但與臺灣維持「邦交」關係的29個國家中，只有馬拉維等14個國家是在1978年以前就跟臺灣有「邦交」關係的，其中還包括利比里亞、塞內加爾、岡比亞、尼加拉瓜等四個多變的國家（詳見表5.3）。李登輝執政期間，臺北以對一個中國的模糊詮釋，擺脫「漢賊不兩立」的傳統思維，企圖拓展臺北的「外交空間」，但也因之導致了中國大陸的強烈反應和兩岸關係的緊張。隨著大陸經濟實力的增強和大國外交的拓展，臺北「國際空間」只會趨於緊縮，臺灣發展對外交往的關鍵是改善兩岸關係。但這一經驗教訓並沒有得到民進黨當局的重視。

第三節　陳水扁的「烽火外交」

　　民進黨執政期間，在涉外事務上採取與大陸對立的強硬立場，而有「烽火外交」之稱。其「外交」路線的特點，是以民粹主義手段操弄涉外關係，以意識形態決定「外交」政策，將「對外關係」置於兩岸關係的位階之上，爭取「斷交國」再次與臺灣「建交」

（例如瑙魯和聖盧西亞），四處點火，以攻為守，企圖使大陸疲於應付。在處理對美關係上，也是全無章法，急功近利，明知不可為而為之。陳水扁的「外交」目標，是使臺灣成為一個「正常的國家」。根據陳水扁時期首任「外交部長」田弘茂的說法，臺灣「外交」的目標有三。首要目標是維護「國家安全」，為此必須維繫臺海權力平衡，提升臺美、臺日關係；發展地區安全對話，參加具有「一軌」（track one）性質的東盟區域論壇（ASEAN Regional Forum）和「二軌」（track two）性質的亞太安全合作理事會（CSCAP）活動；改善兩岸關係。第二個「外交」目標是鞏固和支持民主發展，為此必須與世界上的民主國家持續合作，在政府和非政府層次參與全球民主運動，奉行「非政府組織外交新戰略」，協助臺灣民間社會與全球公民社會合作。第三個「外交目標」是「反制」中華人民共和國政府對「中華民國主權地位」的否定。其中第一個目標中有關提升臺美、臺日關係的規劃，在陳水扁的第一任期得到一定程度的實現。在2000年5月到2003年2月間擔任臺灣「國安會諮詢委員」的林佳龍的重要工作就是強化美、日、臺三邊對話。在這期間，美臺軍事交流明顯增加，臺灣「國防部長」湯耀明和「第一夫人」吳淑珍在2002年先後訪問美國，陳水扁還在2001年和2003年兩次大張旗鼓地過境美國，受到空前的「禮遇」。2003年11月初陳水扁過境紐約時對媒體發表評論，更是美臺「斷交」以來的首創。第二個目標乃是對陳水扁第一次「就職演說」有關「積極參與各種非政府的國際組織」、「將『中華民國』重新納入國際人權體系」說法的闡述，具體表現在臺「外交部」主導下成立臺灣民主基金會，籌設民主太平洋聯盟。2005年布希訪問日本時，有意對臺灣的民主化予以高度評價，甚至要求中國大陸以臺灣的政治自由化為榜樣，使臺北頗為自得。第三個目標則與陳水扁第一次「就職演說」中有關「臺灣站起來」和第二次「就職演說」中有關「臺灣不但要站起來，還要勇敢地走出去」的說法相吻合，也透露出民進黨

當局由「務實外交」走向「烽火外交」的思路。特別值得注意的是，陳水扁當局將兩岸關係列為「外交」的首要目標範疇，反映了將兩岸關係視為「國與國」關係的基本心態，所謂改善兩岸關係雲雲，只能是口惠而實不至。事實上，陳水扁在2002年公開提出「一邊一國」論後，不但關閉了兩岸關係的「機會之窗」，而且執意推動「公投綁大選」，造成兩岸關係和美臺關係的緊張。在其第二任期內，臺北繼續明知不可為而為之，鼓吹「制憲」、「正名」，凍結「國統綱領」和「國統會」，強行推動「入聯公投」，導致兩岸關係的高危期和中美聯手共管臺海危機的局面的出現，並沒有實現其政策目標。

在陳水扁執政時期，「外交」預算大量增加，臺灣的「國際空間」卻越來越窄，被國際社會視為「麻煩製造者」。據統計，1993年「外交」預算只占臺灣生產總值（GDP）的1.11%，2008年增為1.82%，但臺灣的「邦交國」數目卻由1999年底的29個，一路下滑到2008年初的23個。在這期間，與臺灣新建立「外交」關係的是新獨立的國家基裡巴斯（2003），與臺灣「斷交」的國家則有馬其頓（2001）、利比里亞（2003）、多米尼克（2004）、塞內加爾（2005）、格林納達（2005）、乍得（2006）、哥斯達黎加（2007）和馬拉維（2008）等8個。其中，利比里亞是第三次與臺「斷交」，塞內加爾、格林納達、乍得是第二次與臺「斷交」。此外，臺灣在2003年與瑙魯「斷交」後，又於2005年與其恢復「外交」關係，並於2007年與聖盧西亞「復交」。在這23個「邦交國」中與臺灣有長期「邦交」關係只有12個，其中還包括利比里亞的4個多變的國家（詳見表5.4）。李登輝時期臺灣的「邦交國」單從數量上看，還有所增加，到了陳水扁時期，則是明顯下降，而且從未出現臺灣在一年內與兩個以上的國家「建交」或「復交」的情況。看來臺北的「烽火外交」確實已走到了山窮水盡的地步。

第四節　馬英九的「活路外交」

　　「活路外交」是臺灣領導人馬英九致力實現兩岸「和解休兵」這一施政目標的重要組成部分。馬英九的「5·20」就職演說，以促進兩岸經濟、文化交流為優先目標，以實現兩岸在臺灣海峽和國際社會「和解休兵」為下一步目標。雖然馬英九在演說中沒有使用「外交休兵」這一提法，但卻以兩岸「和解休兵」這一更為靈活的概念，涵括建立兩岸軍事互信機制和實現「外交休兵」這兩項重要內容。馬英九在2008年8月明確提出其在競選期間推出的「活路外交」概念，將之與「外交休兵」、「務實外交」相提並論。其目的是在優先發展臺灣經濟和兩岸關係、暫時擱置雙方主權之爭的前提下，維持臺灣現有的對外交往格局。雖然國民黨內的一些人士早在1996年就已提出「外交休兵」的思路，但這一口號卻在歷經李登輝末期「以戰止戰」和陳水扁任內「烽火外交」的衝撞碰壁後，才以「活路外交」的形式，正式登場。追根溯源，「活路外交」既是對李登輝執政期間「務實外交」的反思和修正，也是對蔣經國晚年所實行的「彈性外交」的某種回歸。本節從臺灣「國際空間」的階段性變化分析「活路外交」的歷史背景，進而探討「活路外交」的意涵、特點及其可能出路。

　　一、「活路外交」的意涵及特點

　　馬英九所提出的「活路外交」可以視為對「烽火外交」的撥亂反正。「活路外交」的提出，是力圖避免在國際社會上與中國大陸鬥個你死我活，破壞目前兩岸之間的良好氛圍，為進一步推動兩岸關係發展掃清外圍障礙，借「外交休兵」，爭取中國大陸在兩岸事務上釋放更多的善意，提供更多的惠臺措施，幫助馬政權渡過目前的經濟困境，及為日後重演經濟輝煌奇蹟夯實基礎。這一新的「外交」思維，反映了臺灣對兩岸「外交休兵」、共謀經濟合作發展的

需求。正如臺灣一些媒體所觀察的,「外交休兵」以鞏固現有「邦交國」為優先,並著眼擴大和無「邦交國」實質合作,並以務實和彈性的方式,參與國際組織和國際會議,而不是一味以「金援外交」,爭取新的「邦交國」,其目的是避免兩岸衝撞和消耗資源。

「外交休兵」之說始於1996年。1996年12月,國民黨一度考慮透過「國家發展會議」,提出突破兩岸僵局的建設性建議,即兩岸簽訂五十年「互不侵犯」協定,臺灣也承認在五十年內絕不碰觸「獨立」問題,甚至願意消極維持「邦交國」數目不增加,其條件是中國大陸放棄武力和打壓臺北的「國際」空間。但民進黨「主流派」卻堅持以臺灣名義,拓展「外交」空間,加入國際組織。在這股力量的牽制下,「外交休兵」終未能成為臺北的官方政策。在這前後,李登輝分別拋出「戒急用忍」和「兩國論」,影響了兩岸關係的正常發展。民進黨執政後,對大陸採取敵視和對抗的政策,「外交」領域不但談不上「休兵」,反而烽火連連,臺灣在國際上也陷於日益孤立的地位。

有鑒於此,馬英九將「活路外交」的具體目標設定為「鞏固邦交,拓展友誼,參與國際,捍衛尊嚴」,重點措施包括理性訂定援外目標、策略和方式,使「外交」預算的執行更有效率,進一步提高「中華民國」的「國際」形象,在擴大國際組織的參與方面,著重推動參與聯合國的專門機構,以保障人民的利益福祉為目標。「活路外交」的思路是以柔性的低姿態,謀求臺灣的國際生存空間,具有以下兩個特點。

1.非傳統性思維。「活路外交」的指導原則是「尊嚴、自主、務實、靈活」,關注的重點是非傳統安全議題,特別是國際和區域經濟體系的參與問題。正如馬英九在「就職演說」所指出的:

我們要讓臺灣成為國際社會中受人敬重的成員。我們將以「尊嚴、自主、務實、靈活」作為處理對外關係與爭取國際空間的指導

原則。『中華民國』將善盡她國際公民的責任，在維護自由經濟秩序、禁止核子擴散、防制全球暖化、遏阻恐怖活動、以及加強人道援助等全球議題上，承擔我們應負的責任。我們要積極參與亞太區域合作，進一步加強與主要貿易夥伴的經貿關係，全面融入東亞經濟整合，並對東亞的和平與繁榮作出積極貢獻。我們要強化與美國這一位安全盟友及貿易夥伴的合作關係；我們也要珍惜「邦交國」的情誼，信守相互的承諾；我們更要與所有理念相通的國家和衷共濟，擴大合作。

雖然馬英九在演說中沒有使用「活路外交」概念，但從有關闡述，可以看出其內涵所在。在「就職演說」中，馬英九還呼籲兩岸在國際社會「和解休兵」，在國際組織及活動中相互協助、彼此尊重，進一步透露出其「活路外交」的重點不是「邦交國」數目的增加，而是積極參與國際社會的活動。事實上，馬英九國安團隊的一位重要成員早在選前即表示，臺灣所追求的是以彈性的名稱參與國際組織，而不是「邦交國」絕對數字的增加。這跟李登輝和陳水扁以增加臺灣「邦交國」為主要目標的傳統思維是不一樣的。馬英九早年曾擔任「陸委會副主委」，在其「國安」團隊中，蘇起（「祕書長」）曾任「陸委會主委」，何思因（「副祕書長」）長於政治經濟分析（political economy），高長（「副祕書長」）屬於經濟學者，對兩岸經濟關係深有造詣，詹滿容（「諮詢委員」）長於對國際組織，特別是國際經濟性組織的研究，陳德昇（「諮詢委員」）長於對大陸問題，特別是兩岸政經互動的研究。此外，不管是「陸委會主委」賴幸媛，海基會董事長江丙坤，還是「大陸小組」召集人朱雲鵬，都是財經或國際組織專家。這樣的一支專業隊伍，與「活路外交」的思路頗為契合，有利於切實推行該項政策，通盤處理兩岸關係和臺灣對外交往問題。

2.傳承性。馬英九的「活路外交」思路是以兩岸關係改善為前的，含有兩岸關係的位階高於臺灣對外關係的特點，可以上溯前臺

「外交部長」錢復有關「大陸政策是外交政策的上位政策」的說法。陳水扁以「臺獨」為目標、推動「烽火外交」不同的是，馬英九主張「憲法一中」和「九二共識」的基礎上，維持「不統、不獨、不武」臺海現狀，以兩岸經貿往來與文化交流全面正常化為起點，以雙方「解休兵」為第二階段目標，而將兩岸問題的最終解決留待未來。「活外交」跟蔣經國的「彈性外交」和李登輝的「務實外交」有某種傳性，但比後者要彈性、務實些。蔣經國堅持以「中華民國」的名義，加或重返國際組織，拒絕接受改名的變通之舉，但「活路外交」在參國際組織的名稱問題上，卻要靈活得多。李登輝的「務實外交」的重是以爭取「雙重代表」、「交叉承認」為突破口，擠入國際組織，拓「邦交國家」，頗有「向不可能挑戰」之姿態，難以得到世界上絕大多國家和國際組織的認同。「活路外交」以兩岸和解為前提，以臺灣現「邦交國」基本不動為底線，以參與國際組織，特別是經濟性的國際織的活動為主要訴求，並願意接受諸如「中華臺北」等彈性名稱，有務實的一面。馬英九有意對「金援外交」與「務實外交」進行區隔，「務實外交」詮釋為爭取與非「邦交國家」建立半官方雙邊關係，並言今後還得繼續實行以此為定位的「務實外交」路線，可以說是對李輝的「務實外交」路線的選擇性採納，也是對蔣經國的「彈性外交」（就不追求「交叉承認」而言）的某種回歸。事實上，馬英九將「尊嚴自主、務實、靈活」視為處理對外關係的最高原則，將務實和靈活相合，就透露出其對「彈性外交」和「務實外交」的傳承和演繹。

二、「活路外交」的可能出路

如上所述，馬英九的「活路外交」是有別於蔣經國的「彈性外交」、李登輝的「務實外交」和陳水扁的「烽火外交」的新概念。「活路外交」是否可行？兩岸結束敵對狀態的關鍵之一是如何妥善處理臺灣的對外交往問題。在這一點上，雙方的分歧經歷臺北的多年試錯、兩次「辜汪會談」的磨合和1995年以來四年一度的臺海危

機的衝擊，積累了不少經驗教訓。臺北在李登輝執政時期，企圖透過「外交」突破和兩岸互相承認對方政權的合法性，謀求「獨立」，無功而返。臺灣「國安會」祕書長蘇起在1999年初任「陸委會」主委時，曾有「臺北對中國大陸政權的合法性既不承認、也不否認」的說法，就是看到了蔣經國的「漢賊不兩立」的傳統思維和李登輝追求兩岸「互相承認」的目標，均是不現實的想法，但卻被密謀「兩國論」的李登輝視為圈外人，在驚聞「兩國論」的消息後，欲見李登輝而不得其門。而民進黨在2000年執政後，試圖透過法理上的自我定位和以攻為守的「烽火外交」，謀求「獨立」，同樣窒礙難行。既然這些不同途徑（approach）的屢次嘗試，均未能在憲法或國際法的意義上改變「兩岸同屬一中」的現實，那麼，回歸體現求同存異精神的「九二共識」，也就成了臺北謀求兩岸政治和解的唯一出發點。事實上，兩岸經濟交流逐年增加，共創雙贏，早已非所謂「戒急用忍」（李登輝時期）和「積極管理」（陳水扁時期）等人為藩籬所能阻擋。兩岸共同市場議題成為2008年臺灣大選中的一個焦點，以及民進黨對「一中」市場的無效炒作，反映了臺灣的主流民意。隨著兩岸關係的發展，國民黨的有識人士日益感受到「臺灣的前途在大陸」、「以和為貴」的硬道理。

中國大陸對臺灣同外國發展民間性經濟文化關係，以適當名義參加經濟性國際組織，向來未持異議。中共「十六大」報告提出，在一個中國的前提下，「可以談臺灣在國際上與其身份相適應的經濟文化社會活動空間問題」。在「十七大」報告正式提出構建兩岸關係和平發展框架後，胡錦濤在2008年3月4日又表示可以在一個中國的原則下，協商解決臺灣的對外交往問題。但這些呼籲，並未得到民進黨當局的善意回應。與此相反，國民黨在野八年期間，擺脫了李登輝的強勢主導，得以冷靜、務實地重新考慮兩岸關係與臺灣的經濟發展、安全保障和「國際空間」問題。承認「九二共識」，成為黨內共識，使其後的國共交流平臺的搭建，成為可能。根據

2005年「胡-連」會的「五點願景」，國共兩黨不但同意全面推動兩岸經濟交流，建立經濟合作機制，而且同意在兩岸恢復協商後，討論臺灣民眾關心的參與國際活動的問題，並優先討論臺灣參與世衛組織活動問題。臺灣政黨再次輪替後，兩會恢復正常協商，實現了「大三通」，臺灣得以觀察員身份參加2009年的世界衛生組織大會，上述願景逐步成為現實。

「活路外交」是否可行的關鍵是臺北對其目標的具體設定，包括臺北對參與國際組織的要求有無限度？其「邦交國」的數目有無硬性的最低指標？從目前的跡象看來，臺北在追求參與多邊國際組織方面較以前務實一些，如以要求參加聯合國附屬機構或在聯合國有聲音為訴求，而不是明確要求成為聯合國的會員國；要求參加世界衛生組織大會（WHA），而不是要求加入世界衛生組織（WHO）這一聯合國的專門機構等；以及低姿態處理馬英九過境美國等。但在這些要求得到滿足後，臺北是否會提出更多的要求，例如要求加入以國家為成員的國際組織？一些美國學者曾建議中國大陸允許臺灣加入不以國家為成員的國際組織，甚至還可透過其在國際間政府組織的影響力，修改會員標準規定，使臺灣可以作為非政府成員加入。後者是否有現實的可操作性，還有待研究。但從長期的觀點來看，臺灣的現有「邦交國」數目要想固定不變也許有一定的難度。從本章前三節的分析可以看出，臺灣「邦交國」數目不斷減少，是一個長期的趨勢（見圖5.1）。蔣經國實行「彈性外交」時期，臺灣的「邦交國」數目基本不變，主要是得益於一些新獨立的小國家。而李登輝執政初期，「邦交國」數目有所增加，除了這一因素外，跟90年代初國際大氣候的特殊性和中美關係戰略基礎的重新定位的暫時性也有很大關係。隨著中國大陸經濟實力的增強和大國外交的拓展，臺北要維持現有的「邦交國」數目，將更為困難。這一大趨勢恐怕不是人為的因素所能扭轉的。在經濟全球化和區域化的時代，臺灣現有「邦交國」對其生存的象徵意義要遠遠

大於實際意義。正如曾任美國國家安全會議亞太事務資深主任的格林（Michael Green）在一個非正式場合所表示的那樣，兩岸進入政治談判後，臺北可進一步考慮，維繫二十幾個邦交國，對臺灣的生存和發展究竟有多大意義。當然，兩岸在協商解決臺灣的對外交往問題時，大陸方面也應該考慮到歷史的延續性和臺灣民眾的心理承受能力，以變通的方式解決這一問題。但臺北對「活路外交」的限度，恐怕也要有一個清醒的認識。

第五節　小結

　　臺灣在國際社會的孤立，動搖了國民黨威權統治的政治合法性，也暴露了其施政績效的不足。1980年代中期臺灣取得政治民主化和本土化的重大進展後，國民黨當局逐漸拋棄了「漢賊不兩立」的意識形態包袱，在開放兩岸單向探親的同時，淡化對大陸的主權要求，先後提出「彈性外交」和「務實外交」的口號，謀取臺灣在國際社會與主權國家相對等的地位，重返國際組織，並透過「渡假外交」、「金錢外交」，與一些國家發展非官方關係，進而尋求國際社會的交叉承認。民進黨在2000年執政後，比國民黨走得更遠，實行「烽火外交」，造成兩岸關係的持續緊張和臺灣在國際社會的空前孤立。觀察臺灣政治轉型和涉外關係的變化，可以看到內部政治驅動與外部環境約束之間存在明顯的張力。政治轉型重新界定了臺灣的合法性基礎，使其必須滿足民間社會擴大國際參與活動的需求，國際政治的現實又使得臺灣不可能作為「獨立的主權實體」與中國大陸並存於世界。從1993年到2008年，臺灣將涉外關係置於兩岸關係之上，以國際社會對兩岸交叉承認為目標，導致臺海的數次危機和臺灣涉外空間的緊縮。

　　2008年臺灣政黨再次輪替，為兩岸在關係改善的前提下，解決

臺灣的對外交往問題提供了新的契機。國民黨吸取以往的經驗教訓，提出了「活路外交」思路，謀求在改善兩岸關係的基礎上，擴大臺灣的「國際空間」。馬英九的「活路外交」是有別於蔣經國的「彈性外交」、李登輝的「務實外交」和陳水扁的「烽火外交」的新概念。「活路外交」以兩岸經濟合作、政治和解、「外交休兵」為前提，以臺灣現有「邦交國」基本不動為底線，以參與國際組織，特別是經濟性的國際組織的活動為主要訴求，具有一定的可操作性。但臺北若要長期維持現有的「邦交國」不變，無限制地參與國際組織的活動，恐怕難以實現。事實上，臺灣現有「邦交國」對其生存的實際意義有限，臺灣的對外交往問題，只能在「九二共識」的基礎上，透過兩岸協商逐步予以解決。

表5.1　1970年至1977年臺灣的「邦交國」數目

註：表5.1到5.4中，打V的表示有「邦交」關係，打X的表示沒有「邦交」關係

（以當年年底的數目為準）

國別/年度	70	71	72	73	74	75	76	77
亞洲	14	10	8	7	6	3	3	2
菲律賓	V	V	V	V	V	X	X	X
泰國	V	V	V	V	V	X	X	X
越南	V	V	V	V	V	X	X	X
日本	V	V	X	X	X	X	X	X
馬來西亞	V	V	V	V	X	X	X	X
韓國	V	V	V	V	V	V	V	V
馬爾地夫	V	V	X	X	X	X	X	X
伊朗	V	X	X	X	X	X	X	X
科威特	V	X	X	X	X	X	X	X
黎巴嫩	V	X	X	X	X	X	X	X
土耳其	V	X	X	X	X	X	X	X
巴林	V	V	V	X	X	X	X	X
約旦	V	V	V	V	V	V	V	X
沙烏地阿拉伯	V	V	V	V	V	V	V	V
大洋洲	3	3	2	2	2	1	1	1
澳大利亞	V	V	X	X	X	X	X	X
紐西蘭	V	V	X	X	X	X	X	X
薩摩亞	V	V	V	V	V	X	X	X
東加	／	／	V	V	V	V	V	V
非洲	20	18	13	11	7	7	7	6
利比亞	V	V	V	V	V	V	V	V

續表

國別/年度	70	71	72	73	74	75	76	77
塞拉利昂	V	X	X	X	X	X	X	X
喀麥隆	V	X	X	X	X	X	X	X
盧安達	V	V	V	X	X	X	X	X
塞內加爾	V	V	X	X	X	X	X	X
多哥	V	V	X	X	X	X	X	X
馬達加斯加	V	V	X	X	X	X	X	X
查德	V	V	X	X	X	X	X	X
布吉納法索	V	V	V	X	X	X	X	X
剛果(金)(扎伊爾)	V	V	V	X	X	X	X	X
加彭	V	V	V	V	X	X	X	X
尼日	V	V	V	V	X	X	X	X
波布那	V	V	V	V	X	X	X	X
甘比亞	V	V	V	V	X	X	X	X
南非	/	/	/	/	/	/	V	V
中非	V	V	V	V	V	V	X	X
科特迪瓦(象牙海岸)	V	V	V	V	V	V	V	V
馬拉威	V	V	V	V	V	V	V	V
賴比瑞亞	V	V	V	V	V	V	V	X
賴索托	V	V	V	V	V	V	V	V
史瓦濟蘭	V	V	V	V	V	V	V	V
北美洲	12	11	10	10	10	10	10	9
美國	V	V	V	V	V	V	V	V
墨西哥	V	X	X	X	X	X	X	X
瓜地馬拉	V	V	V	V	V	V	V	V
薩爾瓦多	V	V	V	V	V	V	V	V
洪都拉斯	V	V	V	V	V	V	V	V
尼加拉瓜	V	V	V	V	V	V	V	V

續　表

國別/年度	70	71	72	73	74	75	76	77
哥斯大黎加	V	V	V	V	V	V	V	V
巴拿馬	V	V	V	V	V	V	V	V
牙買加	V	V	X	X	X	X	X	X
海地	V	V	V	V	V	V	V	V
巴貝多	V	V	V	V	V	V	V	X
多明尼加	V	V	V	V	V	V	V	V
南美洲	10	7	6	6	4	4	4	4
哥倫比亞	V	V	V	V	V	V	V	V
委內瑞拉	V	V	V	V	X	X	X	X
厄瓜多	V	X	X	X	X	X	X	X
秘魯	V	X	X	X	X	X	X	X
巴西	V	V	V	V	X	X	X	X
玻利維亞	V	V	V	V	V	V	V	V
智利	V	X	X	X	X	X	X	X
阿根廷	V	V	X	X	X	X	X	X
巴拉圭	V	V	V	V	V	V	V	V
烏拉圭	V	V	V	V	V	V	V	V
歐洲	8	6	3	2	2	1	1	1
奧地利	V	X	X	X	X	X	X	X
比利時	V	X	X	X	X	X	X	X
盧森堡	V	X	X	X	X	X	X	X
希臘	V	V	X	X	X	X	X	X
馬耳他	V	V	X	X	X	X	X	X
西班牙	V	V	V	X	X	X	X	X
葡萄牙	V	V	V	V	V	X	X	X
教廷	V	V	V	V	V	V	V	V
總數	67	55	42	38	31	26	26	23

表5.2　1979年至1987年臺灣的「邦交國」數目（以當年年底的數目為準

國別/年度	78	79	80	81	82	83	84	85	86	87
亞太	3	4	5	5	5	6	6	6	6	6
韓國	V	V	V	V	V	V	V	V	V	V
沙烏地阿拉伯	V	V	V	V	V	V	V	V	V	V
東加	V	V	V	V	V	V	V	V	V	V
吐瓦魯	/	V	V	V	V	V	V	V	V	V
諾魯	/	/	V	V	V	V	V	V	V	V
所羅門	X	X	X	X	X	X	X	X	X	X
非洲	5	5	5	5	5	3	3	3	3	3
南非	V	V	V	V	V	V	V	V	V	V
利比亞	X	X	X	X	X	X	X	X	X	X
科特迪瓦(象牙海岸)	V	V	V	V	X	X	X	X	X	X
馬拉威	V	V	V	V	V	V	V	V	V	V
賴索托	V	V	V	V	V	X	X	X	X	X
史瓦濟蘭	V	V	V	V	V	V	V	V	V	V
北美洲	9	8	8	10	10	12	13	11	11	11
美國	V	X	X	X	X	X	X	X	X	X
瓜地馬拉	V	V	V	V	V	V	V	V	V	V
薩爾瓦多	V	V	V	V	V	V	V	V	V	V
洪都拉斯	V	V	V	V	V	V	V	V	V	V
尼加拉瓜	V	V	V	V	V	V	V	X	X	X
哥斯大黎加	V	V	V	V	V	V	V	V	V	V
巴拿馬	V	V	V	V	V	V	V	V	V	V
海地	V	V	V	V	V	V	V	V	V	V
多明尼加	V	V	V	V	V	V	V	V	V	V
多米尼克	/	/	/	/	/	V	V	V	V	V

續　表

國別/年度	78	79	80	81	82	83	84	85	86	87
聖克里斯多福與尼維斯聯邦	∕	∕	∕	∕	∕	V	V	V	V	V
聖露西亞	∕	∕	∕	∕	∕	∕	V	V	V	V
聖文森及格瑞那丁	∕	∕	∕	V	V	V	V	V	V	V
格瑞那達	∕	∕	∕	V	V	V	V	X	X	X
南美洲	4	4	3	3	3	3	3	2	2	2
哥倫比亞	V	V	X	X	X	X	X	X	X	X
玻利維亞	V	V	V	V	V	V	V	X	X	X
巴拉圭	V	V	V	V	V	V	V	V	V	V
烏拉圭	V	V	V	V	V	V	V	V	V	V
歐洲	1	1	1	1	1	1	1	1	1	1
教廷	V	V	V	V	V	V	V	V	V	V
總數	22	22	22	24	24	25	26	23	23	23

表5.3　1988年至1999年臺灣的「邦交國」數目

（以當年年底的數目為準）

國別/年度	人口*	88	89	90	91	92	93	94	95	96	97	98	99
亞太		5	5	5	5	4	4	4	4	4	4	4	5
韓國	44850000	V	V	V	V	X	X	X	X	X	X	X	X
沙烏地阿拉伯	17400000	V	V	X	X	X	X	X	X	X	X	X	X
東加	98000	V	V	V	V	V	V	V	V	V	V	X	X
吐瓦魯	9500	V	V	V	V	V	V	V	V	V	V	V	V
諾魯	11000	V	V	V	V	V	V	V	V	V	V	V	V
所羅門	367000	V	V	V	V	V	V	V	V	V	V	V	V
馬紹爾群島	54000	X	X	X	X	X	X	X	X	X	X	V	V
帛琉	16000	X	X	X	X	X	X	X	X	X	X	X	V

續　表

國別/年度	人口*	88	89	90	91	92	93	94	95	96	97	98	99
非洲		3	4	6	7	7	6	7	8	9	11	8	8
南非	41244000	V	V	V	V	V	V	V	V	V	X	X	X
中非	3500000	X	X	X	V	V	V	V	V	V	V	X	X
幾內亞比索	1200000	X	X	V	V	V	V	V	V	V	V	X	X
馬拉威	9800000	V	V	V	V	V	V	V	V	V	V	V	V
賴比瑞亞	2640000	X	V	V	V	V	X	X	X	X	X	X	V
賴索托	2050000	X	X	X	V	V	V	V	V	V	V	V	X
史瓦濟蘭	938000	V	V	V	V	V	V	V	V	V	V	V	V
塞內加爾	8300000	X	X	X	X	X	X	X	X	V	V	V	V
岡比亞	1020000	X	X	X	X	X	X	X	X	V	V	V	V
布吉納法索	10046000	X	X	X	X	X	X	X	V	V	V	V	V
聖多美普林西比	128000	X	X	X	X	X	X	X	X	V	V	V	V
查德	6279000	X	X	X	X	X	X	X	X	V	V	V	V
拉美		12	15	16	16	16	16	16	16	16	16	14	14
瓜地馬拉	10620000	V	V	V	V	V	V	V	V	V	V	V	V
薩爾瓦多	5780000	V	V	V	V	V	V	V	V	V	V	V	V
洪都拉斯	5800000	V	V	V	V	V	V	V	V	V	V	V	V
尼加拉瓜	4310000	X	X	V	V	V	V	V	V	V	V	V	V
哥斯大黎加	3191000	V	V	V	V	V	V	V	V	V	V	V	V
巴拿馬	2631000	V	V	V	V	V	V	V	V	V	V	V	V
海地	7180000	V	V	V	V	V	V	V	V	V	V	V	V
多明尼加	7900000	V	V	V	V	V	V	V	V	V	V	V	V
多米尼克	74000	V	V	V	V	V	V	V	V	V	V	V	V
聖克里斯多福與尼維斯聯邦	43000	V	V	V	V	V	V	V	V	V	V	V	V

續 表

國別/年度	人口*	88	89	90	91	92	93	94	95	96	97	98	99
聖露西亞	145000	V	V	V	V	V	V	V	V	V	X	X	X
聖文森及格瑞那丁	140000	V	V	V	V	V	V	V	V	V	V	V	V
格瑞那達	100000	X	V	V	V	V	V	V	V	V	V	V	V
貝里斯	211000	X	V	V	V	V	V	V	V	V	V	V	V
巴哈馬	278000	X	V	V	V	V	V	V	V	V	X	X	X
巴拉圭	4970000	V	V	V	V	V	V	V	V	V	V	V	V
烏拉圭	3173000	X	X	X	X	X	X	X	X	X	X	X	X
歐洲		1	1	1	1	1	1	1	1	1	1	1	1
教廷	1000	V	V	V	V	V	V	V	V	V	V	V	V
馬其頓	2079000	X	X	X	X	X	X	X	X	X	X	X	V
總數	122203331	22	26	28	29	28	27	28	29	30	30	27	29

*根據1996年的統計數字。

表5.4　2000年至2009年臺灣的「邦交國」數目（以當年年底的數目為準）

國別/年度	人口*	00	01	02	03	04	05	06	07	08	09
亞太		5	5	4	5	5	6	6	6	6	6
吐瓦魯	11000	V	V	V	V	V	V	V	V	V	V
諾魯	13770	V	V	X	X	X	V	V	V	V	V
所羅門	500000	V	V	V	V	V	V	V	V	V	V
馬紹爾群島	58000	V	V	V	V	V	V	V	V	V	V
帛琉	20000	V	V	V	V	V	V	V	V	V	V
吉里巴斯	9400	/	/	/	V	V	V	V	V	V	V
非洲		8	8	8	7	7	6	5	5	4	4
馬拉威	12000000	V	V	V	V	V	V	V	V	X	X
賴比瑞亞	3489072	V	V	V	X	X	X	X	X	X	X
史瓦濟蘭	1018449	V	V	V	V	V	V	V	V	V	V

續 表

國別/年度	人口*	00	01	02	03	04	05	06	07	08	09
塞內加爾	10850000	V	V	V	V	V	X	X	X	X	X
甘比亞	8170000	V	V	V	V	V	V	V	V	V	V
布吉納法索	13200000	V	V	V	V	V	V	V	V	V	V
聖多美普林西比	170372	V	V	V	V	V	V	V	V	V	V
查德	9450000	V	V	V	V	V	V	V	X	X	X
拉美		14	14	14	14	13	12	12	12	12	12
危地馬拉	11200000	V	V	V	V	V	V	V	V	V	V
薩爾瓦多	5780000	V	V	V	V	V	V	V	V	V	V
洪都拉斯	7530000	V	V	V	V	V	V	V	V	V	V
尼加拉瓜	5200000	V	V	V	V	V	V	V	V	V	V
哥斯大黎加	4270000	V	V	V	V	V	V	V	X	X	X
巴拿馬	3300000	V	V	V	V	V	V	V	V	V	V
海地	8304000	V	V	V	V	V	V	V	V	V	V
多明尼加	8950034	V	V	V	V	V	V	V	V	V	V
多米尼克	77000	V	V	V	X	X	X	X	X	X	X
聖克里斯多福與尼維斯聯邦	44100	V	V	V	V	V	V	V	V	V	V
聖露西亞	165000	X	X	X	X	X	X	X	V	V	V
聖文森及格瑞那丁	112000	V	V	V	V	V	V	V	V	V	V
格瑞那達	101607	V	V	V	V	X	X	X	X	X	X
貝里斯	221000	V	V	V	V	V	V	V	V	V	V
巴拉圭	5880000	V	V	V	V	V	V	V	V	V	V

續　表

國別/年度	人口*	00	01	02	03	04	05	06	07	08	09
歐洲		2	1	1	1	1	1	1	1	1	1
教廷	1380	V	V	V	V	V	V	V	V	V	V
馬其頓	2002547	V	X	X	X	X	X	X	X	X	X
總數		29	28	27	27	26	25	24	24	23	23

表5.5　臺灣「邦交國」數目變化一覽表（1970-2009）

（以當年年底的數目為準）

年份	70	71	72	73	74	75	76	77	78	79	80	81	82	83	84	85	86	87	88	89
數目	67	55	42	38	31	26	26	23	22	22	22	24	24	25	26	23	23	23	22	26

年份	90	91	92	93	94	95	96	97	98	99	00	01	02	03	04	05	06	07	08	09
數目	28	29	28	27	28	29	29	30	27	29	29	28	27	27	26	25	24	24	23	23

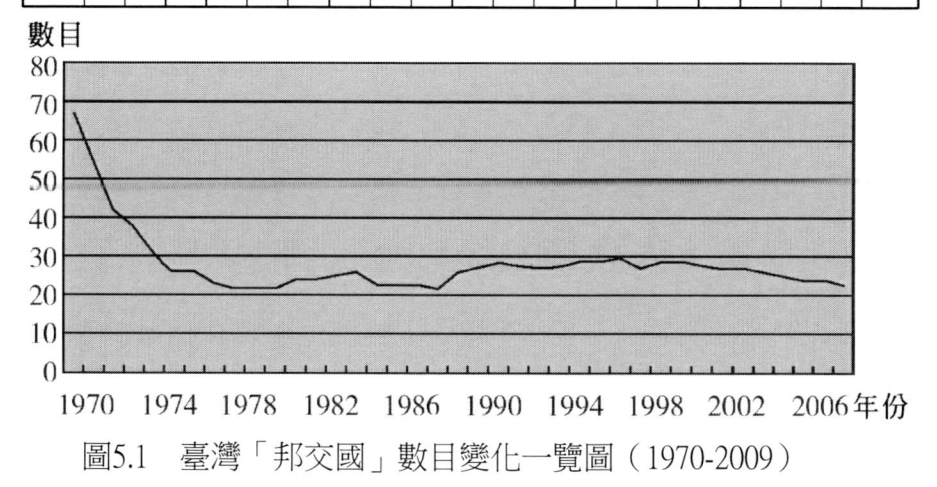

圖5.1　臺灣「邦交國」數目變化一覽圖（1970-2009）

第六章　臺灣政治轉型與美臺關係

　　研究美臺關係，有不同的理論路徑。從外部的視角來看，美臺關係難免受到中美關係和兩岸關係大氣候的影響。為此，不少研究美臺關係的學者，將其置於中美臺戰略三角理論框架中來進行探討，如美國學者羅德明（Low-ell Dittmer）、臺灣學者羅致政、吳玉山和包宗和等。羅德明用「結婚型」（marriage triangle）三角關係描述從1949年到1989年的中美臺關係，認為從1949年到1969年，美臺關係密切，大陸和美臺的關係疏遠；從1969年到1989年，美國和中國大陸的關係密切，臺灣和雙方的關係疏遠；並用「羅曼蒂克型」（romantic triangle）三角關係描述1990年後的三邊關係，認為美國在這一時期同時與兩岸保持了密切關係，但兩岸間存在明顯隔閡。羅致政認為在中美臺三角關係中，美國扮演的是結構平衡者的角色，追求其國家利益。吳玉山分析了美蘇中大三角與美中臺小三角的聯結與互動關係，認為美國雖然扮演了羅曼蒂克型三角關係中的樞紐（pivotal）角色，但是並非其本意。包宗和認為三角架構中個別單元總是追求羅曼蒂克型三角關係中的樞紐位置，同時與另外彼此存在隔閡的兩方保持密切關係，但就三角關係整體面向而言，三邊家族型（ménage a trois）即三方存在等距離關係是平衡度最高的類型。基於這一理論，包宗和進一步提出「總體戰略三角理論」，以與「個體戰略三角理論」相區隔。他認為，從1999年到2008年美國與臺海兩岸大致上均維持友好的關係，由於陳水扁當局執意推動「廢統」和「入聯公投」，以美國為樞紐的羅曼蒂克型三角關係一度有倒退為以臺灣為孤立方的結婚型三角關係的可能。2008年後，隨著兩岸關係的改善，三邊家族型的三角關係成為各方

都能接受的穩定架構。這一「三贏」遊戲雖然與攻勢現實主義（aggressive realism）以「權力最大化」為目標的主張不符，但跟新現實主義或守勢現實主義（defensive realism）有關「安全最大化」和「相對利得」的主張與新自由主義有關「絕對利得」的主張，有相通之處。

從內部的視角來看，美臺關係又難免受到美國國內政治和臺灣政治的影響。特別是1986年以來的臺灣政治轉型，為美臺關係的互動增添了新的變數。如本書第二章所述，臺灣政治轉型的啟動，跟美國因素的作用有著難解之緣。同時，臺灣政黨政治的發展及其對兩岸關係的影響，又導致了美國對臺政策的調整。在中美關係正常化之初，美國將一個中國原則與「和平解決」原則並列，視為政策的核心內容。美方在言辭上接受中國和平統一的前景，但對兩岸政治和談採取「不鼓勵、不介入、不調停」的「三不」政策，以維持臺海「不統、不獨、不戰、不和」的局面。臺灣政治轉型後，美方逐漸停止使用一個中國原則的提法，代之以一個中國政策，並將其置於「和平解決」原則之下。筆者在2000年秋面訪美國國家安全委員會的一位官員時，他曾提到美國奉行「一個中國」原則。但在筆者進一步詢問後，馬上糾正說，他的意思是「一個中國」政策。美國國務院的一位官員曾對筆者表示，美國的「一個中國」政策不同於中方的「一個中國」原則；如果中方逼迫美國在「一個中國」問題上表態，只會暴露兩國的歧見。美國的「一個中國」政策，只是認知到中方有關臺灣是中國一部分的主張，而不是承認這一立場；說白了，美方的立場就是臺灣地位未定論，其實際立場是介於「一個中國」和「兩個中國」（或一中一臺）之間。如果說，在1970年代和1980年代上半葉的語境下，「和平解決」基本上是「和平統一」的同義語的話，那麼，在臺灣政治轉型後，美方已將「和平解決」刻意詮釋為既包括和平統一，也包括和平分離的彈性概念。與此同時，華盛頓大幅提升美臺關係，其政策立場向臺灣方面傾斜，

以李登輝訪美達到高峰。1995—1996年臺海危機後，美國意識到維持中美關係和兩岸關係穩定的重要性，明確表示不支持臺灣「獨立」的立場，反對臺灣單方面改變現狀，同時鼓勵兩岸進行政治和談，其政策目標由「不統、不獨、不戰、不和」微調為「不統、不獨、不戰」。臺灣在2000年發生第一次政黨輪替後，布希政府一度表示美國要「竭盡所能協防臺灣」，其後鑒於民進黨當局刻意推動「法理臺獨」，美方又加強了反對臺北單方面改變現狀的政策宣示，促使北京和華盛頓達成維護臺海現狀的默契。中國大陸在福建沿海加強導彈部署，以此嚇阻「臺獨」勢頭。美方則推行一項積極外交（aggressive diplomacy）策略，反對臺灣片面推進「法理獨立」。臺灣在2008年發生第二次政黨輪替後，兩岸關係出現了改善的契機，美臺關係也得到了迅速的恢復，三方的政治博弈進入了一個新的發展時期。

　　本章共分四節，分析臺灣政治轉型後的美臺關係。第一節分析美國對華對臺政策的基本思路及其所面臨的主要困境，第二節討論美國對兩岸和談的政策立場，第三節探討美國應對臺海危機的策略，第四節基於2008年臺灣政黨再次輪替後兩岸關係的迅速發展，審視美國鼓勵兩岸和談的政策底線及未來的可能演變趨勢。美國對華對臺政策的兩難境地的根源何在？美國能否在臺海事務中維持平衡交往和前後一致的政策？臺灣政治轉型對美臺關係有哪些影響？如果兩岸發生戰爭，美國如何反應？美國是否樂見兩岸和平協商，甚至走向和平統一？以下將對這些問題予以探討。

第一節　美國對華政策中的臺灣難題

　　臺灣問題始終困擾著中美關係的發展。在中美建交之初，美國「認知」（acknowledge）到中方有關「世界上只有一個中國，臺灣

是中國的一部分」的既定立場，在外交上承認中華人民共和國是代表中國的「唯一合法政府」。在北京的壓力下，美國與臺灣斷絕「外交」關係，廢除《美臺軍事防禦條約》，並將軍隊撤離臺灣。但美國又與臺灣維持著名為民間，實為準官方的密切關係，強調臺灣問題應該由海峽兩岸和平解決，將中國大陸的任何非和平企圖，視為對地區和平與美國國家利益的威脅。美國實行這一雙軌（dual track）政策的目的是維繫1979年以來海峽兩岸之間的「不統、不獨、不戰、不和」的現狀（status quo）。雖然《與臺灣關係法》（Taiwan Relations Act）沒有在法律上要求美國在臺灣受到攻擊時，出兵相助，但該法暗示如果中國大陸訴諸武力解決臺灣問題，美國將採取相應的措施。換言之，華盛頓並未完全將臺灣問題視為中國的內政問題。

這一雙軌政策有其天生的弱點。假如中國大陸訴諸武力解決臺灣問題，或者臺北繼續推進「法理臺獨」路線而最終跨越北京的紅線，華盛頓將不得不在與中國大陸兵戎相見和放棄臺灣之間進行兩難的抉擇。美國雙軌政策所隱含的另一潛在問題是如何界定和維持現狀。這一問題隨著全球戰略環境和兩岸關係的改變，激發了美國內部的政策辯論。使問題更為複雜的是，中國大陸和臺灣都試圖借助其與美國的關係，使兩岸關係朝著對己方有利的方向演變。1990年代以來，臺北希望美國支持其獲得更大的「國際空間」，北京則希望美國不要插手臺灣問題，支持中國統一。海峽兩岸對美國在臺海問題上的角色的不同期望，加上美國內部不同利益團體的價值偏好和戰略考慮，致使美國在後冷戰時代採取了矛盾多變的對華對臺政策。

1980年代中期以來臺灣的政治轉型，使美國更難處理臺灣這一棘手的問題。臺灣政治民主化後，臺灣出現了日益增長的臺灣認同意識。這種情緒給頗具政治企圖心的李登輝提供了精神武器，試圖突破中國政府涉臺外交鬥爭的防線，爭取臺灣的「國際空間」，甚

至明目張膽地提出「兩國論」。受同樣意識的影響，陳水扁企圖透過制定「新憲法」和「全民公決」，使臺灣成為一個「正常的國家」，並且不顧美方壓力，廢除「國家統一委員會」和「國家統一綱領」，強行推動「入聯公投」。一些美國學者看到，在認同臺灣「國家意識」和致力推動臺灣「法理獨立」之間有些微妙區隔。任雪麗（Shelley Rigger）就指出，對於臺灣文化的認同並不等同於支持臺灣「獨立」，斷言臺灣已具備構成「國家」的要件（政治身份或公民身份）也不完全意味就要主張臺灣必須正式從中國大陸分離出去。然而，臺灣日益增長的臺灣「國家認同」意識確實導致了維繫臺灣「獨立主權」的更高要求和對中國統一大業的較低熱情，甚至低估兩岸戰爭的危險性。只是因為北京對臺灣法理「獨立」的威懾，臺灣對臺灣「國家認同」意識才尚未完全轉變成對「臺獨」的更大支持。從中國政府的立場來看，正式宣布「臺灣獨立」和堅持臺灣主權「獨立」基本同義，堪稱同一貨幣的正反兩面。如果中國大陸使用軍事手段來解決臺灣問題或者臺灣方面漸進「臺獨」的舉措最終越過中國政府的底線，美國將被迫在與中國大陸開戰或放棄臺灣之間作出抉擇，進一步凸顯美國對華政策中的臺灣難題。

臺灣政治轉型，凸顯了海峽兩岸的政治發展的不同路徑，使美國的公共輿論一度朝向有利臺灣的方面傾斜。1990年代初蘇東政權發生「顏色革命」，相繼垮臺，一時間降低了中國對美國政策制定者的戰略重要性。為此，1990年代上半葉出現了1979年以來美臺關係的最佳時期。基於爭取選票的考慮，老布希政府在其任期的最後一年，大幅提升美臺關係，支持臺灣加入關稅暨貿易總協議（GATT），對臺出售「諾克斯」級巡防艦和150架F-16戰機，允許美國部長級的官員訪問臺灣。柯林頓在其第一任期內將外交政策隸屬於內政問題之下，使國會議員得以支持行政當局的國內政策為條件，獲得對臺灣問題的操控權。在國會的壓力下，白宮在1994年秋天宣布了一系列的對臺政策調整，包括將臺灣駐美機構「北美事務

協調會駐美辦事處」易名為「臺北經濟文化代表處」，進一步放寬美臺高層官員互訪的限制，支持臺灣參與不以國家資格為加入前提的國際組織。1995年白宮鑒於國會壓倒多數的意見，被迫決定接受李登輝對康奈爾大學的「私人」訪問。美國的這一戰略傾斜趨勢在柯林頓政府的第一任期內繼續發展，到第二任期才出現政策回擺。

臺北突破一個中國框架的務實「外交」，以李登輝訪美達到高峰。但這同時也暴露了美國雙軌政策的弱點，在1990年代後半期誘發了另一輪的政策調整。雖然1995-1996年的臺海危機，引起了一些美國人士對臺灣安全的關心和同情，但危機也提醒華盛頓意識到臺灣問題在中美關係中的持續中心地位（continuing centrality）以及和平解決臺灣問題的重要性。臺灣的政治轉型，固然拉近了美臺之間在價值體系方面的差異，但李登輝在「民之所欲，常在我心」口號下強勢推行「務實外交」，也使一些美國人士對臺灣民主化的衍生物不再照單全收，強調美國自身戰略利益的重要性。臺海危機後，一些美國政府官員、國會議員、專家學者和部分媒體一再要求臺北節制追求「外交承認」的行為，減緩推動「參與聯合國」的活動，與大陸早日協商。經過臺海危機後的激烈公共辯論和政策檢視，柯林頓總統在第二任期內採取了與中國全面交往（comprehensive engagement）的政策，尋求北京在地區和全球事務上與華盛頓的合作，以此取代對中國的對抗和遏制政策。在這一戰略框架下，美國雖然口頭宣稱對臺政策的延續性，但微妙地調整了其在臺灣事務上的立場。華盛頓透過限制臺灣領導人在美國的活動，對臺北的「務實外交」潑了冷水。「副總統」連戰於1997年初獲得赴美過境簽證的條件是，不得與美國官方人士會面及參加公共活動。李登輝於同年9月在前往中美洲途中過境夏威夷，也受到同樣限制。而就在李登輝出訪前夕，時任美國亞太事務助理國務卿陸士達（Stanley Roth）公開宣稱美國在1995年允許李登輝訪美是一個嚴重的錯誤，對臺北無異於當頭棒喝。與此同時，美國逐漸傾向於

僅對臺灣安全予以有條件的承諾，以阻止北京武力統一和臺北「法理臺獨」。正如美國在臺協會（AIT）前任主席丁大衛（David Dean）在1990年代中期所提到的，如果臺灣追求「獨立」的舉措導致兩岸戰爭，臺北不應該期許美國出兵保衛該島，因為這是臺灣自找麻煩。臺海危機後，美國一方面加強與臺灣的軍事交流與合作，另一方面不斷向臺北發出政治信號，反對其單方面改變現狀。美國對中方軍事行動的威懾，旨在向臺灣保證，美國將不會出賣臺灣，美國不支持（甚至反對）臺灣「獨立」的評論，則旨在向中方保證，美方堅持一個中國政策。雖然中方希望美方使用「反對」而不是「不支持」字眼，但這些不同字眼傳遞給臺灣方面的訊息是同樣的，即臺北不要指望美國將為臺灣「獨立」而與中國大陸開戰。這兩個術語的細微差別，根據美國大西洋理事會亞洲項目主任格瑞特（Banning Garret）的說法，在於「反對」表明如果臺灣在未來越過美國的政策底線，美方將迫使臺灣方面放棄「獨立」。

柯林頓對華政策的新思路是基於以下一個假設，即美國的務實外交政策可以塑造中國的未來，使其演變成一個容易為西方社會所接納的國家。這一假設，反映了美國對華政策圈內一些自由派人士的思維，他們相信中國正走向資本主義和西方民主。柯林頓在1998年夏天訪問北京時曾斷言，他相信中國國家主席江澤民懷有在21世紀將中國帶向民主社會的遠見。他的這一判斷也許是受到中國大陸當年對中美兩位總統之間的政治對話和辯論予以電視直播的決定的鼓勵。值得回顧的是，柯林頓恰恰是在這次中國之行中作出了有關美國「三不」政策的口頭宣示。這一宣示自然受到北京的歡迎，同時引起了臺北極大憂慮。事實上，柯林頓重申美國不支持「臺灣獨立」，不支持「兩個中國」或「一中一臺」，並沒什麼特別之處。但他明言美方不支持臺灣加入以國家身份為入會要求的國際組織，也就是「三不」中的第三個「不」，卻是美國歷任總統從未公開宣示的立場。正如上文指出的，1994年美國「臺灣政策檢視」

（Taiwan Policy Review）點明，美國應支持臺灣參與不以國家身份為入會前提的國際組織。上述兩項政策聲明，未必互相衝突，但1994年的說法，對臺灣也許較為順耳，即使美國國務院並未對臺灣參與非政府組織提供多大幫助。從臺北的觀點看來，柯林頓有關「三不」的公開承諾，特別是第三個「不」，意味著世界頭號大國的領導人已經明確地否認了臺灣的所謂「國家」身份。另一個改變的跡像是柯林頓總統有關中國和平統一的評論。柯林頓在1998年訪華期間，於6月29日在北京大學發表演講時提到，中國的重新統一應當透過和平的方式來實現，美國鼓勵兩岸對話，以實現這一目標。柯林頓的這一說法與美國在1980年代中期以後的既定政策有著微妙而顯著的出入。在臺灣政治轉型後，美國對這一問題的官方表述是，美方所關心的只是臺灣問題的和平解決，而不管最終結果是統一還是「獨立」。柯林頓的評論自然引起了中國大陸方面的興奮和臺灣方面的焦慮，雖然雙方都不十分確定柯林頓究竟是不恰當地表達了個人的偏好，還是有意透露一項美國可以接受的政策選項（a policy option open to the United States）。即使是華盛頓的政策制定者和分析家當年對柯林頓的說法也有不同的解讀。

　　臺灣的第一次政黨輪替為美臺關係帶來了新的不確定因素。陳水扁在2000年5月就任為臺灣總統，布希總統則於次年1月入主白宮，兩人的任期基本重疊。臺灣的政黨輪替一度被許多美方人士視為民主的進步現象。布希上臺之初，試圖改變柯林頓政府後期重中國、輕日本的亞洲戰略，將中國視為美國的戰略對手，而非戰略夥伴。同時將臺灣視為美國的準盟友，加強美臺軍事交流。2001年4月中美撞機事件後，布希宣稱美國將「竭盡所能幫助臺灣自衛」，並對臺灣提供了一份史無前例的軍售清單。同年5月，美國衛生部長湯普遜（Tommy　　Thompson）在日內瓦世界衛生組織大會演講時，首度表示美國政府支持臺灣參與世界衛生組織的立場。
「9·11」後美國在新保守主義思潮的驅動下，在阿富汗、伊拉克等

問題上,採取單邊主義行動,企圖透過先發制人的戰爭（preemptive war）和改變它國的政權性質,根除恐怖主義,但未能達到預期目標,故在伊朗和朝核問題上,不得不退回到現實主義的積極威懾和包圍戰略（a realist strategy of active deterrence and containment）和自由國際主義的多邊合作戰略（a liberal internationalist strategy of cooperative multilateralism）。對華政策也從「接觸-遏制」（con-gagement）轉為「接觸」（engagement）,重新將中國視為戰略合作者。中美兩國在全球反恐和地區安全問題上增進合作,江澤民主席和布希總統在2001年10月,2002年2月和10月舉行了三次會面,使臺北擔心華盛頓可能為了北京而犧牲臺灣。當時臺灣政界和學界的一些人士頻繁造訪華盛頓,向美方提出上述疑問。

　　事實上,布希政府在其任期內,與海峽兩岸同步發展了更為密切的關係。雖然美國國務卿鮑爾（Colin Powell）在2003年秋天和2004年秋天兩次宣稱,中美關係處於兩國關係正常化以來的最好時期,但美臺關係也同時得到了明顯的提升,雙方關係的密切程度較之柯林頓的第一任期,可謂有過之而無不及。所不同的只是,在1990年代上半期,美國在處理對華對臺關係上是單向傾斜,而在布希任內則是左右逢源,同時得利。例如,2001年秋天陳水扁過境紐約和休士頓,21位眾議員到紐約與陳會餐,參、眾兩院多數黨與少數黨領袖等20位重量級議員以會面或電話方式對陳表達歡迎之意。2002年期間,臺灣「國防部長」湯耀明和「第一夫人」吳淑珍先後訪問美國,美臺軍事交流和政治接觸明顯提升,布希甚至在公開場合出現「臺灣共和國」的「口誤」。2003年11月初陳水扁過境紐約所得到的接待規格,更是美臺「斷交」以來最高的一次:臺灣的總統得以在美國境內對媒體發表評論。這意味著儘管陳水扁致力將臺灣正式地從中國分離出去,並因此招致北京的強烈譴責,也未必會影響到美臺關係。2005年布希訪問日本時,有意對臺灣的民主化予

以高度評價,甚至要求中國大陸以臺灣的政治自由化為榜樣。同年5月,「總統府祕書長」游錫堃訪問華盛頓、紐約等地,創下美臺「斷交」以來層級最高官員在華盛頓發表演說的記錄。雖然布希政府試圖在北京和臺北之間維持平衡,鼓勵臺灣問題的和平解決,北京和臺北對華盛頓的角色和真實意圖卻有著不同的考慮。臺北擔心和平解決只是和平統一的同義語,因為北京斷然無法接受臺灣從祖國分離出去的事實。另一方面,北京也擔心美國所說的和平解決隱含和平分離的玄機,因為臺灣在短期內不想接受統一,而美國也不願意強迫臺北接受一個中國原則作為兩岸重開對話的前提。由於北京強烈反對臺灣的法理「獨立」,臺北拒絕在現有的條件下與大陸統一,維持現狀看來是華盛頓的首選。但這一目標並不容易實現。究竟應如何界定和維持現狀,使美國難以在臺灣問題上真正奉行不偏不倚、前後一致的政策。

第二節　美國對兩岸和談的基本政策

　　1995-1996年臺海危機後,臺北不顧北京的反對,單方面尋求「外交」突破的做法引起了美國國會議員、政策制定者和分析者的擔心。與美國在1980年代對兩岸協商採取「不鼓勵、不介入、不調停」政策不同的是,柯林頓在其第二任期內鼓勵兩岸透過政治談判解決爭端,包括妥善處理臺灣的「國際空間」問題。美國對兩岸舉行政治談判和對話的態度,從消極置身事外,到積極鼓勵敦促,主要有兩個原因。第一、擔心兩岸政治分歧的加劇,可能導致一場軍事衝突。屆時美國將面臨要麼與中國大陸兵戎相見,要麼袖手旁觀的兩難抉擇。第二、考慮到臺灣內部的政治變化及中國大陸對臺政策的調整,兩岸政治對話,在一定時期內只能談終結敵對狀態,而未必會將統一列入談判議題。美國既希望兩岸達成和平協議又不希望兩岸舉行和平統一談判的複雜心態,表現在一方面鼓勵兩岸進行

和平談判，降低敵對狀態，另一方面又繼續對臺提供軍售，使其增加抗拒統一的資本。

一、「中程協議」與美臺關係的互動

美方對兩岸政治對話的明顯推動，始於「中程協議」（interim agreement）之說。1998年初，曾任美國國家安全委員會亞太事務資深主任的李侃如（Kenneth Lieberthal）在出任該職前，先後在美國對外關係委員會、臺北「國策研究院」舉辦的學術研討會上提出，海峽兩岸在最終開始正式談判統一之前，可透過對話協商，先行簽署一項「臺灣不獨立，大陸不用武，維持現狀五十年不變」的「中程協議」。其內容包括1）建立一個過渡的安排來處理兩岸情況；2）在這一過渡時期，兩岸關係既不是兩個主權實體的關係，也不是中央政府與地方政府的關係；3）臺灣明白宣示其為中國之一部分並同意不會尋求獨立，中共則同意不對臺灣使用武力；4）在過渡期時，雙方在國內事務與對外事務維持各自的自治，只受上述原則的拘束；5）同意高層舉行定期的會談，以避免衝突並增進互信；6）同意以更改國名來進一步降低緊張：中華人民共和國改名為「中國」，「中華民國」改名為「中國·臺灣」。在這一協議終止時，雙方可以就臺灣的最終地位（final status），亦即兩岸的永久性關係（permanent relationship）問題進行談判。李侃如事後特別說明，他所說的中程協議沒有任何既定的統「獨」導向。其實，他當年既然建議臺北明白宣示其為中國的一部分，並將「中華民國」改名為「中國·臺灣」，很難說沒有含有預期中國未來走向統一的心理取向。雖然李侃如當時只是以學者身份提出有關「中程協議」的建議，但在提出此議不久，即走馬上任，外界難免揣測其建議是否蘊含白宮政策轉向的意涵。

與此類似，美國著名中國問題專家何漢理（Harry Harding）也於1999年建議兩岸透過對話協商，簽署「臨時協議」（Modus

Vivendi）。何漢理認為該協議並不是簡單凍結兩岸現狀，而是使其動態發展具有可預測性。這一「臨時協議」應包括：一、一套相互的保證，即只要臺灣不宣布獨立，大陸就不以武力相向，反之亦然；二、擴大臺海兩岸的經濟文化關係，包括直接通商、通航；三、在臺灣不片面宣布「獨立」的情況下，提升臺灣的國際社會角色；四、兩岸軍方建立互信。何漢理認為，這一「臨時協議」可以避免北京強制臺灣接受統一，但又不排除中國統一這個「最終選項」。在這一框架下，臺灣應考慮未來統一的可能性，但不必現在就作出決定。比起李侃如的「中程協議」，何漢理的「臨時協議」含有較明顯的統一導向。由於何漢理曾參加1998年夏天美國總統柯林頓訪問中國前白宮舉行的新聞發佈會，人們難免猜測，他所提出的以中國統一為最終選項的「臨時協議」，對柯林頓在北京大學發表演講時有關美國鼓勵兩岸對話，實現中國和平統一的「口誤」，是否起了潛意識的作用。

　　雖然李侃如和何漢理的建議，與當年兩岸高層有關結束敵對狀態的說法，有所交叉，但他們的提議，並未馬上得到兩岸官方人士或學者的正面回應。唯美國政界旋即對「中程協議」作出積極反應，展示美方對兩岸舉行和平對話的期盼。美國國務院東亞事務助理國務卿陸士達於1999年3月表示，在兩岸對話尋求和平解決歧義的漫長過程中，可考慮簽訂若干「中程協議」，持續推動對話。與此相呼應，「美國在臺協會」臺北辦事處處長張戴佑（Darryl Johnson）提出，美方認為，「以兩岸人民的創意，可以達成一些中程協議，也許是針對一些兩岸分歧的議題採取建立互信的措施」。針對臺北刻意將多重事務性協商作為「中程協議」優先考慮範圍的說法，時任「美國在臺協會」主席卜睿哲（Richard Bush）於同年6月強調，兩岸必須發揮「創意」，解除緊張，尋求合作。卜睿哲認為「中程協議」雖然不是「全面」、「一套到底」的「最終解決」方案，但必須是「可達成的、有意義的、可減低兩岸緊張

的」協議，意味著美國官方所謂的「中程協議」，既不是一攬子的單一協議，但也不以事務性協議為限。美國助理國務卿陸士達隨即對「中程協議」的含義作瞭解釋，指出光是「技術性議題」無助於增加兩岸互信，「降低緊張關係」，進一步否定了臺北將「中程協議」與「事務性協商」畫等號的刻意詮釋。此外，一些學者也表示，臺北需要國際空間的問題，應該跟北京談判協商。也有學者建議北京允許臺灣加入不以國家為成員的國際組織，甚至還可透過其在政府間國際組織的影響力，修改會員標準規定，使臺灣可以作為非政府成員加入。美方的上述促談舉措，對臺北構成了無形的壓力。雖然美國的目標是在兩岸間維持平衡，但柯林頓後期的政策已明顯地朝有利北京的方向傾斜。

然而，臺北並不願將「中程協議」視為兩岸「由分治到統一」過程中的過渡現象。即使當年國民黨願意接受兩岸進行統一談判的預設目標，也勢將遭到以追求臺灣「獨立」為最終目標的民進黨的強烈杯葛。李侃如在1998年2月訪臺期間，民進黨立法委員張旭成當面對其上述建議予以質疑，反映了民進黨在這一問題上的基本立場。此外，臺北也擔心美國前國防部長裴利（William Perry）所積極推動的美、中、臺三邊的「第二軌道」（track two）三階段對話（功能性談判、臺灣的國際空間、兩岸軍事領域信心建立措施），有可能是逼臺灣上談判桌的一種設計。與北京一九九九年後對第二軌道對話興趣漸濃不同的是，臺北對裴利的提議，僅作出有保留的正面響應。鑒於華盛頓對兩岸簽署旨在「降低緊張關係」的「中程協議」的鼓勵，以及中國政府主張在一個中國原則下結束兩岸敵對狀態的持續壓力，臺北逐漸調整了以「事務性協商」為對話優先議題的既定策略。海基會董事長辜振甫在倡議兩岸就遣返偷渡客和劫機犯、處理漁事糾紛、合力打擊犯罪等議題簽訂事務性、金字塔形的「中程協議」的同時，表示不排除兩會在1999年秋天討論政治性議題。「陸委會主委」蘇起隨後指出，兩岸應同時建立事務性和政

治性議題的雙軌對話管道。為回應美方不滿足於兩岸停留於「技術性議題」的協商，臺北又強調指出，有關漁事糾紛、偷渡客遣返、劫機犯遣返等三項事務性議題，不完全是技術層次，實際上屬於低政治層次的議題，有助於增加兩岸互信與降低緊張氣氛。「陸委會副主委」吳安家則於7月初表示，1998年的辜汪會晤，實際上已經開啟了兩岸圍繞統一、「外交」及軍事議題的政治對話，可以在1999年秋天的辜汪會晤中繼續進行。而李登輝在當年7月9日公開提出「兩國論」，與其說是為原本即將來臨的第二次辜汪會談定調，不如說是在兩岸政治對話的前提上漫天要價，以攻為守，化解來自華盛頓和北京的促談壓力。

從美臺關係看，「兩國論」的出臺，既反映了臺北當局對柯林頓總統1998年提出的「三不」政策的不滿，也是對1999年春天以來美方敦促臺北與北京進行政治對話的反彈。據臺灣媒體的披露及筆者對當事人的事後求證，當時在美國訪問的「總統府祕書長」黃昆輝、「陸委會主委」蘇起等人，事先均不知情，未能在訪美時及時告知美方。「兩國論」出臺後，柯林頓總統啟動熱線電話，主動向江澤民主席表示美國的一個中國政策不變，將李登輝謂為「麻煩製造者」，鼓勵兩岸積極對話，和平解決爭端，並委派國務院東亞事務助理國務卿陸士達和國家安全委員會亞太事務資深主任李侃如聯袂前往北京進行溝通，派遣在臺協會理事主席卜睿哲前往臺灣瞭解「特殊兩國論」的內涵，傳達華盛頓的關切立場與政策底線。另一方面，白宮又向臺灣出售E-2T空中預警機等先進防禦性武器。所透露的訊息是，即使因為臺北「挑釁」，而引起北京對臺用武，也很難說美國就會坐視不管。美國參、眾兩院則對臺灣安全，表達更為嚴重的關切，透過《2000—2001財政年度國務院授權法案》涉臺修正案，醞釀以《加強臺灣安全法案》，取代《與臺灣關係法》。一些親臺議員紛紛訪問臺灣，對臺表示支持。臺北隨即選擇在陸士達應邀出席美國參院外交委員會作證前，公佈「辜振甫董事長談話

稿」與「特殊的國與國關係」的政策說帖，嘗試回歸到「一個中國，各自表述」的表述，以爭取美國行政院與國會的支持和理解。

從中程協議的提出及其後續效應看來，美臺之間對同一問題的認知和利益有一定距離。美方人士對兩岸簽署中程或臨時協議的鼓勵，在無形中對臺北構成了促談的壓力。這一點也許是美方始料未及的。美國國務院一位官員曾對筆者表示，美方只是提出一些建議，供兩岸參考，很難理解何以會對臺北構成促談的壓力。產生這一心理落差的重要原因，是美臺關係的明顯不對稱性。從戰略的意義上說，臺灣只是美國部署全球棋局的重要棋子之一，而美國對臺灣安全的支持與否，對臺灣的意義卻重要得多。雖然美方一再表明有關兩岸應展現「創意」的建議，絕非強要臺北與北京簽訂什麼特定的協議，但臺北卻難免擔心美方所謂「中程協議」，與中國大陸有關兩岸舉行結束敵對狀態談判的提議，有互為呼應之嫌。

李登輝拋出「兩國論」後，美臺間在兩岸和談問題上的分歧發生了一些微妙的變化。臺北在公開背離一個中國原則和衝撞美國的一個中國政策後，擺出隨時可以進行兩岸政治談判的姿態，中國大陸強調政治談判只能在一個中國的原則下進行，而美國則主張兩岸官方應該無條件進行政治對話。柯林頓總統重申美國在臺灣問題上的政策系以「和平解決」、「鼓勵對話」和一個中國為三大支柱（pillar）。在臺北透過單方面的政治宣示，改變兩岸政治對話的語境後，柯林頓政府仍然主張兩岸無條件進行政治對話和談判，實際上已經不構成對臺北的任何「促談」壓力，其政策傾向甚至有向臺灣方面回擺的意味。

二、布希政府對兩岸和談的態度

陳水扁上臺後，否認「九二共識」，在抬高談判價碼後，轉而擺出願意和談的姿態，甚至期望華盛頓扮演啟動兩岸政治對話的促談者（facilitator）和落實談判結果的擔保人（guarantor）的角色。

與此相應，美國「在臺協會主席」卜睿哲2002年1月在臺灣政治大學國際關係研究中心演講時表示，兩岸恢復政治對話，有助於減少雙方的誤解和誤判，營造走向永久和平的積極勢頭，但恢復談判不應該設立前提條件，暗指大陸在一個中國原則下什麼都可以談的說法預先排除了無條件談判的可能性，於事無補。他還表示，美國鼓勵兩岸對話，但無意作為兩岸爭端的調停者（mediator），也無意迫使臺灣與大陸對話。李侃如與約翰斯·霍普金斯大學教授藍普頓在2004年4月在《華盛頓郵報》聯名撰文，認為未來數十年臺海兩岸顯然無法就臺灣問題的最終解決方案和平達成共識，現階段的重點是建構一個穩定的架構，並在以下幾個問題上取得共識：1）臺灣可以繼續宣稱它是一個「主權獨立的國家」，但不要進一步尋求法理上的「獨立」；2）北京可以繼續主張世界上只有一個中國，臺灣是中國的一部分，但必須放棄以武力改變臺灣現狀的威脅；3）在這個基礎上，北京同意臺灣方面拓展其國際空間，包括臺灣可以參與全球性或區域性的國際組織；4）北京與臺北同意建立軍事互信機制，以降低臺海之間軍事衝突的潛在可能性，美國以及其他周邊國家必須允諾對這項軍事互信機制予以支持；5）北京與臺北必須同意應用這項數十年的新架構，積極拓展雙邊關係，包括政治互訪；6）在這項架構存續期間，美、日及歐盟必須保證不會承認一個宣布「獨立」的臺灣，同時視北京在未受挑釁的情況下對臺用武為一項極其嚴重、必須立即關切的行為。對比李侃如的「中程協議」的最初版本，上述思路明顯朝對臺灣有利的方向傾斜。例如，原來的「一中」框架（即臺灣承認為中國的一部分，「中華民國」改名為「中國·臺灣」）已經變成兩岸在主權問題上可以各說各話（上述第一、第二條「共識」內容）；美方雖然表示不會承認臺灣的「法理獨立」，但未對其持明確反對的立場，同時保留對臺北的行為是否構成「法理臺獨」和「挑釁北京」的詮釋權，謀求限制中國大陸武力反「獨」的自由空間。

另外一些專家對於兩岸對話所可能導致的結果持開放態度，明確表示美國可以接受和平統一。唐耐心（Nancy Tucker）認為，美國應該對中國統一的可能前景採取開放立場。如果海峽雙方選擇和平統一，美國將不持異議。美國助理國務卿幫辦柯慶生在其出任該職務前，也曾撰文指出，如果海峽雙方選擇和平統一，美國可能無力予以阻止。他甚至認為，兩岸和平統一符合美國的利益，這是因為「美國在中國大陸的政治自由化過程中享有長期的安全與道德利益；臺灣作為中國式民主樣板的地位——保留在條件具備下與大陸統一的前景——可以成為推動大陸自由化的強大動力」。卜睿哲在2002年卸任後撰書認為，李登輝和陳水扁都沒有排除兩岸統一的可能性，只是無法接受北京提出的「一國兩制」模式。他認為美國可以積極推動兩岸的訊息溝通，減輕雙方的誤判，並建議雙方以邦聯形式滿足各自的最低目標，北京將得到某種形式的統一，臺北也將在某種國家聯盟內保持其所宣稱的主權地位。曾擔任美國駐華大使和「美國在臺協會」主席的李潔民，也認為臺北不該片面尋求「獨立」，而應該與北京共商相處之道。在他看來，中國歷史上不乏多國並存於華夏的例子，而歐盟模式也為不同國家的經濟和政治整合，提供了很好的借鑑經驗，兩岸完全可以尋求雙方均可接受的共存方案。何漢理認為美國所關心的只是和平過程，具體結果取決於兩岸；美國並不擔心兩岸關係發展太快，如果雙方自願選擇統一，美國的利益不會受到威脅。李侃如認為，即使兩岸統一，只要中國政府不在臺灣駐軍，也未必構成對美國的利益威脅；美國不需要臺灣這艘航母。卜睿哲認為，美國在1970年代和1980年代初表示接受兩岸和平整合，是因為當時臺灣尚未民主化。現在美國對臺灣最終歸宿持開放立場，是因為不管是主張統一還是「獨立」，都必須向臺灣人民說明其好處何在。在布希政府任內，除了美國外交政策全國委員會繼續推動美中（包括臺灣）學者圓桌會議，討論兩岸的政治談判前景外，美國大西洋理事會也從2004年夏天開始，在華盛頓

郊外舉行類似性質的系列對話會，探討構建兩岸關係和平穩定框架的可行性。

2005年臺灣的國民黨、親民黨和新黨相繼訪問大陸後，美方表示樂觀其成。布希總統在5月5日透過中國國民黨「駐美代表」袁健生，向國民黨主席連戰大陸之行表達正面評價，認為這是一次歷史性訪問。美國白宮發言人斯科特‧麥克萊倫（Scott McClellan）在親民黨主席宋楚瑜訪問大陸後，對「胡宋會」提出的「兩岸一中」說法沒有直接評論，但表示美國堅持既有的一個中國政策，並且將繼續推動臺海地區的和平與穩定，並認為「實現和平與穩定的中心就是兩岸對話」。美國國務院也對「胡宋會」表示謹慎歡迎。美國參議員範士丹（Dianne Feinstein）認為，連、宋訪問大陸是個突破，但民進黨政府的態度更重要；她認為兩岸應簽署長期和平協議，共同維持現狀；在美國的協助下，大陸保證不動武，臺灣保證不「獨立」，大陸瞄準臺灣的導彈全部撤除，美國則不再出售額外的武器給臺灣。2005年秋天隨布希總統訪問中國的美國國家安全會議亞太事務資深主任格林（Michael Green）曾在一個非正式場合表示，美國確實樂見兩岸對話，可接受雙方達成的任何政治性安排。雖然美國不願意影響兩岸對話的實際內容和結果，但願意介入啟動兩岸對話的程序性環節。他認為中國大陸方面不應該只停留於與臺灣的反對黨接觸，而應與民選領導人直接打交道。美國助理國務卿幫辦柯慶生2006年11月10日在紐約的一次閉門研討會上發表午餐演講時也表示，美國關心的是和平談判的過程，而非其結果。臺灣問題的解決方案取決於兩岸，美國對統一與否沒有立場，擔心的是中方失去耐心，因急於統一而採取軍事手段。

總的說來，在兩岸和談問題上，布希總統不再強勢推銷隱含一個中國趨向的「中程協議」，只是籠統地鼓勵兩岸無條件對話，在促談的力度上也有所減緩，持更有耐性的做法（patient approach）。這既是因為「兩國論」以來的三次臺海危機，在緊張

程度上不如1995-1996年那次危機,也是因為民進黨當局刻意衝撞一個中國原則,動搖了兩岸和談的基礎。為此,布希政府將主要精力放在加強美臺軍事交流和阻止臺北單方面改變現狀方面,反對臺北透過「公投」、「制憲」、「正名」、「入聯」等手段單方面改變現狀。出於對民進黨當局既不兌現軍售清單,又不斷製造兩岸緊張局勢的不滿,美國對臺灣不同政黨的態度,也發生了微妙的變化,即從原先對「藍、綠」兩大陣營不偏不倚,甚至對國民黨還有所猜忌,改變為希望國民黨重新執政。2006年春天馬英九訪美期間受到高規格的接待,美國政界和學界絕大部分人士,包括保守派,都對馬英九表示了強烈的偏好。與此相反,美國對2007年夏天訪問美國的民進黨總統候選人謝長廷,就「入聯公投」問題提出諸多質疑和批評,限制陳水扁過境美國的地點(阿拉斯加)和時間(50分鐘之內),並有意延緩實施對臺軍售的一些項目,以此影響臺灣中間選民的投票意向。與1999年春天美國國務院多位官員力推「中程協議」相映成趣的是,2007年下半年美國政府高官,包括國務卿賴斯(Condoleezza Rice)、副國務卿內格羅蓬特(John Negroponte)、助理國務卿幫辦柯慶生、「美國在臺協會」主席薄瑞光(Raymond Burghard)和「臺北辦事處長」楊蘇棣(Steve Young)等人,多次發表聲明,反對臺北舉辦「入聯公投」,其中許多次還是利用接受中文媒體採訪的機會發表上述言論,對臺灣選民喊話的意味極為明顯。面對美方的不滿,民進黨當局只能透過與美國保守派智庫合作召開研討會的方式,宣揚其主張。美國的上述措施和「中程協議」的政策目標有相通之處,都是為了維持臺海現狀,避免軍事衝突,也為兩岸就結束敵對狀態進行政治對話創造了較好的外部條件。

第三節　美國應對臺海危機的基本戰

略

對於臺灣海峽兩岸一旦發生戰爭時美國是否予以軍事干預，華盛頓多年來採取了一條戰略模糊政策，同時對兩岸採取「雙重威懾」和「雙重保證」的策略，一方面宣稱美方奉行「一個中國」政策，但反對中國大陸在任何情況下對臺採取軍事行動，另一方面保證美國不會出賣臺灣的利益，但反對臺北單方面改變政治現狀。此一政策能否收到防範臺海危機的效果，與其說是取決於北京對美國軍事捲入兩岸衝突的可能性的認真研判，不如說是取決於臺北是否抱有美國將為臺灣「獨立」而戰的幻想。1980年代中期以後臺灣走向政治民主化和政權本土化的進程，造成了臺灣認同的升高，增加了兩岸發生戰爭的可能性。在民進黨執政時期，由於兩岸間的政治緊張更加嚴峻，美國學術界和政策圈內出現了一種日益增強的聲音，要求將以往的戰略模糊政策微調為有條件承諾對臺安全提供保護的「雙重清晰」戰略，根據臺海危機的原因，決定美國是否予以武力干預。然而這一政策選項尚未被美國決策者所明確接受。

一、戰略模糊的利弊

為維護臺海現狀，美國長期以來採取了一條「創造性模糊」（creative ambiguity）的策略。此一「戰略模糊」（strategic ambiguity）策略有以下三個層次的含義。

其一，就臺海現狀而言，美國一方面實行一個中國政策，否認臺灣為一個主權國家，另一方面又隱晦地「挑戰」中華人民共和國對臺灣的主權主張，展現美國對這一主張的有限接受程度。正如有些美國學者所公開表露的那樣，美國對華政策的制定，「應該充分意識到中國的歷史，中國人引以驕傲的民族主義，以及中國人民自20世紀以來對領土完整和經濟現代化的長期追求，」「但這並不意味著美國就應該默認中國對臺灣的主權要求」。美國反對中國大陸

在任何情況下對臺使用武力,即使臺灣正式實行「法理臺獨」,美方也認為中方不能動武。

其二,對於臺灣的統「獨」前途,美國強調由海峽兩岸和平決定,只要兩岸人民共同接受,美方對任何結果均持開放態度。有的美方人士(如卜睿哲)建議採取邦聯模式,以容納中國大陸的統一訴求和臺灣對「獨立」主權的要求,也帶有很大的模糊性。

其三,對於美國是否軍事捲入兩岸戰爭,美方也刻意維持模糊戰略。美國對臺海現狀和臺灣前途的模糊立場,決定了其對臺海危機應對方式的性質。雖然美國一些新保守主義者認為美國應該盡力保護民主臺灣,讓臺灣人民自由決定未來選項,包括正式宣布臺灣「獨立」;一些右翼強硬派也想打「臺灣牌」,挑起兩岸戰爭,以阻止中國「和平崛起」的勢頭。但是,這些極端的觀點並不代表美國的主流社會。鑒於美國政界人士或一般公眾在伊拉克撤軍問題上的明顯分歧,很難想像美國願意另闢戰場,為「臺獨」和中方開仗。但從反對中方武力制止「臺獨」的既定政策出發,美方又不願排除軍事介入的選項。雖然《與臺灣關係法》沒有「合法授權美國在臺灣受到攻擊時前來救援」,但它又暗示,「如果中共試圖用武力來解決臺灣問題」,美國將對此作出相應的反應。然而,人們還是難以確切知曉美國是否捲入和在多大程度捲入中國大陸武力統一臺灣的軍事行動。另一方面,即使由於臺灣謀求正式「獨立」而誘發兩岸戰爭,人們也無法排除美國對臺提供軍事支持的可能性。對於不同起因的戰爭,美國進行干涉還是放手不管的可能性,由下表可見。

表6.1　美國對不同起因的兩岸戰爭的可能性反應

	北京武力統一台灣	台北宣告法理「獨立」
美國武力干涉	可能性大	可能性小
美國袖手旁觀	可能性小	可能性大

以上四種可能前景顯示了華盛頓應對兩岸交戰的模糊策略。這一政策的好處是華盛頓可以根據屆時的具體狀況，再決定是否捲入戰爭。這些狀況包括：1）海峽兩岸哪一方先動武；2）兩岸在戰爭早期階段的軍力平衡；3）國際社會對戰爭的反應；4）美國的全球戰略。這一政策有兩個弱點。一是華盛頓可能不得不支持由臺灣「獨立」誘發的戰爭，準備與中國大陸交戰。二是華盛頓可能不得不接受中國大陸對臺迅速軍事打擊的戰果，即使這場戰爭不是由臺北單方面改變現狀而引起的。由於華盛頓對戰爭的可能反應是模糊的，這一政策可能導致兩岸對美方因應之道的誤判。臺灣的一些人士可能預期美國在任何情況下都會保衛臺灣，放膽追求「臺獨」。大陸的一些人士則可能預期美國終歸不可能捲入兩岸戰爭，低估形勢的嚴峻性。

美國採取這一模糊策略的立場，是向兩岸傳遞不同的聲音，實行所謂的「雙重威懾」（double deterrence）和「雙重保證」（double assurance）。根據美國前國家安全委員會亞太事務資深主任李侃如的說法，這一政策向兩岸發出了不同的信號。

（它）示意北京不能指望美國對於中國攻擊臺灣置之不理，也示意臺灣不能指望美軍不問戰爭原因，在任何情況下都將出兵保衛臺灣。華盛頓向北京保證，它不會單方面改變「一個中國」政策，也向臺灣保證，它不會出賣臺灣的利益。

給北京的威懾信號是即使是因為臺灣「獨立」引起兩岸交戰，中方也要做好與美國開戰的準備。就如前國務卿賴斯在美國總統布希2000年競選期間所宣稱的，美國應該阻止兩岸間任何衝突，使中方斷絕使用武力的念頭。一些美國決策者和分析家們認為，即使臺北宣布正式「獨立」，北京方面也應自我約束，少安毋躁，依靠美國將臺北推回到一個中國的框架中去。為了說服北京並顧及中方的顏面，李侃如建議中國政府按照國際法界定何為「臺獨」，即只要

「世界上所有大國不僅承認北京為中國的合法政府，而且維繫『臺灣不是獨立國家』的共識」，北京就沒有必要採取軍事行動來反對臺灣的「獨立」活動。

　　給臺北的威懾信號是它不應指望美國保衛臺灣，即使戰爭不是因臺灣推動「法理臺獨」而挑起的；更不應指望美方會為「臺獨」與中國大陸兵戎相見。華盛頓已經清晰地告訴臺北，捍衛該島安全是臺灣自己的責任。布希總統早在2001年春就答應出售臺灣一大批武器，臺北卻長期拖延購買，這使一些美國人懷疑臺灣是否真的重視其自身安全。此外，臺北多年來推動法理「獨立」增加了美國的憂慮，擔心其被臺灣拖入一場與中國大陸的戰爭。

　　美國在對臺安全防衛責任方面所採取的「戰略模糊」策略，本意是維持兩岸現狀，但有其內在的矛盾。此一「雙重威懾」和「雙重保證」的機制，意在透過外交的私下渠道，讓兩岸的決策者分別知曉這些不同的訊息，防止北京或臺北任何一方單方面改變現狀。儘管美國傳遞給北京和臺北的威懾信號是互相矛盾的，支持戰略模糊策略者所持的理由是，兩岸在進行有關戰爭的決策時，戰事謀劃者（war planners）都必須考慮到最壞情況，認真接收美方傳遞給彼此的相應信號。只要北京嚴肅考慮美國軍事介入兩岸衝突的可能性，不對臺使用武力，並且臺北不指望美方保護臺灣「獨立」，謹慎從事，那麼目前的現狀就可以維持，美國也無須在與中方交戰或放棄臺灣之間進行兩難的選擇。然而，美方私下向北京和臺北分別發出的矛盾訊息可能分別造成兩岸人士對美國立場的誤解。一方面，北京可能會被美國送往臺灣的訊息所誤導，認為臺灣只能靠自己捍衛本島，因此低估了美軍干預兩岸未來戰爭的可能性。另一方面，臺北可能因美方給北京的信號而受到鼓舞，誤認為美國在任何情況下都將介入兩岸戰爭，而採取冒失行動，推動臺灣「獨立」。

　　在分析兩岸的安全困境中，卜睿哲指出，臺北尋求法理「臺

獨」的政治動作造成了中方的不安全感並促使後者進行軍事準備，而這又反過來增加了臺灣的不安全感。柯慶生指出，由於臺灣問題主要並非是領土征服，而是政治認同問題，威懾能力可信度的門檻非常高，要作出可信的保證也是障礙重重。「中華人民共和國發展武器系統，旨在威懾臺灣，阻止其『獨立』，但也可以展現中方有能力強迫臺灣接受統一。與此同時，美國和臺灣方面阻止中方強行武力統一的努力，很容易使北京將之視為營造保護臺獨的條件。」由於中國大陸和臺灣方面對於在世界上是否只有一個中國以及臺灣是否已經獲得「獨立」主權問題上有著截然不同的立場，臺海現狀在本質上是不穩定的。

二、從戰略模糊走向戰略清晰？

臺北從2003年以來強力推進「臺獨」運動，對美國的「雙軌政策」和戰略模糊策略構成嚴峻的挑戰。李登輝當局推動臺灣「臺獨」方面的戰略優先是取得「外交」突破，1995年的康奈爾之行是其高峰點。與此相反，陳水扁當局的冒險戰略（pushing the envelope）主要系圍繞著「新憲」、「公投」、「正名」等議題而展開。臺北尋求國際承認的成敗與否有賴於美國的支持，但華盛頓是否可以有效地阻止臺灣單方面自我宣示，改變「憲政」結構的舉動卻在未定之數。確實，陳水扁任內兩岸存在著「臺獨」導致戰爭的現實危險性。

伴隨著兩岸間日益增加的危險，一個值得探討的問題已經浮出水面，即美國是否應該明確表明當兩岸未來發生戰爭時，美方的特定反應方式。美國是否已面臨一個關頭，必須考慮發表一個明確的政策宣示，聲明如果臺灣正式宣布「獨立」，美國將不會出兵保衛臺灣？對於可能發生的兩岸戰爭，美方反應的不可預測性雖然可以讓美國行政當局在進行危機管理時進退自如，但在防止戰爭爆發方面，也許不如戰略清晰那樣有效。兩岸之間越有可能發生戰爭，這

場戰爭越有可能將美國捲入其中，美國就越有必要防止任何一方對美方可能做出的反應的誤判。

臺海局勢的動盪不安促使華盛頓在危機應對上採取了一條趨向戰略清晰的政策。所謂戰略清晰可以有兩種不同的含義。第一種含義是美國將竭盡所能協防臺灣，即使戰爭是因「臺獨」運動而誘發，美國也不能袖手旁觀。在美國看來，這一政策可以有效阻嚇北京對臺用武，但也有可能鼓勵臺北試圖突破一個中國的框架，最後導致中美兵戎相見。第二種含義是美國明告臺北，美國對臺灣的安全承諾不能被視為一張允許臺灣領導人推動「法理臺獨」的空白支票。用何漢理的話來說，美國只應該對臺灣安全作出「有條件的承諾」（conditional commitment）。如果因為「臺獨」導致戰爭，美國就沒有必要插手。

雖然布希曾被臺北認為是最支持該島的美國總統，但他也意識到維持兩岸和平現狀和掌控臺灣領導人陳水扁政治舉措的重要性。布希早在當選前就曾呼籲臺灣不要走向「臺獨」，並明確表示，「如果臺海戰爭是臺灣挑起，美國絕不捲入；如果中共動武，美國決不坐視」。作為對「一邊一國論」的反彈，美國國防部副部長保羅·沃爾維茲（Paul Wolfowitz）在2002年秋公開重申美國政府仍採取一個中國政策，並且反對臺灣「獨立」。2003年10月14日，美國國家安全顧問賴斯在就陳水扁宣稱海峽兩岸「一邊一國」回答媒體記者提問時說道：「這是我們非常堅定的信念，沒有人，沒有任何一個人竟然可以嘗試單方面改變現狀。」在2003年6月埃維昂（Evian）峰會上，布希與胡錦濤討論到臺灣單方面宣布「獨立」的可能性時，甚至使用了「反對」而不是「不支持」字眼。在2003年12月會見中國總理溫家寶時，布希重申美國反對任何一方單方面改變兩岸現狀。2004年10月26日美國國務卿鮑爾在接受香港鳳凰衛視採訪時更為坦率地宣稱，「臺灣不是獨立的」，「它不享有一個國家的主權」（Taiwan is not independent.It does not en-joy sovereignty as a nation）。2004年12月10日副國務卿理查德·阿米蒂奇（Richard Armitage）在談話中甚至將臺灣形容為可能破壞中美關係的「地雷」。當美國公共廣播公司（Public Broadcasting Service）記者查理·羅斯（Charlie Rose）問道美國是否將保衛臺灣，阿米蒂奇回答說，《與臺灣關係法》「要求美國在太平洋地區保持足夠軍事力量，可以威懾制止北京對臺灣的攻擊」，而它並未要求美國保衛臺灣。換句話說，美國對臺灣的安全承諾不是一張臺北在任何情況下都可以兌現的空白支票。

儘管美國與臺灣方面軍事關係達到了20年來的高峰，美方不時地向臺灣表明其對臺灣的安全承諾是有條件的，如果北京單方面使用武力統一臺灣，美國將幫助臺灣進行防禦；但如果戰爭是由臺灣正式宣布「獨立」而挑起，美方將採取不同的政策。這一立場在布希總統2005年6月8日接受《福克斯新聞》（Fox News）的尼爾·卡烏多（Neil Cavuto）採訪時清楚地展現。當被問到「如果臺灣遭到入侵」美國是否將對其提供防禦時，布希總統回答說：

是的。這是根據《與臺灣關係法》來的。美國政府的政策是這樣的：根據中方所強調的三個聯合公報，我們支持一個中國政策；美方同時堅持《與臺灣關係法》，這意味著任何一方均不能單方面改變現狀。換句話說，雙方都不能做出超出上述政策聲明界限的決策。如果中國單方面入侵，我們將根據《與臺灣關係法》的精神挺身而起。如果臺灣單方面宣布獨立，這就是一個單方面的決策，將改變美國的政策平衡。

對布希來說，如果北京單方面「攻擊」臺灣，美國將「挺身而起」；但是，如果臺灣單方面宣布「獨立」，它將改變美國平衡兩岸關係的既定安排。隱藏在這裡的訊息是，美國將根據不同情況採取不同的政策（「挺身而起」與否）。這一立場悄悄地背離了原先的模糊戰略。如上所述，該戰略包含四種可能性，即在未來的兩岸

戰爭中，美國是進行干涉還是放手不管的可能性，將因戰爭的起因不同而受到一定程度的影響。正如卜睿哲在2005年8月所觀察的，美國已經將其政策從戰略模糊和雙重威懾轉變為戰略清晰和操作模糊。根據卜睿哲的看法，儘管美國已經清楚表明其對臺灣的安全承諾是有條件的，美國不會為臺灣宣布法理「獨立」提供任何防禦上的幫助；但是美國對於「臺獨」的確切定義仍然是含糊不清的。只是由於當時華盛頓更為擔心臺北單方面改變現狀，「有條件承諾」對臺提供安全保障，在美國內部較其他政策選項更受歡迎，成為華盛頓許多政策分析家的口頭禪。

維持對臺安全的有條件承諾的政策選擇，或者所謂的「雙重清晰」戰略，源自於美國和平解決臺灣問題的原則和一個中國政策。美國長期以來將和平解決臺灣問題作為首要原則，以貌似中立的立場對待臺灣問題的兩種可能解決方案——與大陸統一或者從中國分裂出去。然而，這兩個方案在可預見的將來都不太可能實現。大多數臺灣人尚未準備接受與大陸統一，正如大多數大陸人民堅決反對臺灣「獨立」一樣。透過將和平解決原則凌駕於一個中國政策之上，美國強調臺灣問題並非純屬中國內政，但臺北也不可單方面改變現狀，即使大多數臺灣人選擇法理「獨立」，也不能指望美國為支持這樣的決定，而和中華人民共和國兵戎相見。據美國參議員、前參議院軍事委員會主席約翰-華納（John Warner）的看法，如果臺灣挑釁北京而引起後者進攻該島或採取其他敵對行動，美國也許不會因為《與臺灣關係法》的緣故而願意幫助臺灣。華納的理由非常簡單明瞭：美國「陷於全球範圍的軍事衝突」，不需要「太平洋地區出現另一個麻煩」。換而言之，「雙重清晰」的想法是美國基於現實主義角度計算其在臺灣海峽中的利益，而不只是源於所謂的「道義」。

隨著近年來兩岸政治關係的緊張狀態的增加，美國政策專家和學術界人士也呼籲美國改變戰略模糊和雙重威懾策略，採取新的

「雙重清晰」戰略，僅對臺灣安全作出「有條件的承諾」。正如柯慶生在2002年所指出的，「對臺灣安全作出明確而有條件的承諾可能最符合美國的利益」，「如果臺灣選擇宣告獨立而不顧美國的利益，美國將不會為臺灣而戰。」根據柯慶生的看法，美國應讓中方領導人相信，「臺灣獨立與美國自身的安全利益不相容」。何漢理為美國對臺灣安全有條件承諾的政策選項提供了另一個理由。根據他的看法，沒有一家人壽保險公司會為自殺的人做出賠償，更不用提這一客戶只支付了最低的保險費；同樣的，臺北方面貿然推動法理「臺獨」並且不願購買足夠的美國武器，不能保證美國對臺灣提供無條件的安全承諾。

然而，對維護臺灣安全的有條件承諾，尚未發展成一條堅定的美國政策。至少，美國政府官員都不願明確承認，美國對臺灣的安全承諾是有條件的，尤其是當他們被要求預測在中方使用武力制止法理「臺獨」的情況下美國的可能反應時更是如此。例如，美國國務院的一些人士就不願就美國是否對因「臺獨」引起的兩岸戰爭不予介入問題作出明確表態。2006年5月10日，副國務卿佐利克（Robert Zoellick）在國會作證時表示，美國不支持臺灣「獨立」，因為它將導致兩岸間戰爭，並可能導致美軍士兵傷亡。雖然佐利克的立意在於重申美國反對「臺獨」、防患於未然的立場，但也透露出即使兩岸交戰的原因是臺灣片面宣告法理「獨立」，也不能完全排除美國出兵可能性的玄機。如果美國對臺灣安全只是作出有條件的承諾，「臺獨」和美國士兵的可能傷亡在邏輯上也就不存在必然關聯。佐利克講話所隱藏的訊息顯示美國對兩岸所可能發生的戰爭該如何反應，仍然採取模糊立場。根據卜睿哲的詮釋，佐利克的講話反映出華盛頓仍奉行先前的「雙重威懾」戰略，該戰略並不排除美國介入由「臺獨」引起的戰爭。何漢理認為佐利克的講話表明，美國並未將其政策從戰略模糊改變為對臺安全的有條件承諾，這種理想狀態尚未實現。美國國會一位資深工作人員指出，華盛頓應當

對面臨兩岸戰爭時美方的反應方式保持模糊狀態，直到戰爭發生才予以亮牌。他認為戰略模糊的好處是有效阻止中國大陸軍事進攻臺灣。另一名國務院的高級官員明確表示，美國不支持臺灣單方面宣布「獨立」，並將努力維持現狀；然而，美國在一場由臺灣挑起的戰爭中是否應派兵赴臺，取決於總統的自由裁量權。由於臺灣領導人已多次宣稱臺灣是一個主權「獨立」的國家，美方擔心「雙重清晰」戰略可能鼓勵北京對臺發動攻擊，因為華盛頓很難定奪何為「臺灣獨立」，華盛頓有關「臺獨」的標準和兩岸又有不同。前「美國在臺協會」主席卜睿哲便將「有條件承諾」界定為「政策清晰」（policy clarity）和「操作模糊」（operational ambiguity）。可見，戰略清晰政策也有其內在的悖論。

　　此外，美國政策圈和學術界的一些人士對於接受戰略清晰的思路也有所保留。唐耐心就認為華盛頓在應對臺海的潛在危機時，必須堅持其傳統的戰略模糊政策。她認為美國對危機的反應方式將取決於屆時美國的國內政治和臺海兩岸交戰的具體情形等變量，決策者均不願預先設定美方的應對方式，以免自縛手腳。一些相關的政策分析家和學者仍然熱衷於戰略模糊和雙重威懾政策。據他們看來，「雙重清晰」戰略的缺點在於，華盛頓明確反對臺灣「獨立」的立場，可能向北京方面發出危險訊息：美國可能默許中國人民解放軍有限使用武力——例如，強奪某一離島，暫時施加有限封鎖，或者對臺灣軍事目標投放長程導彈——以阻止臺灣「獨立」。由於這方面的擔心，美國不願從戰略模糊政策明確地轉向戰略「雙重清晰」政策。根據史文（Michael Swaine）的觀點，如果臺灣宣布法理「獨立」，北京方面應耐心等待美國去說服臺北退回到一個中國的框架之內；即使美國無法達到預期目標，北京方面也要在訴諸武力前做好與美國作戰的準備。

　　雖然北京對美臺保持軍事、政治聯繫十分不滿，但可能認為美國的「雙重清晰」戰略較以往的「戰略模糊」政策在威懾臺北單方

面改變現狀上略勝一籌。中國政府在忙於推動經濟、社會發展之際，受到臺北持續政治挑釁的干擾，其最佳策略是與美國共同防範臺海危機。中國政府深知美國不樂於看到中國的重新統一，但也知道美國更不願意與中國大陸發生戰爭。鑒於兩岸立即統一的可能性較小，北京近年已考慮將維持現狀列為首要任務。只要臺北不宣布法理「獨立」，並且不排除未來統一這一政策選項，中國政府有耐心等待。

　　臺北對「雙重清晰」戰略的反應曖昧不清。臺北希望美國不帶任何先決條件，採取一切必要措施，協防臺灣，對抗正在崛起中的中國大陸。美國對臺有條件的安全承諾對臺北並不是一件好事。對於臺灣執政黨和其他「臺獨」分子而言，美國對臺安全的有條件承諾，甚至比戰略模糊更令人沮喪，因為後者並不完全排除美國介入一場由臺灣「獨立」而挑起的兩岸戰爭，與中方作戰。然而，「有條件的承諾」可能受到臺灣國民黨人士的歡迎，因為他們不願認可民進黨謀求「獨立」、挑釁大陸的冒險策略。例如在李登輝提出「兩國論」後領銜發表聲明予以反對的臺灣學者魏鏞就認為美國必須重申防衛臺灣的堅定決心，阻止大陸在未受到挑釁的情況下，對臺進行軍事打擊。對大多數臺灣人來說，這項政策可向他們保證，美國將支持對現狀的維持，而戰略模糊政策並不一定保證美國介入一場因北京急於收回臺灣而引起的戰爭。

　　雖然「雙重清晰」戰略尚未被美國決策者所明確接受，美國學術界對由戰略模糊到戰略清晰的轉向，亦未達成共識，但這可能是美國對臺政策的調整方向之一。從長期看來，臺灣問題越是可能失控，兩岸越是可能兵戎相見，美國就越有可能採取一條清晰的戰略，對臺灣安全予以有限而明確的承諾，以應對危機的發生。換言之，臺海局勢的持續緊張，將不斷為戰略清晰派提供政策轉向的誘因。畢竟，臺海現狀與和平能否真正得到維繫，在很大程度上取決於美國能否讓「臺獨」基本教義派從根本上放棄背靠美日、對抗大

陸的僥倖取勝心態。

第四節　馬英九執政後美臺關係走向

　　馬英九執政後，美臺關係有了明顯的改善。2008年1月臺灣立法院選舉揭曉、國民黨大獲全勝後，美國國務院助理國務卿幫辦柯慶生公開將之稱為臺灣民主的一大勝利。同年3月馬英九當選為臺灣總統後，美國國務院又作了類似的表示，再次透露了美國對臺灣政黨的政治偏好。臺灣政黨再次輪替後，兩岸關係出現了迅速發展的局面，中共中央總書記胡錦濤與國民黨吳伯雄2008年5月下旬在北京的會晤（「胡吳會」），尤具指標性的意義。與此同時，美臺關係也很快得到修復。雖然馬英九在就職前的訪美計劃，因為美方的婉拒而未果，但美方派出高規格的代表團出席馬的「就職典禮」以作補償，並讓其過境舊金山和洛杉磯。對於兩岸緊張局勢的降低，美方持正面態度。馬英九就職後，美國國務院主管東亞太平洋事務的助理國務卿希爾（Christopher　Hill）將之視為臺灣海峽兩岸接觸的機會，呼籲兩岸透過更積極的對話與密切的經貿往來，解決臺海歧見。其後，美國太平洋總部司令基廷宣稱，「兩岸目前非常非常非常不可能發生衝突」；鑒於兩岸關係的改善，美國決策者認為，目前沒有售予臺灣相關武器系統的迫切需要。美國一家具有保守傾向的報紙《華盛頓時報》認為「胡吳會」是兩岸60年以來最高層級的接觸，美國樂見兩岸關係得到緩和，但擔心兩岸之間更緊密的聯繫，將使臺灣進一步向大陸傾斜。華盛頓希望維持臺海現狀，保存臺灣的民主活力。這篇社論集中體現了美國一些保守派人士既希望兩岸走向緩和，又擔心彼此走得太近的矛盾心態，但未必代表政府的主流意見。在布希政府任內曾出任「美國在臺協會」臺北辦事處處長的包道格，在2008年6月在一場研討會上就表示，美國在對中國的關係上，並未將臺灣當成戰略上的資產，反而希望臺灣不

要成為戰略上的負擔，因此美國應不至於認為兩岸太親近會對美國構成威脅。與此類似，前「美國在臺協會」主席卜睿哲表示，民主黨總統候選人歐巴馬在祝賀馬英九就職的信函中，支持馬英九致力於改善兩岸關係的作為，並表示未來不會改變這一立場。美國總統歐巴馬在2009年1月就職後，海峽兩岸關係繼續維持2008年臺灣政黨再次輪替以來的迅速改善局面，呈現出政治對話的機會之窗。對於兩岸關係的和平發展，美國是樂觀其成，還是有可能從中作梗？美國是否將提高美臺官方接觸、互訪層次，從而影響兩岸的和解氣氛？美國是否會繼續對臺軍售，加強美臺軍事交流？美國是否將利用民進黨，牽制國民黨和大陸的和解進程？以下對這些問題予以探討。

一、美國有限度支持兩岸關係的持續改善

歐巴馬政府在同步改善美中關係和美臺關係的同時，樂見兩岸關係的正常發展。總統國家安全顧問瓊斯（James Jones）表示要「積極保持美中關係的積極發展勢頭」。國安會亞太事務資深主任貝德（Jeffery Bader）主張美國「積極與中國接觸、合作，謹慎處理臺灣問題」。常務副國務卿斯坦伯格（James Steinberg）重申，美國歡迎兩岸關係改善。美國在兩岸關係改善後仍繼續鼓勵雙方對話的原因在於兩岸關係的危機根源尚未根除，甚至可能因為一些事件的激活而再度萌生。同時也是因為1990年代中期海峽危機以來，推動兩岸對話已成為美國政府的一項重要政策，形成了某種政策慣性。民主黨的策士卜睿哲和李侃如都是當年力主兩岸簽署「中程協議」的政策專家，他們的思路很可能影響到歐巴馬政府的政策取向。華盛頓的中國問題專家葛萊儀（Bonnie Glaser）也預測，歐巴馬政府將鼓勵兩岸進一步改善關係，透過協商尋求和平解決歧見。

根據以往經驗，美國鼓勵兩岸和談的力度，跟臺海危機的程度成正比，即兩岸關係越是緊張，美國就越有可能加強對臺北的「促

談」力度。美國對兩岸舉行政治談判的態度，從1980年代的「不鼓勵、不介入、不調停」，到1990年代中期後的積極鼓勵，主要就是擔心兩岸政治分歧的加劇，可能導致一場軍事衝突，為避免日後的兩難選擇（要麼捲入兩岸戰爭，要麼置身事外），而調整了對臺政策。以此推論，在兩岸關係走向緩和後，美國可能難以再像當年那樣力推「中程協議」。但鑒於以往臺海危機的經驗教訓，美國也不會驟然改變鼓勵兩岸對話的政策。美國敦促雙方進行「建設性對話」，構建和平、穩定的關係框架，是1995—1996年臺海危機的產物。美國政府對兩岸舉行政治談判和對話的態度，從1980年代的消極置身事外，到1990年代中期以來的積極鼓勵敦促，其主要原因是擔心兩岸政治分歧的加劇，可能導致一場軍事衝突。屆時美國將面臨要麼與中國大陸兵戎相見，要麼袖手旁觀的兩難抉擇。美國既不願為了協防臺灣與中國大陸另啟戰端，影響到中美雙方在全球和地區事務上的合作，又不願在兩岸發生軍事衝突時，全然置身事外，降低其國際影響力，其最好的對策自然就是希望兩岸透過對話，化解敵意。兩岸關係的密切，固然會引起美國一些人士的疑慮，從而對兩岸和談採取審慎態度，但鑒於臺海危機的前車之鑒，美國更為擔心兩岸關係失去和平發展的勢頭。隨著危機的緩解，美方很可能難以再像當年那樣力推「中程協議」，但也不會因為危機的暫時消失，而改變促談政策。正如美國臺灣問題專家任雪麗所觀察的，雖然美國部分人士擔心馬英九上臺後兩岸關係好得有點過頭，但和不久前兩岸危險的緊張關係相比，正面的發展比負面的要多許多；而且美國的決策者已經有太多的國際事務需要操心，不希望兩岸可能爆發任何衝突或危機。與此類似，卜睿哲認為，美國並不擔心兩岸關係走得太近，因為美國要考慮的問題太多了。曾任職美國國務院的中國問題專家容安瀾（Alan Romberg）表示，美國政府希望看到兩岸緊張局面的降低，臺灣的繁榮和安全可以在建設性的美中關係框架下得到確保；尋求阻擋兩岸關係的改善，將使上述目標無法得

到實現。

美國支持兩岸關係改善的前提之一是，兩岸關係的改善不能影響到美臺關係的同步提升。正如美國前國安會亞太事務資深主任韋德寧（Dennis Wider）所坦承的，美國絕對不會擔心臺灣與中國大陸關係發展太過密切，因為美國對美臺關係有信心，臺灣可以與美國和中國同時保持良好關係；兩岸對話符合兩岸和美臺的利益，將是雙贏的局面。按照葛萊儀的說法，歐巴馬政府將尋求改變「美、中、臺」三方關係由過去的零和（zero-sum）遊戲轉為正和（positive-sum）遊戲，鼓勵兩岸關係的改善。歐巴馬在2008年大選期間的外交政策顧問麥艾文（Evan Medeiros）表示，如果將來兩岸問題得到和平解決，美國將予以強烈支持，只要這不會對美國在東亞的權力產生急劇的負面影響。但如果兩岸關係的發展超過了美國的掌控範圍，美國就有可能採取新的對策。華盛頓的中國問題專家沙特（Robert Sutter）就認為，馬英九在經濟、「外交」和「國防」各方面對大陸的讓步，確認了北京的全面主導權，形成了兩岸的不對稱的賽局。未來兩岸關係發展未必符合美國利益，甚至可能出現最壞的狀況，即臺灣不再成為美國執行針對中國的避險（hedge）戰略的盟友。一旦出現這種情況，美國可以犧牲臺灣利益，直接與大陸交涉，確保美國在臺海的利益不受到損害。

上述觀點從正反兩個方面揭示了美國支持兩岸關係改善的政策底線。韋德寧、葛萊儀和麥艾文的說法，較為婉轉，沙特的說法，則直截了當。沙特認為美國在臺海地區的長期政策目標是維持對美臺有利的權力平衡，但這一平衡已經隨著中國大陸對臺灣的影響的增加而被打破；取而代之的是積極發展中美關係和兩岸關係的政策主張。對於沙特的觀點，卜睿哲和容安瀾聯名撰文反駁。他們認為美國臺海政策的目標不是維持對美臺有利的權力平衡，而是維繫該地區的和平與穩定。權力平衡只是實現該目標的一個方式，其他方式還包括透過外交途徑化解兩岸爭端，鼓勵兩岸合作，建立良好的

中美關係以及和平解決臺灣問題。卜睿哲和容安瀾不認為中國大陸已經打破了臺海的權力平衡，並將迫使臺灣在大陸的威脅下屈服。他們認為，儘管中國的軍事能力在增強，但強行實施武力對中國大陸實現解決兩岸六十年爭端的目標只會起反作用，這一點已經為大陸人士所廣為認知。馬英九贏得選舉的訴求是，消除大陸疑慮、擴大兩岸合作可以更好地保障臺灣經濟繁榮、國際尊嚴和安全。雖然上述三個目標能否實現還有待觀察，但臺灣選民如果認為馬英九未能實現其競選諾言，或北京的做法增加了臺灣經濟、政治和安全的脆弱性，完全可以運用選票對馬英九予以懲罰。上述爭論反映了華盛頓政策圈對歐巴馬臺海政策的不同評估，其核心是兩岸關係的近期發展是否已經超出了華盛頓和臺北的掌控範圍，使美國必須出面予以阻止的問題。歐巴馬政府對「超出論」和「阻止論」顯然持否定看法。歐巴馬在2009年11月訪華時就明確表示，美國期待兩岸加強在經濟、政治及其他領域的對話與互動，建立「更加積極、穩定」的兩岸關係。

二、美國對兩岸走向統一的政策底線

美國支持兩岸關係改善的前提之二是兩岸政治對話不會迫使臺灣走向統一的不歸路。目前，美國政策圈已經開始針對兩岸關係的新形勢，認真思考以下五個議題，包括1）何處是美國可以接受臺海兩岸關係改善的真正底線？2）美國能夠接受臺海兩岸更密切的經貿互動，但是否應對兩岸進一步簽署和平協議，維持保留的態度？3）美國是否需要擔心馬政府的大陸政策走向，導致中共對臺影響力的強化，並造成美國在此地區的戰略利益損失？4）倘若兩岸從經貿融合進入政治性整合階段，臺美軍售與軍事合作關係在新形勢下將如何調整？5）當臺灣與中國大陸正朝簽署自由貿易協定的方向前進之際，美國是否也應該積極地考慮與臺灣簽署自由貿易協定，並以共贏的思維為三方奠定更堅實的建設性合作基礎。上述議題的核心是，兩岸最終實現某種形式的和平統一，是否符合美國

的利益，以及美國應該採取何種回應措施的問題。在這個問題上，歐巴馬政府的立場與其前任基本一致，即認為在目前的情況下，臺灣不統、不「獨」最符合美國的利益，應該避免臺灣被迫走上與大陸實現統一的不歸路。為此，美國為兩岸統一設定了前提條件。

美國對臺灣問題的解決方案以和平為最高原則，其前提是任何解決方案均須獲得兩岸人民的同意。中美關係正常化以來，美國官方多次表示不以「兩個中國」或「一中一臺」作為臺灣問題的解決方案，實際上等於是以「一個中國」作為臺灣問題的未來解決方案。在1970年代和1980年代初，美國官方還多次使用「和平統一」、「和平統合」（peaceful integration）的話語，認同中國政府的統一立場（詳見第一章）。世紀之交，隨著中美戰略基礎的重構，美方領導人柯林頓和國務卿鮑爾在不同場合，曾脫口表示美國樂見中國和平統一。美國除了堅持以和平方式作為解決臺灣與大陸統一的先決條件外，還主張這種統一須經臺灣人民認同。歐巴馬政府承襲了上述對臺政策與原則。2009年歐巴馬總統訪華時和胡錦濤主席在會談後發表的《中美聯合聲明》指出，「互信尊重主權和領土完整是指導中美關係的三個聯合公報的核心。」歐巴馬還表示美國在臺灣問題上堅持一個中國的原則，歡迎「兩岸和平發展」，這同中國政府關於兩岸「和平統一」的終極目標沒有根本衝突。歐巴馬政府也不會放棄兩岸統一須經臺灣人民認同的主張。

美國的一些政策專家對於兩岸對話所可能導致的統一結果，態度更為明朗。如上所述，李侃如在1998年提出的「中程協議」其實就是以某種方式的統一為解決方案的。正如他在2001年撰文所指出的，兩岸關係的解決方案將要求兩個步驟：1）非強制性的可能長達數十年的談判；2）雙方最終組成一個鬆散的正式聯合體（a loose formal association），條件是臺灣人民自由決定臺灣政治和經濟體系（domestic political and economic systems）的能力將得到完全的保留。李侃如認為，鑒於兩岸大小失衡和臺灣的地理位置，臺灣

除非跟大陸協商,確定全面的正式關係（reaching a negotiated overall formal relationship with the Mainland）,將無法獲得長期的安全。針對臺灣政黨再次輪替後兩岸關係迅速發展的新形勢,親歐巴馬政府的卜睿哲在與容安瀾合撰的論文中表示,臺灣所擁有的民主制度資源,決定了兩岸若要實現某種形式的統一,必須取得臺灣公眾的廣泛同意。臺灣政府法律地位的變更,需要經過高門檻的「修憲」程序,民進黨仍有力量予以阻止。北京如果希望臺灣對兩岸關係的繼續改善形成廣泛共識,最終實現某種形式的統一,就應該更加富有創意。卜睿哲個人認為,美國在1970年代和1980年代初表示接受兩岸和平整合,是因為當時臺灣尚未民主化。現在美國對臺灣最終歸宿持開放立場,是因為不管是主張統一還是「獨立」,都必須向臺灣人民說明其好處何在,兩者都存在風險。他還認為,對於中國的未來統一問題,美方學者無人做過系統研究。美國的主流派學者可以接受兩岸的和平整合,如果兩岸選擇統一,美國又怎能加以阻止？！有些人認為中國統一不符合美國的利益,但這顯然不是美國的政府立場。當然,在可預見的將來,統一的可能性是很低的。如果國民黨操之過急,將產生反效果,反而影響這一進程。容安瀾認為,假如統一提到了兩岸的議事日程,美國需要與臺北認真對話,瞭解其政策走向。但即使到了那個時候,他個人仍然堅定地相信,美國不會試圖阻擋臺灣作出走向統一的決定。只有中國軍隊駐紮臺灣,以臺灣作為投放軍力的基地,改變臺灣政權的民主性質,才算是跨越了美國的真正紅線。葛萊儀認為,兩岸關係改善可能帶來某種程度的整合,但這一負面效應小於兩岸關係逆轉所可能帶來的危害,就像過去幾年所發生的那樣。臺灣在未來作為中國的一部分,有助於中國融入國際社會。根據臺灣前「陸委會主任委員」張京育的觀察,美國並不排除有一天臺灣人民接受大陸條件的統一,其所堅持的是統一必須以和平方式,且在臺灣多數人民同意的狀況下進行；儘管兩岸統一可能會損害到美國若干的利益,但是相較於消除

引爆美中軍事衝突的風險，那些因兩岸統一而導致的不利損失，也可以算是化解戰爭危險的代價。一些民進黨人士則擔心，美國並不在乎兩岸實現和平統一。

但總的說來，兩岸和平統一的可能性問題，尚未成為美國政策圈的熱點議題。由於臺灣內部的政治變化及中國大陸對臺政策的調整，兩岸政治對話，在一定時期內只是談終結敵對狀態，而不可能將統一列入談判議題，這由馬英九選後有關兩岸「不統、不獨、不武」的政治表述可以概見。如果說，美國在1980年代對國共和談中國統一還有所顧忌的話，那麼，馬英九領導下的國民黨已基本排除了美方的疑慮。事實上，美方對國民黨從心存疑慮到暗中相助，就是看到了馬英九當選為臺灣總統後，不會跟大陸和談統一。馬英九的「就職演說」，不提統一，只提「不統」，與美方的基本判斷相吻合，也符合美國的利益需求。為此，美國並不擔心海峽雙方可能走得太近，進而影響到美國的戰略利益。正如美國一位參議員資深助理所坦承的，美國鼓勵兩岸和談，是因為知道兩岸統一不了，從地緣政治看，美國不希望看到兩岸統一，影響到美國的戰略利益。容安瀾也認為，統一不但未列入兩岸關係的議程，在相當長的時間內也不會成為現實。二者對兩岸統一的價值判斷或有不同，但對其可能性之評估則高度一致。基於這一基本評估，美國對兩岸關係的緩和，基本上將持樂觀其成的態度，同時寄希望於馬英九的「不統、不獨、不武」政策，維持兩岸關係的現狀。

三、迅速修復美臺關係

如果說對兩岸最終實現某種形式的統一如何回應美國政策圈尚有不同考量的話，那麼，對於加強美臺關係，美方不同黨派政府則有著高度的共識。在布希政府期間，美國不但提高臺灣總統「過境」美國的規格，而且加強美臺軍事交流的程度，同意售臺大量武器。只是因為民進黨當局既執意推進「臺獨」，又未能根據美方的

清單購買武器，致使美臺關係緊張。為此，美方除了多次強烈反對臺灣單方面改變現狀外，寄希望於國民黨重新執政，修復美臺關係。

　　國民黨重新執政後，美臺關係迅速改善。曾任「美國在臺協會」臺北辦事處處長的包道格認為，美國總統布希在911之前表示要跟臺灣站在一起，但一連串事件發生之後，又選擇與中國共同面對臺海不穩定的關係，現在兩岸關係比較穩定，「美國又會站回臺灣這一邊」。葛萊儀表示，歐巴馬的臺海政策目標包括在政治上支持馬英九政府，使其有信心與北京談判；在國際上支持臺灣參與國際組織，包括支持臺灣成為世界衛生大會觀察員；在軍事上要求北京降低對臺軍事部署，凍結部署或撤回沿海短程導彈，對臺釋放善意。雖然歐巴馬總統在2009年4月初與胡錦濤主席會面時，沒有提到《與臺灣關係法》，但這並不表示美臺關係的弱化，或臺灣問題的邊緣化，而是意味著隨著兩岸關係的緩和，華盛頓可以將美中關係和美臺關係予以分別處理，不再捆綁在一起。正是基於這一考慮，美國國務卿希拉里在2009年2月訪華期間，未將臺灣列入雙方的討論議題。

　　從歷史的經驗看來，兩岸關係處於緩和狀態時，美國往往也會同步提升美臺關係。例如在1993年辜汪會談後，美國就將臺灣駐美機構「北美協調會」改名為「臺北經濟文化代表處」，放寬對美臺高層官員互訪的限制等。正如卜睿哲所表示的，隨著兩岸關係的改善，今後美國部長級高官訪臺，是預料中事。陳水扁時期美國沒有部長或副部長級官員訪臺的主要原因是兩岸關係的持續緊張和臺北對美方人士訪臺議題的政治炒作。葛萊儀預測，在歐巴馬執政時期，除了國務卿和國防部長以外，美國的農業部長、商務部長以至國土安全部長都可能訪臺。他們都認為，今後馬英九過境美國將受到高規格的接待，美方將尊重臺北對過境地點的要求。原來國民黨和美方曾安排馬英九在當選之後、就職之前訪問美國，只是馬在勝

選之後過早披露訪美計劃而中止。

　　對於臺灣的國際活動空間，美方人士均認為大陸方面應該保持臺灣的現有「邦交國」數目不變，同時擴大臺灣在國際組織的活動。卜睿哲認為應將國際組織的成員問題和參與國際活動問題區分開來。參與國際活動不限於讓臺灣作為世界衛生組織大會的觀察員，還包括允許臺灣向國際組織捐款。過去北京擔心臺北以世衛組織觀察員身份為跳板，進而謀求正式加入世衛組織。但如果臺北的目的只是參與國際組織的活動，容易找到有效的方式打消北京的疑慮，例如邀請一些第三國作為見證人，只允許臺灣作為觀察員，如果今後臺灣謀求會員資格，不但不會成功，還將失去觀察員的身份。因此2008年後美國政府對於臺灣要求參加聯合國相關活動的努力，採取了遠比以往積極的態度，如明確表示美國「強烈支持臺灣在世界衛生大會獲得觀察員地位」。

　　對於臺灣安全，歐巴馬政府仍將依據《與臺灣關係法》，重申美國對臺灣的「安全承諾」，但比其前任更注重維持傳統的戰略模糊策略，即聲明美國的安全利益在於兩岸問題的和平解決，美方無法接受中方對臺實施武力攻擊，但不明確說明美國將在什麼條件下、用何種方式「協防臺灣」。在談到格魯吉亞事件對臺灣的教訓時，貝德認為，既然美國和北約沒有動用北約所有力量保護格魯吉亞免受俄國攻擊的決心，就不該將該國納入北約組織。他認為，格魯吉亞事件意味著，兩岸關係的改善對臺灣的未來安全是至關重要的。美國一方面應向中方表明，美國的安全利益在於兩岸問題的和平解決，美方無法接受中方對臺實施武力攻擊；另一方面應向臺灣表明不得對大陸採取挑釁性的動作，再指望美國出兵救援（don』t provoke the dragon, expecting the eagle to fly to the rescue）。與此同時，歐巴馬政府將繼續對臺軍售政策。其所持的理由有三：其一是兩岸政治關係走向緩和，臺灣不再存在走向「臺獨」的危險；其二是馬英九具有安撫臺灣、改善美臺關係的政治需求，美國有必要幫

助馬英九；其三是兩岸軍事對峙的局面依然存在，中國大陸在沿海繼續增加導彈部署，加劇了兩岸軍力的不平衡局面。曾任美國副總統拜登（Joseph Biden）資深助手的弗蘭克·傑努茲（Frank Jannuzi）就認為，在兩岸簽署和平協議之前，美國不會停止對臺軍售。另一位民主黨籍的國會資深助理也認為，必須將美國對華政策和對臺政策分開處理，互不影響，兩岸的政治關係和軍事關係也應分開處理。對臺軍售雖然改變不了臺海軍力不平衡的格局，但可以拖延兩岸交戰的時間，比如從2個星期延長到4個星期，這樣美國就有充分的時間做出反應。基於上述原因，歐巴馬政府將繼續對臺軍售，前提是臺北提出購買武器的要求，華盛頓又認為臺北確實需要。美方人士認為，布希政府在卸任前未對臺出售F-16 CD型戰機主要是出於技術性的原因。一是臺灣沒有足夠的勝任的飛行員（一架飛機必須由三位飛行員輪流駕駛），希望臺灣在硬體和軟件建設之外，重視人力資源的配套；二是臺灣沒有提出正式的要求，美方也無從予以正式的考慮；三是當時臺灣更需要的是防禦性武器和潛水艇。雖然歐巴馬的競選政策要點裡沒有提到對臺出售F16-CD戰機問題，但也沒有排除這一可能。以此推論，既然馬英九政府已經提出了購買F-16CD的要求，美國行政院很可能迫於國會和軍工集團的壓力，滿足臺北的這一需求。

可以預料，在兩岸關係改善後，美國仍將繼續對臺軍售。美國的目的與其說是遏阻大陸對臺使用武力，不如說是防止北京以武力為後盾，迫使臺北接受大陸的統一條件。美方的意圖是在保證兩岸在軍力大致平衡的狀況下簽署和平協議，使臺灣不吃虧。而即使兩岸簽署了和平協議，美方認為仍有理由繼續對臺軍售。其所持理由是，兩岸簽訂和平協議不等於兩岸和平統一；在兩岸實現統一前，中國軍隊將維持對未來臺灣走向正式「獨立」的遏阻能力，臺北也因而有強軍和強化臺美安全關係及向美求售軍火的需求。兩岸關係的改善可能化解臺灣對外購買武器的誘因，增加美方對售臺高級武

器的疑慮，但在可預見的將來，美國不可能改變對臺軍售的既定政策。美國從對臺大筆軍火交易中獲取豐厚的經濟利益也是其堅持對臺軍售的重要誘因。

四、美國對民進黨靜觀其變

美方人士從西方民主政治的理論出發，希望民進黨可以成為有力制衡國民黨的反對黨。葛萊儀認為歐巴馬政府將持續支持臺灣的民主體系，但不會和北京合作確保國民黨繼續執政，因為美方認為誰執政的問題，應該透過民主程序由臺灣人民決定。容安瀾認為，美國雖然支持臺灣民主制度，避免捲入臺灣政治，但當其利益受到影響時，還是會採取行動，美國反對民進黨所推動的「入聯公投」，就是一個例子。同時他也暗示，馬英九的每一項政策不可能都得到美國的贊同。如果出現這種情況，美國也可能採取相應行動，介入臺灣政治，以維護美方利益。卜睿哲認為臺灣政治的理想狀態是兩黨互相制衡，但前提是民進黨必須走中間路線，和國民黨在如何捍衛臺灣主權問題上找到共同點，而不是為反對而反對。葛萊儀認為，應該讓民進黨有中間道路可走，不然該黨就會因為邊緣化而走極端路線。但美方人士對民進黨轉型，普遍不看好。容安瀾認為民進黨的內鬥遠甚於國民黨，雖然陳水扁的政治影響力明顯下降，但基本教義派仍是抗衡黨內中間派的力量，迫使黨主席蔡英文採取左右逢源的政策，影響了民進黨的進一步轉型。民進黨的未來走向，是美方密切關注的問題。

美方對民進黨有關兩岸關係的最新發展將危及到美國的利益的說辭，並不認同。因為美方官方、智庫都看得很清楚，唯有兩岸和解才能化解臺海緊張，提升美中關係。「美國在臺協會」主席薄瑞光2009年3月訪臺期間，代表美國政府充分肯定馬英九上任之後實行的兩岸關係政策，對馬英九推動兩岸關係大和解、大交流、大合作表示完全理解，充分肯定兩岸經濟貿易關係進一步密切化，認為

兩岸經濟貿易合作對美國經濟也有利。薄瑞光明確表示美方對兩岸關係的現況感到放心，如果要問美方什麼時候對兩岸關係不放心，那就是2008年5月以前，即兩岸中止對話、臺海局勢緊張的時期。美方認為，兩岸對話和「三通」，對促進彼此關係穩定和避免錯估情勢，有很大助益。美方智庫對國民黨當局擱置主權爭議，謀求兩岸關係和平發展、拓展臺灣國際活動空間的做法頗為讚賞。在這種認知之下，民進黨逢馬必反的做法，在美國眼中，只能有失反對黨的風範，難為美方所接受。陳水扁的貪汙案以及民進黨在立法院的表現又讓民進黨蒙上「貪腐黨」及「暴力黨」惡名，更不利於「綠營」得到美國新政府的支持。

　　民進黨執政八年的歷史，為美方和民進黨的關係留下了一定的陰影，短期內難以消除。民進黨執政之初，布希政府曾對臺灣安全予以明確承諾，表示要竭盡所能協防臺灣，同意出售大批量的武器。其後，民進黨當局未能強力主導透過軍售案，而且不顧美方的反對，推動法理「臺獨」，造成民進黨當局和美國官方的關係緊張，故在2004年臺灣立法院選舉後，美國就開始寄希望於國民黨重新執政。美方人士坦承，馬英九在2008年當選的部分原因是美國明確表示對陳水扁挑釁中國的行為的不滿。基於這一歷史原因，美國對於淪為在野黨的民進黨，並不特別眷顧。蔡英文接任民進黨主席後，於2008年9月和2009年5月兩次訪問美國，沒有受到高規格的接待。扁當年以金錢攻勢，在華盛頓拉攏前副國務卿阿米蒂奇（Richard Armitage）等退休高官所構築的人脈，已逐一破解，歐巴馬政府上臺後美國政界的洗牌，更讓民進黨難以找到政治操作的槓桿支點。阿米蒂奇本人也於2009年4月主持戰略暨國際研究中心（CSIS）舉辦的「臺灣關係法30週年研討會」，邀請馬英九參加這一視訊會議，並網羅了不少當年支持陳水扁的美國友人參加該次對話會議。此外，在涉外關係方面，民進黨長於推行親日政策，以此與國民黨當局的疏日政策相區隔。民進黨人士認為，臺灣20歲到29

歲的青年人，對日本比對美國更有好感；民進黨在對日交往方面，比國民黨更有優勢。一些老一輩民進黨人士，連同用「奶水」把民進黨餵大、至今仍是「臺獨」精神領袖的前總統李登輝，有濃厚的日本「皇民」情結。民進黨這種親日、媚日心態，也會影響美國與民進黨的關係，特別是當美日關係出現問題的時候。

綜上所述，歐巴馬政府對臺海兩岸關係政策的總體目標是維持臺灣「不獨」、大陸「不武」的現狀，以保證美方在該地區的戰略利益，並根據中美關係和兩岸關係的變化，適時調整政策。為此，歐巴馬將延續布希政府的對臺政策，鼓勵兩岸結束敵對狀態、簽署和平協議、協商涉外事務以及加強經濟和文化交流，對兩岸進行統一談判的可能，予以關注和研判。美國支持兩岸關係改善的前提之一是兩岸關係發展不能影響到美臺關係的同步提升，前提之二是兩岸政治對話的結果不會迫使臺灣接受大陸的統一條件。對於兩岸一旦走向和平統一的不歸路美方該如何回應的問題，華盛頓學術界和政策圈有不同的看法。近年隨著中美戰略基礎的重構，美方不少重要人士有意或無心地表示美國可以接受中國的和平統一，也有不少人士認為不管是何種形式的統一，都將影響到美國的戰略利益。但美方的共同看法是兩岸統一是件遙遠的事情，臺海「不統、不獨」的現狀可望長期延續，兩岸政治對話，在一定時期內只是談終結敵對狀態，而不可能將統一列入談判議題。為此，美國沒有理由擔心海峽雙方可能走得太近，進而影響到美國的戰略利益。美國更為關心的是美臺關係應該與兩岸關係同步發展。臺灣政黨再次輪替後，美國政府和馬英九當局的關係有了明顯的改善，包括提高美臺官員互訪層次與臺灣總統「過境」美國的規格，繼續對臺出售武器。對於淪為反對黨的民進黨，美方鑒於陳水扁當局執意推動「法理臺獨」的前車之鑒和民進黨的轉型困境，採取靜觀其變的態度。今後，隨著中美戰略經濟合作的加強和兩岸關係的健康發展，美國對臺海政策積極面可望增多。

第五節　小結

　　臺灣問題是困擾中美關係的一大難題。這一難題根源於美臺在1950年代和1960年代的盟友關係，影響到中美關係正常化後的雙邊關係。美國基於維護臺灣海峽兩岸「不統、不獨、不戰」的利益考慮，對雙方長期採取平衡交往的雙軌政策。但這一政策卻因美國國內不同利益團體的作用，國際戰略格局的變化和海峽兩岸的政治角力，不時地受到衝擊，發生週期性的變化。柯林頓政府和布希政府的共同特點是在其入主白宮之初，均採取了對臺灣較為有利的傾斜政策，其後又因臺海危機的教訓，意識到中美關係的重要性，改弦更張。1997年中美曾達成努力建立邁向新世紀的戰略夥伴關係的共識，2005年美方將中國視為現存國際關係的利益攸關方。用語雖然不同，含義則很類似，都是立意於重新界定中美關係，所擇定的時機剛好又都是兩位總統第二任期的第一年，意味著美國新上任的總統所面臨的國內輿論和長遠外交利益間存在著某種張力，其外交政策學習過程（learning process）往往跟中美關係的危機有著難解之緣。換言之，美國對華對臺利益關係的輕重取捨，與其說是體現政黨利益的分野，不如說是受到選舉週期的影響。

　　1980年代以來臺灣走向政治民主化和政權本土化的進程，造成了臺灣認同的升高，增加了兩岸發生戰爭的可能性。鑒於臺灣政黨再次輪替前兩岸關係的緊張趨勢，美國學術界和政策圈內出現了一種日益增強的聲音，要求將以往的戰略模糊政策微調為有條件承諾對臺安全提供保護的「雙重清晰」戰略，根據未來臺海戰爭的原因，決定美國是否予以武力干預。同時，鑒於中國政府對臺北當局謀求「法理臺獨」的強烈反應以及臺海緊張局勢的升高，美國從1990年代後期開始微調對兩岸和談「不鼓勵、不介入、不調停」的既定政策，鼓勵兩岸進行政治對話和談判，簽訂維持現狀的「中程

協議」。美國促進兩岸和談,與反對「入聯公投」一樣,都是出於維繫臺海「不統、不獨、不戰」現狀的戰略考慮,以保證自己在臺海地區的最大戰略利益。美國既不希望兩岸舉行統一談判又希望兩岸達成和平協議的複雜心態,表現在一方面反對中國政府對臺使用武力,另一方面又反對臺灣推動「法理獨立」;一方面長期對臺提供軍售,使其增加與大陸相抗衡的資本,另一方面又樂見兩岸進行和平談判,降低敵對狀態。臺灣實現第二次政黨輪替後,美國不太可能因為兩岸關係的拉近,根本改變對雙方展開和談的積極態度。這既是由於中美之間存在戰略合作需求和以往臺海持續出現危機的遺緒(legacy),也是因為美方人士要麼相信兩岸不可能在近期走向統一,要麼不排除接受兩岸達成某種形式的統一。未來隨著中美戰略合作的加強和兩岸關係的發展,美國是否有可能回到其在中美關係正常化之初對中國和平統一選項的認定,是值得審慎觀察的。

從未來的發展趨勢來看,美國對臺政策的走向,將受到以下幾個因素的制約。其一是兩岸關係的狀況。兩岸關係越是緊張,美國就越有可能加強對臺北的「促談」壓力,但也有可能同時加強美臺軍事合作,從而減少臺北與大陸和談的誘因;海峽兩岸越是可能擱置爭議,達成和平協議,美國就越難阻撓雙方逐漸走向經濟和政治整合之途。其二是美國國內政治的狀況。美國「促談」的目標,是避免臺海衝突。主張採取這一政策立場的主要是一些政府官員和專家學者,缺乏民間利益團體的有力支持。而美國對臺軍售政策,則與一些軍工集團、國會議員以及國防部官員所構成的「鐵三角」,有密切的利益關係。美國的選舉週期跟這種利益團體政治運作的力度,存在正相關的聯繫。因此,美國「促談」,主要停留於政策宣示和政策建議的層面,而對臺軍售則是切切實實的行動,而且往往成為美國選舉年的重要議題。其三是中美在全球戰略方面合作的需要。美國越是需要中方在朝核、伊朗、伊拉克等傳統安全與經濟、金融、能源、反恐等非傳統安全議題上與美方合作,就越可能尊重

中國政府在臺灣問題上的核心利益，希望海峽兩岸維持相安無事的局面，也越有可能節制對臺軍售的規模，加強「促談」的力度。畢竟，中美之間的戰略和經濟利益要高於美國在臺灣的既得利益，而和平統一與美國政府有關和平解決臺灣問題、不支持「兩個中國」、「一中一臺」的政策主張在根本上並不矛盾。事實上，越來越多的美方人士已經認識到，在中美尋求全球戰略合作的新形勢下，保證臺海相安無事、謀求「三贏」的根本途徑，是積極探討和平解決臺灣問題的最終方案。

第七章　臺灣政治轉型與臺灣大陸政策

　　正如本書第二章所指出的，1979年兩岸軍事對峙局面的結束，動搖了國民黨政權在臺灣所實行的「動員戡亂」制度的合法性基礎，使國民黨以「光復大陸」為目標的「緊急統治」面臨危機，從而成為推動臺灣政治轉型的重要條件之一。為此，蔣經國在其晚年發動了以回歸「憲政」為目標的政治改革。臺灣政治轉型啟動後，國民黨已經沒有必要刻意渲染海峽兩岸的敵對狀態，作為其維持威權統治的合法性理由，並得以淡化對大陸的「主權」要求，推行「務實外交」，爭取臺灣的「國際空間」，從而導致了臺灣意識的上升和中國意識的弱化。與民主轉型相伴隨的是臺北大陸政策的轉向。1987年國民黨「十三大」提出「現階段大陸政策」，放棄了對大陸進行「政治和軍事反攻」的口號，代之以「思想反攻」。其實際意涵是希望大陸政權自身走上臺灣所孜孜以求的西方式自由民主道路。與此同時，蔣經國下令在國民黨中央設立大陸工作指導小組。雖然蔣經國在1988年1月逝世前，始終堅持對大陸「不接觸、不談判、不妥協」的「三不」政策，但一度私下肯定國共兩黨對等談判的可行性，並計劃在1988年1月初的國民黨中常會上討論赴北京談判的人選。同時，在民間交流層次上，開始出現了鬆動的趨勢。臺灣決定從1987年7月28日起，解除民眾赴港澳觀光限制，允許其以港澳為出境第一站；從11月2日起，允許民眾除現役軍人和公職人員外，凡血親、姻親、三等親以內，均可申請到大陸探親。蔣經國晚年對大陸政策的調整，在李登輝執政之後有了進一步發展。如果說北京的對臺政策相對比較穩定的話，那麼，臺北的大陸政策則充滿變化，呈現較大的迴旋空間及向尋求「獨立主權」方向

演化的趨勢，這跟臺灣政治轉型所帶來的政黨結構變化和政黨輪替、本土意識高漲、臺灣「務實外交」的推動、兩岸民間交流的擴大等都有很大的關係。

　　關於臺灣的政治轉型對其大陸政策究竟帶來何種影響，海內外學術界並無定論。有的學者認為臺灣的民主化淡化了意識形態的約束，軟化了臺北對大陸的立場。理由是選舉投票可以被社會用來約束政府行為，降低領導人涉入戰爭的誘因。也有人認為，臺灣「議會」內部反對力量對行政當局的制約減少了後者處理兩岸關係的靈活性，選舉通常會引出冒險的對外政策乃至於戰爭。臺灣學者吳玉山認為，雖然臺灣一些選民在統「獨」議題和「經濟-安全」議題上有不同的偏好，但大部分中間選民主張不統不「獨」，兼顧經濟與安全利益，為此，不同政黨追求選票最大化的結果是走中間路線，導致政策的趨同。選票最大化策略在一定時期固然帶來臺北對大陸的衝突性行動，然而也會帶領政治領袖採取和緩的大陸政策。觀察臺北大陸政策的演變過程，確實可以看到選舉因素在不同時期有性質不同的影響。如下所述，李登輝從高喊「自由、民主、均富統一中國」到公開將兩岸關係界定為「特殊的國與國」關係，朝兩岸分離的方向邁進，展現了臺北大陸政策的劇烈變化，跟選舉因素有關。以陳水扁為代表的民進黨政權繼續推行「公投」、「制憲」、「正名」、「入聯」等激進「臺獨」路線，使兩岸關係呈現週期性的危機，也是出於謀取選票的動機。馬英九上臺後，認同中華民族，承認「九二共識」，以促進兩岸經濟、文化交流為近期目標，以實現兩岸「和解休兵」為中期目標，奉行「不統、不獨、不武」的中間路線，同樣是出於選舉考量。不同的是，上述三位領導人對臺灣主流民意的解讀不盡相同。以下從政治轉型和選舉政治的角度，分三節對臺北在上述不同時期的大陸政策進行分析，探討影響臺北大陸政策走向的制約因素，觀察臺灣選舉政治的副作用和糾錯能力及其對兩岸關係的正負面影響。

第一節　李登輝時期的大陸政策

　　李登輝於1988年執政之初，忙於鞏固權力基礎，基本上延續蔣經國晚期的大陸政策，並派其親信蘇志誠與大陸方面有關人士多次祕密接觸，承諾奉行一個中國的既定原則。由於李登輝不像蔣經國那樣在黨內具有「一言九鼎」的權威，故沒有在「中常會」討論派人與大陸祕密接觸的問題，而是個人私下決定。只是到民進黨執政後，有關「密使」的陳年舊事才得以曝光。進入1990年代後，臺灣的政治生態進一步變化，決定臺北大陸政策的臺灣因素趨於多元化、複雜化。在不同政治勢力和利益團體的牽動下，臺北一面採取了一系列旨在緩和兩岸緊張局勢、改善兩岸關係、增進彼此溝通的主動措施，例如宣布結束「動員戡亂時期」，制定「國家統一綱領」，以海基會作為兩岸官方交流的白手套，漸次開放兩岸間接「三通」和半官方接觸，以及倡議兩岸簽訂互不侵犯條約等；一面強調「臺灣生命共同體」意識和「『中華民國』在臺灣」的政治宣示，提出「一國兩府」、「一國兩區」、「階段性的兩個中國」等模式，謀求與大陸對等的政治實體地位，並放棄「漢賊不兩立」的傳統思維，爭取國際社會對兩岸的「交叉承認」，謀取臺灣的對外「獨立」主權。雖然國民黨當時尚未放棄「自由民主統一中國」的遠程目標，但在政見訴求上堅持其所標榜的「中道路線」，強調「事實主權論」，所追求的實際上是「先獨後統」。在這一雙軌政策的導向下，兩岸民間交流在李登輝執政時期雖然有了迅速發展，但在政治關係上也出現了多次危機。以下從弱化一個中國原則、迴避兩岸政治談判和限制兩岸民間交流三個方面分析李登輝時期的大陸政策及其政治誘因。

　　一、弱化一個中國原則

　　李登輝執政十二年，導致了臺灣中國意識的淡薄。國民黨在威

權統治時期與大陸隔海分治，維繫一個中國原則，主要表現在以下三個方面。第一，在國際場合，國民黨長期堅持「漢賊不兩立」的立場，即使在退出聯合國和臺美「斷交」危機期間，仍未接受「兩個中國」、「交叉承認」的妥協方案。第二，在政治體制方面，國民黨將其在大陸時期支配產生的「國民大會」、立法院和「監察院」等三個民意機構移植臺灣，「中央民意代表」長期未予改選；由「國民大會」間接選舉蔣家父子，先後擔任總統；且刻意維繫兩省（臺灣省和福建省）兩市（臺北和高雄兩院轄市）的次級政權結構。這些雖然有違民主政治的基本原則和「中央」、地方關係的合理設計，但在象徵性的意義上彰顯了一個中國的政治含義。第三，在權力分配上，大陸籍國民黨人士對政治權力的長期壟斷，與一個中國的政策，互為表裡。基於國共內戰所遺留下來的意識形態包袱和維持大陸籍政治勢力統治臺灣人民的政治需要，「反共復國」成為國民黨政權的政治目標和宣傳口號，客觀上強化了一個中國原則。

臺灣政治轉型後，李登輝在1991年正式宣告終止「動員戡亂時期」，將「中華民國」界定為對臺、澎、金、馬地區享有完整治權的政權，同時將中華人民共和國政府視為有效管轄大陸地區的合法政權。雖然根據「中華民國憲法」，「中華民國」的「主權」包括大陸，但在臺灣結束「動員戡亂時期」後，此一「主權」要求已經淡化。在國民黨當局看來，一個中國與其說是對兩岸政治現實的法理規定，不如說是未來的雙方努力目標。根據1991年臺北頒布的「國家統一綱領」，中國由「分裂分治」走向最終統一將經歷三個階段，即以交流互惠為內容的近程階段，以互信合作為內容的中程階段，以及以協商統一為內容的遠程階段。根據臺北的解釋，開放兩岸直接「三通」或舉行高層會談屬於中程階段的內容，其前提是中國大陸承認臺北為「對等的政治實體」，放棄對臺使用武力，停止「打壓」臺灣的國際空間，也就是說，兩岸關係的進一步改善取

決於北京對臺灣「獨立主權」的承認和尊重。至於遠程的統一目標，必須等大陸實現了所謂「經濟自由化、政治民主化、社會多元化、文化中國化」後才有可能實現。與二蔣時期「動員戡亂」、「反共復國」立場不同的是，臺北不再將中共視為「叛亂團體」，必欲「取而代之」，而是寄希望於大陸的民主化，「樂觀其變」，並願意在國家統一的遠程目標達成前，與大陸和平共處，分享各自的「獨立主權」。

1990位，換取大陸方面的相應回報，雖然臺灣的海基會和大陸的海峽兩岸關係協會（海協會）曾在1992年達成「雙方各自以口頭方式表述均堅持一個中國原則」的共識，但臺北官方卻先後提出「一國兩地區」、「一國兩府四區」、「階段性兩個中國」和「一國兩體」等模式，來規範統一前的兩岸關係。其中，除了「階段性兩個中國」模式較明確放棄對大陸的主權外，其他模式均強調「中華民國」本來就是一個「主權獨立」的國家，享有對大陸地區的「主權」，但其目前實際「治權」僅及於臺、澎、金、馬地區。因此，「一個中國是指歷史的、地理的、文化的和血緣的中國」，必須「以承認兩岸為分裂分治的局面，作為解決統一問題的出發點」。根據這些詮釋，臺北的一個中國原則，僅具有像徵性「主權」、文化同源和未來統一的政治意涵，與民進黨有關明確放棄對大陸的「主權」要求、拋棄大中華文化情結、不預設未來統一前提的主張，雖然有所不同，但其現階段政策目標，同樣在於維繫兩岸的分治局面，淡化一個中國原則對臺灣爭取國際社會「交叉承認」的約束。例如，1997年9月初李登輝在巴拿馬議會發表演講時，就援引1933年「蒙特維多國家權利和義務公約」第一條有關國家作為國際法人所應具備的四個條件，強調「中華民國」完全符合擁有固定居民、疆界、政府及與其他國家交往能力的條件，是「獨立的國際法人」。簡言之，當年臺北所追求的實際上就是「以一個中國為導向的階段性兩個中國」的目標。筆者1997年5月訪問臺灣時，曾

問臺灣「外交部「的一位官員，既然臺北認為「中華民國」是一個「主權獨立的國家」，那麼，在臺北看來，中華人民共和國是否也是一個主權獨立的國家。那位官員在幾經追問後，對這一問題作了肯定的回答。這一說法雖然不符合當時的官方口徑，卻反映了臺北的實際想法就是追求「兩個中國」。只是鑒於中國大陸反對「一中一臺」或「兩個中國」的強硬立場，臺北在一度提出這一模式後又予以收回，代之以「一國兩體」、「兩岸分治」、「一個分治的中國」、「主權共享、治權分屬」和「『中華民國』在臺灣」等模棱兩可的委婉說法，對中華人民共和國的主權地位，採取「既不否認、也不承認」的含糊態度，在中國大陸所能容忍的臨界邊緣，探測大陸方面的底線。

在政治體制方面，李登輝在其執政時期，透過「中央民意機構」的全面改選，全民直選總統和省級虛化的實行，進一步切斷了臺灣在制度設計和權力來源方面與大陸的紐帶關係。「國民大會」、立法院和「監察院」在1990年代初全面改選後，其代表完全由臺灣的選民選出，跟大陸地區沒有任何關係。如果說，「國民大會」和立法院內「全國不分區代表」的設立，尚含有維繫一個中國架構的象徵性意義的話，那麼，總統在1996年改為直選，則含有宣示臺灣與大陸毫無主權瓜葛的政治意味。而省府組織經「凍省」朝「廢省」方向發展，說明國民黨「主流派」已不願為了在行政體制上昭顯一個中國架構而延續臺灣省與「中央」有效轄區在幅員、人口（僅相差400萬左右）方面高度重疊的現狀。其實，早在1990年3月，國民黨「憲改」小組即曾提出省府虛級化的構想，但因擔心引發外界有關國民黨搞「臺獨」或「獨臺」的疑慮，而予以放棄。1994年省長開放民選，臺北當局為避免出現「葉利欽」，推動總統直選已經勢在必行。後因民選省長宋楚瑜成為李登輝以外最具選票基礎的政治人物，直接影響到連戰的接班計劃，國民黨「主流派」轉而推動「凍省」、「廢省」。而對於民進黨來說，「凍省」不但

有助於除去宋楚瑜這一勁敵,使民選臺北市長陳水扁的政治地位隨之上升,而且有宣示臺灣「主權獨立」的象徵性意義,故亦全力以赴,以同意總統擴權和「公投條款暫不入憲」為交換條件,與國民黨「主流派」聯手完成1997年的第四次「修憲」。

在權力分配方面,臺籍政治勢力上升並在各方面占據主導地位後,大陸籍國民黨多年來刻意培植的中國意識,已逐漸讓位於日益上升的臺灣意識。李登輝在1988年執政後,加快了蔣經國時期即已開始的政治本土化過程。從臺籍人士在國民黨十三全上,初次占據「中常會」的多數席位,中經大批臺籍將領的提升,連戰、蕭萬長先後「組閣」,黃昆輝和吳伯雄分別出任「總統府」和「中央黨部」祕書長,到宋楚瑜黯然離開權力中樞,國民黨政權的本土化過程終告結束。與此同時,國民黨允許「臺獨」言行在臺灣合法存在,與民進黨的政治理念和策略亦有互相趨近之勢。政治資源的重新分配和國、民兩黨某種程度的契合,使大陸籍國民黨和外省籍第二代產生了一定程度的危機感和受挫感,導致所謂中國國民黨和臺灣國民黨的理念之爭,催化了民進黨內部的「李登輝情結」和中華新黨、建國黨的先後成立。事實上,民進黨有關爭取臺灣人民「出頭天」的文宣,和李登輝在與司馬遼太朗談話時有關國民黨是「外來政權」的說辭,確有驚人的相似之處。面對本土化潮流,就連大陸籍國民黨政要亦難以置身度外。曾任臺行政院長的郝柏村有關「我是中國人,也是臺灣人」的表白,和宋楚瑜在競選臺灣省長期間刻意學習臺語的舉措,就是典型的例證。權力分配的臺灣化,使中國意識在臺灣面臨臺灣意識的侵蝕。

在臺灣政治轉型過程中,與國民黨「反共復國」政治目標有著難解之緣的中國意識,逐漸讓位於日漸高漲的臺灣本土意識。從臺北當局提出「經營大臺灣、建立新中原」口號,強調「臺灣生命共同體意識」,到修改教科書以突出臺灣歷史地理的份量,臺灣文化的本土化過程隱然成形。由表7.1可以看出,從1992年6月到1999年

12月，認為自己是中國人的比例由26.2%下降到10.7%，認為自己是臺灣人的比例由17.3%上升到39.3%，認為自己既是中國人也是臺灣人的比例有升有降，基本維持不變。這對於臺灣人的統一意識，似乎有一定的解構作用。筆者在1995年春和1997年春天兩次訪臺期間，在臺灣某大學演講座談時，發現在座的大學生聽眾被問及他們「是否認為可以在自己的有生之年看到中國重新統一」時，持肯定態度的比例由兩年前的約三分之一下降為十分之一。這是否可歸因於1996年臺海危機的效應或臺灣新生代對「三民主義統一中國」信條的懷疑，值得進一步研究。但臺灣民眾統「獨」意識的消長，從臺北所進行的一些民意調查，可以得到驗證。根據「陸委會」在1997年9月間所進行的一項民意調查，在1067名受訪者中，82%受訪者贊成兩岸維持現狀，5%受訪者主張兩岸盡快統一，10%受訪者主張立即「獨立」。類似的變化由表7.2和圖7.2也可得到反應。雖然大部分民眾仍主張維持現狀，但急「獨」派明顯超過急統派，從某個側面反映了李登輝執政時期臺灣中國意識和臺灣意識的消長變化。

表7.1　1990年代期間臺灣民眾政治認同的變化（%）

調查時間	無反應	中國人	既是台灣人也是中國人	台灣人
1992.06	11.0	26.2	45.4	17.3
1992.12	8.9	23.2	49.1	18.8
1994.12	8.9	26.2	44.6	20.2
1995.06	7.8	24.9	42.8	24.5
1995.12	7.3	20.5	47.3	25.0
1996.06	10.2	15.8	50.9	23.1
1996.12	6.2	21.4	46.2	26.2
1997.06	5.0	19.2	42.1	33.7
1998.06	8.6	16.4	39.1	35.9
1998.12	6.7	16.3	40.3	36.7
1999.06	5.8	13.5	41.3	39.4
1999.12	5.9	10.7	44.1	39.3

資料來源：根據政治大學選舉研究中心提供的資料整理。

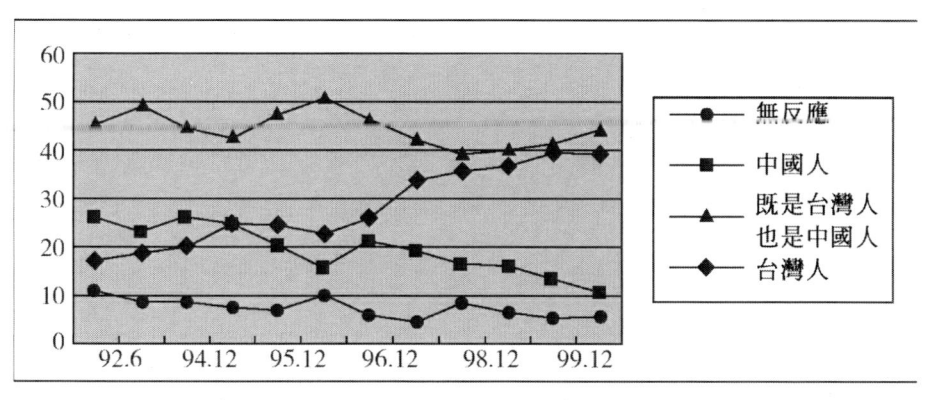

圖7.1　1990年代期間臺灣民眾政治認同的變化

表7.2　1990年代期間臺灣民眾統「獨」意識的變化（％）

調查時間	盡快統一	偏向統一	維持現狀再決定	永遠維持現狀	偏向「獨立」	盡快「獨立」	無反應
94.12	4.4	15.6	38.5	9.8	8.0	3.1	20.5
95.06	2.8	15.8	28.8	16.2	7.4	2.9	26.1
95.12	2.3	19.7	24.5	15.5	8.1	3.5	26.3
96.06	2.2	18.1	29.9	16.2	9.3	3.6	20.9
96.12	3.3	22.3	32.2	13.6	9.9	5.1	13.6
97.06	3.0	17.7	31.9	16.3	11.7	5.5	14.0
98.06	2.4	15.9	29.9	15.9	11.0	5.0	19.9
98.12	1.7	15.8	30.8	15.9	12.2	6.7	16.8
99.06	2.4	14.0	30.4	19.3	13.4	4.4	16.1
99.12	1.7	18.7	31.5	17.3	14.2	5.6	10.9

資料來源：根據政治大學選舉研究中心提供的資料整理。

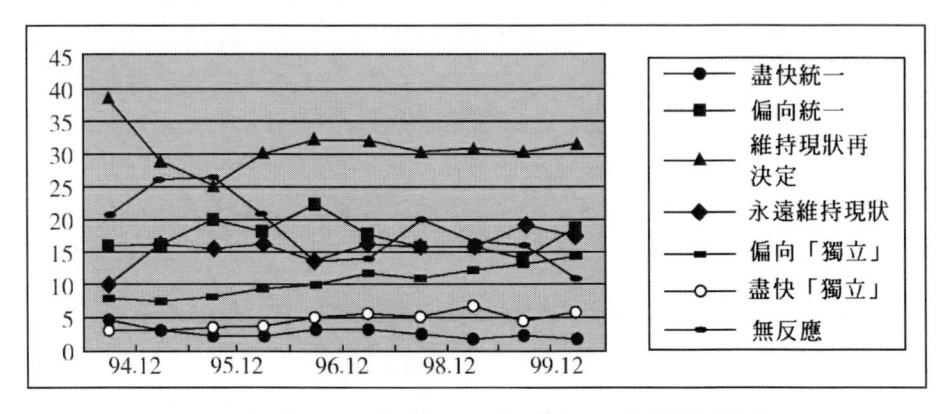

圖7.2　1990年代期間臺灣民眾統「獨」意識的變化

二、迴避兩岸政治談判

　　李登輝執政時期，臺北對兩岸政治談判，基本持消極迴避態度。中共中央總書記江澤民在1995年1月30日發表「為促進祖國統一大業的完成而繼續奮鬥」的講話，著重就現階段發展兩岸關係及推進兩岸和平統一進程提出八項看法和主張（簡稱「江八點」）。

李登輝於1995年4月8日發表「六點看法」，正式予以回應。兩岸在政策宣示方面，有所交集。大陸海協會負責人在不到三週的時間內即作出回應，對李登輝談話中有關「辜汪會談及兩岸事務性商談代表著兩岸關係走入協商的時代，」「是令人珍惜的歷史進程」；臺北願意「以中華文化為基礎，加強兩岸交流」，「增進兩岸經貿往來，發展互惠互利關係」等提法表示歡迎。但在這些共同點背後，是兩岸的分歧。「李六條」強調的是基於兩岸「分治」的現實追求中國統一。對於江澤民有關兩岸互訪的提議，李登輝以在國際場合自然見面為宜作為回應。對於有關兩岸舉行結束敵對狀態的談判的建議，臺北堅持其前提是大陸方面正式宣布放棄對臺使用武力。從「李六條」的行文看，臺北似乎已經不再堅持以所謂「停止對臺外交打壓」作為兩岸和平談判的條件，而認為改善兩岸關係和臺灣拓展「外交」可以分開進行，而不必堅持「議題聯結」的策略。「江八點」和「李六條」發表後，有人推測既然中國大陸表示不放棄武力手段只是為了防止臺灣「獨立」，而國民黨當局亦公開宣稱反對「臺獨」，兩岸可以先達成有條件的和平協議，即在臺灣未走向「獨立」的前提下，北京承諾不對臺用武。但當時臺北對以結束敵對狀態或簽訂「停戰協議」為唯一內容的政治談判並不感興趣，而是希望同時解決兩岸政治對等和臺灣的「國際空間」問題；臺北擔心的是，大陸方面有意在國際社會製造兩岸和談的印象，以此阻止臺灣拓展「國際空間」及對外購買武器。鑒於兩岸的主權之爭，臺北擔心與北京的任何政治談判，都會使外界產生一種印象，即和平統一已被兩岸視為理所當然，為此，其他國家沒有必要關心臺灣的「主權」要求。由此可見，臺北是否享有對外「主權」，是兩岸政治歧見的焦點所在，也是「江八點」和「李六條」無法化解的危機根源。事實上，兩岸剛剛開始出現的談判契機，很快就因為李登輝訪美而告中斷。

在1995-1996年的臺海危機期間，臺北繼續在拓展臺灣「國際

空間」和發展兩岸關係間尋求平衡點，重申推行「務實外交」既定政策，同時不斷宣示一個中國、反對「臺獨」的主張，建議兩岸在1996年臺灣總統大選後舉行高層會談。李登輝在1995年9月3日紀念抗戰勝利五十週年大會講話時表示，希望以「江八點」和「李六條」作為未來推動兩岸關係的橋樑，在9月1日接受《紐約時報》採訪時，一面表示作為「中華民國」領導人，「必須對國家尊嚴有所表示」，「人民不能在孤立中生活」，一面又宣稱願意在總統選舉後與江澤民會面，且有意暗示談判地點可有彈性，而不再堅持非國際場合不可。與此相應，江澤民於同年10月重申「和平統一、一國兩制」的方針，主張在一個中國原則下，舉行兩岸領導人的互訪。對於中國大陸的這一政策宣示，臺灣「朝野」政黨作出了不同反應。國民黨當局刻意渲染江的談話意味著李登輝畢竟是兩岸協商時「一個不可或缺而且應該尊重的對象」，堅持「李江宜在國際場合」或諸如亞太經合會高峰會之類的多邊場合見面，帶有為李登輝競選造勢的濃厚意味。民進黨總統候選人彭明敏和部分民進黨籍「立委」則以在臺灣總統大選後舉行「國家領袖級會談」的政治喊話方式，回應大陸方面的提議。臺灣內部的政黨分野和選舉競爭，使兩岸在主權問題上針鋒相對，更難化解歧見。李登輝在1996年3月再次當選臺灣總統後，對大陸政策和「務實外交」的輕重取捨作出一些調整，表示他在1996年將因公務繁忙而無法外出訪問，有意降低兩岸緊張局勢，並表示將廣集各界意見，「優先處理結束兩岸敵對狀態，研擬簽訂和平協議」，以兌現其在選舉期間有關「改善兩岸關係是當選者當務之急」的承諾。同時，時任行政院長的連戰也表示應排除以往對高層見面時機、場合、議題、身份等所預設限制。臺北官方立場的微妙變化，在李登輝的就職演說中有進一步的披露。

第一，李登輝在演說中雖然沒有明確提到一個中國原則，但以「20世紀的中國是一個苦難的中國」一語，暗示中國只有一個。且

以「中華民國本來就是一個主權國家」,「在21世紀,中國人必能完成和平統一的歷史大業」,宣示「三民主義統一中國」的立場。

第二,李登輝強調臺北「沒有必要,也不可能採行所謂的『臺獨』路線」;兩岸「隔海分治,乃是事實;但是海峽雙方都以追求國家統一為目標,也是事實」。

第三,李登輝宣稱臺北將繼續推動「務實外交」,以「擁有必要的生存與發展空間」,但對於中國大陸最為敏感的臺灣參加聯合國問題,語焉未及。

第四,李登輝宣稱只要「國家需要,人民支持」,「願意帶著2130萬同胞的共識與意志,訪問中國大陸,從事和平之旅」。

李登輝上述演說中表示願意前往大陸從事和平之旅,不再堅持以國際場合作為高層見面的地點,是否意味著臺北開始調整對兩岸政治對話的消極態度?從表面上看,臺北在當年選後似乎一度考慮過兩岸和談的可行性問題。如上所述,蔣經國長期以「三不」政策回應中國大陸有關舉行國共和談的提議。李登輝在執政之初,也以中國大陸放棄對臺使用武力、承認臺灣為「對等的政治實體」、不再在國際社會「打壓臺灣」三個條件作為兩岸展開政治協商的前提。但臺北的上述立場在1995年後有所改變。在回應「江八點」談話時,連戰宣稱兩岸關係已經進入了彼此進行協商的時代。同時,李登輝在「李六條」中也表示,舉行結束兩岸敵對狀態談判的前提是中國大陸承諾不對臺灣使用武力,而未堅持其他兩個條件。隨後,臺北在1997年提出了「一個分治的中國」、「臺灣加上大陸才是中國」等口號,表明一個中國的原則仍屬有效。1997年臺灣縣、市長選舉後的政治生態重組,也使執政黨內部的一些決策者重新考慮原有大陸政策的合理性。面對民進黨的策略調整和勢力增長,國民黨理應透過改善兩岸關係增強其執政的合法性,以贏得1998年的立法院和北、高兩市的選舉。鑒於兩岸政治危機和經濟互動的並

存，臺灣主流民意要求穩定兩岸關係。特別是那些與大陸有經貿關係的臺商，更希望與大陸維持良好的關係。在兩岸政治緊張關係沒有根本緩解的情況下，臺北既不能採納「政經分離」、開放「三通」的合理經貿政策，也無法有效解決其「國際空間」問題。由於許多商界人士不滿於當局的「戒急用忍」政策，臺北必須展現一些作為，向社會顯示政府已經盡一切努力來打開兩岸的僵局，並對兩岸關係的前景作出較樂觀的預測。1998年辜振甫在臺灣選前訪問北京，從事「破冰之旅」，反映了臺北的上述考量。辜汪在1998年會面期間，也曾觸及一些政治性的議題。然而，臺北對兩岸政治和談的根本態度是消極迴避的，並不願意將此次見面，像中國大陸方面那樣界定為「政治對話」，而是將其視為事務性協商。

在汪道涵預定1999年秋天回訪臺灣之前，臺北面對來自北京和華盛頓的促談壓力，拋出「兩國論」，以此阻止汪道涵訪臺，就充分暴露了國民黨當局迴避兩岸政治和談的政策底線。從政治轉型的視角觀察，李登輝在1999年夏天提出「兩國論」的動機之一是拉抬國民黨在2000年大選的選情（詳見第三章），同時化解來自中國大陸和美國的不斷增強的促談壓力。有關美臺關係的互動，在本書第六章已經作了分析。就兩岸關係而言，1997年中共「十五大」後，倡導兩岸在一個中國原則下，舉行結束敵對狀態的談判，包括進行有關政治談判的程序性協商，或就政治性議題進行對話。面對來自大陸方面的要求舉行政治談判的壓力，臺北刻意使用「建設性對話」的概念，堅持以「事務性協商」作為兩岸對話的優先議題。在臺北看來，「一個中國，各自表述」的寬鬆框架和「兩個對等政治實體」的模糊用語，無法保證臺灣的政治地位不會在政治談判的過程中遭到侵蝕。由於世界上大部分國家均將中華人民共和國視為代表中國的唯一合法政府，臺北擔心兩岸正式開啟政治對話和政治談判後，外界難免將臺灣問題視為屬於中華人民共和國的內政問題，臺灣爭取國外軍售和國際保護的「正當性」，也將因之受到衝擊。

為了應對來自中國大陸和美國的促談壓力，李登輝在1998年就開始指示張榮豐、蔡英文、林碧炤等人祕密研究兩岸關係的重新定位問題。而在這一期間擔任海基會董事長的辜振甫和先後擔任「總統府副祕書長」和「陸委會主任委員」的蘇起則未參加討論。「兩國論」的腹案在1999年上半年就已經成型，但選擇何時發表，則完全取決於李登輝。結果李登輝選擇1999年7月9日接受「德國之聲」廣播公司記者專訪的機會，臨時捨棄幕僚事先準備的一般性講稿，公開宣稱「1991年修憲以來，臺北已將兩岸關係定位為國家與國家，至少是特殊的國與國關係，而非一合法政府、一叛亂團體，或一中央政府、一地方政府」的國家內部關係；臺灣「修憲」後「所建構出來的國家機關只代表臺灣人民，國家權力統治的正當性也只來自臺灣人民的授權，與中國大陸人民完全無關。」李登輝同時宣稱，「將持續推動兩岸間的交流，積極促成彼此對話和協商，臺北沒有必要宣布臺獨，兩岸應從制度上的統合，逐步推演到政治上的統合」。李登輝的這一說法，意味著臺北已明確放棄了對大陸地區的「主權」。在認定「中華民國」為「主權獨立」國家時，國民黨過去使用的字眼是「中華民國本來就是一個主權獨立的國家」，含有繼承「中華民國法統」的意味，現在的說法則是從1991年以來臺灣已經成為「主權獨立的國家」，無異於公開宣布「獨立」。

「兩國論」出臺後，臺灣政壇人士作出不同的反應。民進黨面對國民黨搶攻偏「獨」選民的策略，提出將「兩國論入憲」的更為激進主張。宋楚瑜陣營以「臺灣不必害怕中國大陸，但也不必刺激對方」予以響應，有意跟「兩國論」保留距離。新黨人士、一些學者專家和媒體人士紛紛反對「兩國論」。曾在蔣經國執政時期擔任「行政院研究發展考核委員會主任委員」的魏鏞帶頭聯名公開發表文章，予以批判。但臺北官方紛紛予以相應，而且朝政策的上限推動談話旨意。海基會董事長辜振甫表示，「政治實體，就是國家」，李登輝將「兩個政治實體」，提升至「兩個國家」，應該不

會影響到預定當年秋天舉行的辜汪會晤。才從美國回來的蘇起求見李登輝不成後，即表示大陸政策沒有重大改變，兩岸統一的目標也不變，但宣稱今後臺灣將不再使用「對等政治實體」、一個中國的說法。他還表示，只要在「對等的國與國關係下」，兩岸間可以「無所不談」，「包括大陸當局希望的政治談判」，也包括三通問題和「中程協議」等。行政院長蕭萬長除肯定「特殊國與國關係」外，強調政府推動兩岸建設性對話和良性交流的政策不變，追求兩岸雙贏的決心不變；追求和平民主統一的新中國的目標也不變。在北京和華盛頓對「兩國論」作出強烈反應後，臺北又對政策口徑進行了調整，朝政策的下限推動。對於美方「一個中國、兩岸對話、和平解決」的政策宣示，李登輝辯稱，一個中國是未來的目標，所謂「特殊的國與國關係」不等於「兩國論」，後者是被媒體炒作出來的；臺北的大陸政策沒有任何改變，「國統會」及「國統綱領」依舊存在。在7月底一次對外賓的談話中，李強調他「不是製造麻煩的人」，兩岸關係的發展早已超越所謂的「內政問題」，而成為兩個對等實體的交往問題。「陸委會」在8月1日發表題為《對等、和平與雙贏：「中華民國」對「特殊的國與國關係」的立場》的政策說帖中提出，兩岸應該回到「一個中國，各自表述」的共識，一個中國尚未成為現實，目前兩岸是「對等分治」，同時存在，因此在統一前可以「特殊的國與國關係」加以定位。

　　上述策略調整，意味著臺北在追求既定的政策目標時，不得不考慮北京和華盛頓的反應。從謀略上看，臺北將「兩國論」和「一個中國，對等分治」的相提並論，有「進兩步退一步」的政策效果。但從邏輯上看，上述官方宣示反映了臺北既要釐清兩岸政治定位的模糊狀態，又無法大幅調整大陸政策及有關法律規定的矛盾境地。因為將兩岸關係界定為「兩個國家」關係，意味著臺北已經明確放棄對大陸地區的「主權」。既然如此，修改「憲法」第四條有關「國家領土」的規定，修改「國統綱領」及其他官方文書中有關

一個中國、「對等政治實體」的原有提法,更改「陸委會」的名稱,將「重返聯合國」的訴求改為「加入聯合國」等等,均可能被提到議事日程。但臺北又不願過分激怒北京,導致兩岸關係緊張和美方的疑慮,故而採取將「特殊國與國關係」與「一個中國、對等分治」相提並論的策略。

從兩岸政治關係的互動看來,臺北提出「兩國論」,與其說是以此作為兩岸政治談判的底線,不如說是為了化解來自中國大陸和華盛頓的促談壓力。臺北的一些官方人士和學者認為,李登輝提出「兩國論」的目的是為原計劃中的辜汪臺北會晤定調,以此作為臺方在兩岸政治談判問題上的底線。確實,臺北在李登輝提出「兩國論」後,對兩岸政治談判明顯地由消極迴避轉為正面回應。這意味著臺北越是撇清兩岸的主權糾葛,就越有可能接受兩岸政治談判。然而,從中國大陸的立場看來,離開了一個中國的前提,兩岸勢難和睦相處,更不用說進行政治談判。如果臺北對中國大陸的這一底線有所瞭解的話,大概不會天真地相信兩岸可以在所謂「國與國」的基礎上進行對話。正如「陸委會」的一位官員在非正式場合所坦承的那樣,「我們就是不要太快開始兩岸政治談判」。從表面上看,「兩國論」的出臺,導致了兩岸在政治談判問題上的攻守易位,達到了延緩兩岸政治談判進程的預期目的。但兩岸政治談判難以展開的關鍵原因,在於雙方對未來的統一模式和統一前兩岸關係的定位,有著完全不同的認知。

三、限制兩岸民間交流

在兩岸民間交流層次,臺北的基本政策是有節制的開放。1987年國民黨當局回應來自民間社會團體和民進黨的壓力,允許退伍老兵前往大陸探親。其後,又進一步開放一般人員探親往來和兩岸間接通信、通貨(經香港中轉),並準許在第三地投資設立公司的臺商,轉投資大陸。1988年夏天,國民黨十三全大會正式完成蔣經國

去世後的權力交替,透過「現階段大陸政策」,允許兩岸的「單向、間接、民間」交流。同時,李登輝又告誡廠商應降低「大陸熱」,放棄對大陸的「浪漫的憧憬」。進入1990年代後,臺北對臺商採取「導禁兼施」策略,輔導其集中投向上海、廣東、福建等地,以期大陸沿海地區成為臺灣的生產腹地,但對大企業前往大陸投資的申請案,仍予以嚴格審查和控制。在通航方面,臺北於1995年5月正式提出「境外航運中心設置作業辦法」,允許外國船舶以及兩岸業者所營運的外國船舶(即所謂「權宜輪」)航行於兩岸間的「特別航線」,以高雄國際商港為首選轉運站,以貨不通關、人不入境的方式,從貨物轉運及簡單加工開始,再逐步設立特區,作為兩岸通航、通商的中介地,以替代香港的中轉地位。此一「區域三通」前瞻性規劃與中國大陸有關兩岸定點「三通」的主張,有不少相似之處,但其關鍵點是強調兩岸通航、通商必須分步驟逐漸推進,凸現兩岸交流的「境外性質」,在「亞太營運中心」的總體框架下,維護臺灣的安全與「獨立主權」,進一步開創臺灣經濟的「國際」發展空間,其政治意涵和戰略考慮,與中國大陸以一個中國為原則的「三通」主張殊然有別。

面對中國大陸的市場潛力,香港「九七」回歸的臨近和臺灣民間廠商有關早日「三通」的要求,臺北在1996年選後提出「安全、對等、尊嚴」原則,堅持在「亞太營運中心」的總體框架下規劃「境外航運中心」,以加強臺灣的經濟競爭優勢。為減輕臺灣經濟對大陸的依存度,李登輝在1996年8月間發表重新檢討亞太營運中心的談話時,告誡廠商應分散經營,又於9月間要求廠商秉持「戒急用忍、行穩致遠」的大原則,節制兩岸交流步伐。「戒急用忍」政策,與李登輝在1980年代末有關降低「大陸熱」的告誡一脈相承,反映了臺北在兩岸政治關係未改善前,有意控制彼此經濟交流進程的基本思路。

然而,臺北對大陸投資的設限對於中小企業不見得那麼有效。

由於中小規模的下游產業不斷出走大陸，上游大企業在其顧客和經濟利益的驅使下，日益感受到大陸市場的吸引力。雖然臺灣的法令可以暫時限制大企業前往大陸投資，但沒有人敢肯定這些大企業眼看其他國家和地區的大企業紛紛前往大陸投資，會一直耐心地等待下去。1997年以來，臺灣工商界要求兩岸正式協商、開放「三通」的壓力繼續增強。許多大企業家，包括臺塑集團的王永慶和長榮集團的張榮發，均展現出急於投資大陸的心態。王永慶公開抱怨說，雖然他根據李登輝的旨意，暫停興建福建漳州電廠，但成千上萬的廠家在商機的誘惑下，無法一等再等。張榮發反對限制兩岸交流的「戒急用忍」政策。除了批評政府的大陸經貿政策外，王永慶和張榮發都表示，臺灣不應擔心與中國統一，關鍵在於如何統一。王永慶建議臺北、大陸和香港三地共組邦聯，使兩岸可以互相合作、和平競爭，共同邁向下個世紀。張榮發則表示他願意充當臺灣的密使，與北京談判。中華新黨和民進黨在有關臺灣國家認同問題上意識形態取向迥異，但新黨的開放兩岸「三通」主張，與許信良為代表的「美麗島系」的「西進路線」，在反對「戒急用忍」，爭取部分工商界人士的選票方面，則有異曲同工之妙。面對民間工商界人士和在野黨派的壓力，如何在兩岸關係正常化前，有效控制兩岸經貿交流的進程，已成為臺北所面臨的一項難題。

　　簡言之，李登輝在十二年執政時期的大陸政策可以概括為對統一只說不幹，對「獨立」只幹不說。李登輝以民粹主義為手段，鼓吹「臺灣生命共同體」，以弱化一個中國原則，迴避政治談判，限制民間交流，偏離了蔣經國的既定軌跡，影響了兩岸關係的正常發展。民進黨執政後，乾脆放棄了一個中國的原則和兩岸統一的目標，繼續逆勢操作，公開推動「臺獨」，嚴重破壞兩岸關係，比李登輝有過之而無不及。

第二節　陳水扁時期的大陸政策

　　2000年臺灣發生的第一次政黨輪替，對臺北的大陸政策帶來了重大的影響和衝擊。民進黨在八年執政期間，將維護臺灣的「獨立主權」置於兩岸關係的位階之上。在對大陸的政策方面，繼續衝撞一個中國原則，限制兩岸的民間交流。陳水扁執政初期，鑒於鞏固權力、避免兩岸軍事衝突和應付美方壓力的需要，在推動「臺獨」上有所收斂，對大陸擺出了一副尋求和解的姿態，但在2002年8月提出「一邊一國」的論述後，就開始不斷往「臺獨」的方向邁進，不但導致了兩岸的兩次危機，還造成了美臺關係的緊張。

　　一、民進黨執政初期的大陸政策

　　陳水扁在其執政的頭兩年，出於鞏固權力的政治需要，避而不提「兩國論」舊調，提出開放金廈「小三通」，終結李登輝時代所遺留下來的「戒急用忍」政策，對兩岸經貿交流採取「積極開放，有效管理」的政策，在世貿組織的框架下逐漸開放兩岸直接通商，同時堅持兩岸直接通航只能在海協、海基兩會恢復協商後才能開放。在2001年和2002年期間，民進黨籍的立法委員李文忠、陳其邁、蕭美琴等人，多次低調訪問大陸，探討兩岸「三通」問題。在海協會和海基會未能恢復協商的情況下，兩岸透過「另起爐灶」的方式，由經過官方授權的航運協會等組織，商談港臺航線和春節包機事宜。在兩岸政治僵局尚未化解的情況下，雙方的經貿和人員交流在民進黨執政後仍持續發展。2001年兩岸的間接貿易額高達320億美元，較上年增加5.9%。臺商在大陸的協議投資額達69億美元，較上年增加73%。到2001年底，臺灣在大陸投資設廠高達5萬家，實際利用臺資累計300億美元。在2001年期間，臺灣人訪問大陸超過300萬人次，較上年增加10.4%。僅在大陸上海地區常住的臺灣人數即已高達35萬。用蘇起的話說，陳水扁的大陸政策可以用「半杯

水」來形容。也就是說，相較於國民黨執政時期的大陸政策，陳水扁政府「在政治領域積極退卻，但在經濟領域則消極前進」。

就政治領域而言，陳水扁當選臺灣總統之初，對「臺獨」訴求表面上有所淡化，將民進黨由臺灣政治光譜的左端向中間挪動。陳水扁在2000年「3.18」當選感言中，第一次使用「中國大陸」來指涉中華人民共和國，淡化臺灣的「獨立主權」問題（只在一個地方提到必須維護「國家」尊嚴），以免觸怒中國大陸。陳水扁在當選之前，就表示如果他當選總統，將停止參加民進黨的一切活動，組織「全民政府」。在當選後又多次表示不會推動「臺獨」，也不會推動「公投決定臺灣前途」，並表示一個中國原則可以作為兩岸政治對話的議題之一。民進黨前主席林義雄也表示日後可以考慮取消黨綱中的「臺獨」條款。民進黨前「駐美代表」邱義仁則表示，民進黨願意與中國大陸討論一個中國的含義，不排除今後接受「一個中國，各自表述」的可能性。在2000年的「5.20」就職演說中，陳水扁表示願意與中國大陸在既有基礎上來共同處理「未來的一個中國問題，」並作出「四不一沒有」的承諾。在其演說辭中，陳水扁多次提到「中華民國」，同時使用「中國大陸」或「中共」指涉中華人民共和國，有意避免將「中華民國」和中華人民共和國相提並論。與此類似，民進黨籍的高雄市長謝長廷在出任民進黨主席前，也有高雄和廈門屬於「中華民國」的兩個城市之說。同年5月底陳水扁在與海外一學者訪問團座談時說明，「未來的一個中國問題」並非意味著未來的一個中國是有問題的。陳還表示，他之所以要與中國大陸來共同處理這一問題，是因為臺北無力單方面解決這一問題。

對於中國大陸方面有關恢復兩岸對話或兩會協商的兩個前提（臺北放棄「兩國論」和接受兩岸在1992年達成的有關一個中國原則的共識），陳辯稱第一個前提已包含在「四不一沒有」之中，第二個前提則涉及兩岸當年究竟有無在「一中」問題上達成共識，從

國民黨的原先立場上明顯回撤。國民黨歷來認為存在「一中各表」的「九二共識」，但陳水扁政府卻不願意簡單地接受一個中國框架，哪怕該框架是如何的模糊不清。對陳水扁來說，「一中」原則屬於可討論的議題，而非兩岸重開對話的前提條件。面對當年雙方協商所遺留下來的產物，以及兩岸在「九二會談」後所產生的政治紛爭，陳水扁曾在2000年6月20日的記者招待會上表示：

　　九二年的事情，對岸說有所謂「一個中國原則」的共識，但我方認為，好像事實不是這樣，一個中國的問題，有討論但是沒共識，我們提出來，如果有「共識」，應該是「一個中國各自口頭表述」，但是對岸認為並沒有這樣的共識，所以如果說要有「共識」，那是沒有共識的「共識」。

　　其後，陳水扁在2000年6月27日會見美國亞洲基金會訪臺團時，一度承認兩岸曾於1992年達成「一個中國，各自表述」的共識。但臺北很快又否認了這一說法。根據「陸委會主委」蔡英文的說法，當時的唯一共識就是「各說各話」。蔡英文認為，既然未來的一個中國問題尚須兩岸討論，也就不存在接受「一中」原則的問題。一週後，蔡又將「九二共識」說成是「各自表述一個中國」。據時任「行政院政務委員」邱義仁2001年12月間的解釋，「一個中國，各自表述」意味著臺北原則上接受了一個中國，而「各自表述一個中國」則暗示著臺北尚未接受「一中」這一設定。

　　從歷史記錄看來，大陸海協會和臺灣海基會透過1992年10月的香港會談及隨後的信函往來，確曾在一個中國原則的問題上達成共識。此一共識的形成乃是基於當年的歷史背景，亦即海峽兩岸均認為大陸和臺灣同屬中國，且都致力於追求中國的未來統一，儘管雙方對一個中國的政治意涵有著不同理解。但是，由於雙方對是否應在擬議中的共同聲明中說明彼此對一個中國意涵存有不同認知這一問題上無法達成共識，故而沒有共同簽署任何聲明。最後的折中方

案是雙方各自以口頭聲明的方式表述均堅持一個中國的原則。根據中國大陸方面的表述，這項共識包含1）海峽雙方都堅持一個中國的原則，努力謀求國家統一；在雙方的事務性商談中，不涉及一個中國的政治含義。而根據國民黨當局的版本，這項共識的內容是：1）在海峽兩岸共同努力謀求國家統一的過程中，雙方均堅持一個中國的原則，但對於一個中國的含義，認知各有不同；2）為尋求這一問題的解決方案，雙方各自以口頭方式說明立場；3）臺方認為一個中國應為「中華民國」，其「主權」包括整個中國，但治權僅及臺澎金馬。臺灣是中國的一部分，但大陸也是中國的一部分。

以上記錄說明，雖然雙方在「誰代表中國」問題存在異議，但彼此對一個中國的原則是有共識的：一個中國既是未來的目標，也是一個涵蓋大陸和臺灣的法理上的框架。同時，大陸方面強調雙方在一個中國原則問題上的共識，臺北則強調雙方對一個中國政治意涵的不同認知。為此，大陸方面很自然地將「九二共識」表述為「雙方各自以口頭的方式表述海峽兩岸均堅持一個中國的原則，」而臺北則將「九二共識」概括為「一個中國，各自表述」。

既然兩岸確曾在1992年達成有關「一中」問題的共識或默契，為什麼民進黨政府在中國大陸政府的壓力和當年在野的國民黨的批評下，仍不願意承認此一共識的存在？究其原因有二。其一，「九二共識」只是兩會當年所達成的非正式協議或默契。由於臺灣內部權力的急劇重組，民進黨當局不願因襲國民黨的遺產。正如民進黨前「國際事務部主任」田欣所言，問題不在於兩岸當年曾否達成共識，而是民進黨當局和北京如何達成新時期的新共識。其二、臺灣民眾對「一中各表」未達成共識。對臺聯和民進黨成員及其支持者來說，「一中一臺」是對兩岸現狀及未來目標的最好表述。面對民進黨的「臺獨」政治遺產，陳水扁當局不願接受「一中」原則，提出兩岸應該在遵守「交流、互惠、擱置爭議」的「九二精神」的基礎上展開對話。同時，民進黨成員只願意承認自己是臺灣人，或文

化上的中國人或華人。英文中的「中國人」可以作為法律和政治用語，指涉中國公民，也可作為文化概念，指涉有著共同文化背景的廣義中國人，包括海外華人。臺北擔心一旦承認臺灣人也是中國人，臺灣人民將被視為中國公民，而在世界上大部分國家看來，中國即等於中華人民共和國。為此，臺北只願承認兩岸同屬華人或炎黃子孫，而透過強調臺灣人，來突顯臺灣的政治地位。

　　從兩岸關係的發展導向來看，臺灣第一次政黨輪替的結果，是臺北對統一目標的進一步淡化。在民進黨執政以前，中國大陸和臺北對統一的前提和模式看法不同，前者主張「一國兩制」，後者主張「自由民主統一中國」，但雙方都以統一為目標，認為統一後的中國為單一制的國家。民進黨在執政前從未考慮過與大陸統一的可能，在執政之初，陳水扁表示願與中國大陸「共同處理未來的一個中國問題」，保留「國統綱領」和「國統會」，但表示統一不是臺灣的唯一選項。以此類似，謝長廷也表示臺灣不排除未來與大陸統一的可能。這種說法反映了民進黨對臺灣前途的態度比以前靈活了些。正如田欣所坦承的，如果臺灣「嚴拒與中國的統一可能，那麼中國將會長期對臺灣進行騷擾，臺灣海峽也將永無寧日」。另一方面，陳水扁相信若不堅持統一以外的其他選項，臺北在與北京打交道時將失去有力的籌碼，故而只將統一視為選項之一，而非終極目標。2000年底，陳水扁根據以李遠哲為召集人的跨黨派小組的建議，表示依據「中華民國憲法」，「一個中國原本不是問題」，臺北應以「憲法一中」來處理兩岸關係。在2001年的新年祝詞中，陳水扁建議「從兩岸經貿與文化的統合開始著手，逐步建立兩岸之間的信任，進而共同尋求兩岸永久和平、政治統合的新架構。」他還宣稱，「兩岸原是一家人，也有共存共榮的相同目標，既然希望生活在同一個屋簷下，就更應該要相互體諒、相互提攜，彼此不應該想要損害或者消滅對方。」雖然臺北以維持現狀為優先考慮，談統一或統合已不再被民進黨視為意識形態的禁區，而被看做維持現狀

的工具，或許可以稱之為「工具統一」。從「理念臺獨」到「工具臺獨」再到「工具統一」，可以看到民進黨由使命型政黨向掮客型政黨轉型的軌跡。

陳水扁當年提出政治「統合論」的目的是在中國大陸的統一目標和臺北維持現狀需求之間求得一個平衡。民進黨勝選後，對大陸民主化的前景興趣較前濃厚。田欣認為，若是一個民主而富裕的中國出現的話，對於臺灣將比較具有吸引力；由於臺灣的地理位置無法改變，中國作為強大的「鄰國」又強烈主張統一，「臺灣可以忍受用一部分的主權，來換取兩岸永久的和平，只要中國方面所提出的政治安排方案，臺灣方面覺得合理值得，可以接受即可。」陳水扁有意使用「統合」，以跟中國大陸方面所主張的統一相區隔，但他沒有進一步說明統合和統一這兩個概念的異同，為此引起了民進黨成員對政治統合的不同詮釋。根據民進黨「中國事務部」主任顏建發的說法，統合的現實意義，就是統中有「獨」，「獨」中有統，兩岸現階段既然不可能統一，就該朝向分享權利、共攤義務的大方向努力。顏建發還表示，政治統合概念是全球化和地區化的產物，當臺灣強調其「主權獨立」時，並不一定意味著臺灣要與中國和國際社會脫鉤，與其對抗。據跨黨派小組成員吳豐山的說法，統一這一概念含有一方征服另一方之意，而政治統合則意味著雙方互相承認對方的主權，有如共同體、國協和邦聯一般。謝長廷指出，政治統合可能導致統一，也可能導致「獨立」。蔡英文認為政治統合可以意指「方向、過程或目標，政治統合不一定排除臺灣的三個選項，即統一、「獨立」或維持現狀。不管如何解釋「統合論」，民進黨當局始終不願對中國的未來統一目標作出明確承諾。民進黨認為，臺灣的前途應由臺灣人民透過民主程序決定，而不能由兩岸的領導人私相決定。從意識形態上看，民進黨的黨綱已經清楚地表明了其對「臺獨」前途的鍾愛。雖然該黨於1999年透過了《臺灣前途決議文》，接受了「中華民國國號」，但該「決議文」又明言

「中華民國」和「中華人民共和國」的「主權互不相屬」，民進黨也從未放棄建立「臺灣共和國」的長期目標。如果說，國民黨在李登輝時期的大陸政策是以追求「先獨後統」為目標的話，民進黨執政後的大陸政策則可概括為「先獨再說」，與大陸對臺政策的目標更加格格不入。

如上所述，作為臺灣政黨輪替的一個結果，陳水扁的大陸政策比起國民黨，至少在三個方面對大陸更具對抗性。第一，國民黨認為存在「一中各表」的九二共識，但民進黨當局卻不願意接受一個中國框架，哪怕該框架是如何的模糊不清。對陳水扁來說，「一中原則」屬於可討論的議題，而非兩岸重開對話的前提條件。第二，國民黨認為臺灣人民既是臺灣人也是中國人，民進黨則只願意承認自己是臺灣人，或文化上的中國人或華人。第三，國民黨始終視國家統一為最終目標，不管其是如何遙遠，但民進黨只將統一視為臺灣的選項之一。雖然陳水扁在執政初期採取了一些帶有和解意味的措施，調整了一些政策，但是其所作所為與中國大陸方面的期待仍有很大差距。而就是這些有限的和解姿態，在2002年8月陳水扁拋出「一邊一國」論後，也發生了逆轉。

二、從「一邊一國論」到「入聯公投」

陳水扁當選臺灣總統兩年後，很快違背了他在選舉前後有關「一旦當選將停止參加民進黨的一切活動」和「四不一沒有」的承諾，於2002年8月初接替謝長廷擔任民進黨主席，同時重彈「兩國論」的老調，公開宣稱海峽兩岸是「一邊一國」的論調。此後，陳水扁又在2003年大肆炒作「公投」議題，2004年選後將「憲改」、「正名」、「廢統」、「入聯公投」等議題不斷提到議事日程，使兩岸關係在2003-2004年和2007-2008年出現了兩次危機。

陳水扁當年為什麼提出「一邊一國論」？民進黨人士的標準說法是，中國大陸選擇在陳水扁接任民進黨主席前後，迫使瑙魯與臺

灣「斷交」，使陳水扁不得不作出回應。這種說法未免將臺灣的政治人物描繪得太情緒化了。事實上，與「兩國論」一樣，「一邊一國論」的提出，跟民進黨的選戰考量也有很大關係。不同的是，李登輝是提前半年多開打，而陳水扁則是提前一年多為2004年的大選定調。鑒於臺海長期分治的現實、中國大陸武力反「獨」的既定立場和臺灣政治人物對「主權」、「外交空間」等議題的長期炒作，許多臺灣人民對兩岸互不相屬的感性認知和維持兩岸現狀的理性選擇之間存在著一定的落差，兩種心理可以統一在一個人身上而並行不悖。這部分臺灣人選擇維持現狀的背後，所隱含的無奈和不滿心理，恐非兩岸的經濟和文化交流所能全部化解。這也是臺灣政治人物選擇打「獨立牌」，「爽一爽」，未必失分，反而可能增加選票的重要原因。正是出於這一策略考慮，陳水扁在拋出「一邊一國論」後，食髓知味，繼續炒作統「獨」議題。

　　民進黨對統「獨」議題的渲染，不但在一定程度上影響了臺灣的民意走向，而且導致國民黨在一定時期內的政策轉向。2003年夏天民進黨首倡「公投」，緣於核四議題和林義雄的在黨內的個人魅力，非典和臺灣加入世界衛生組織議題的發酵，和社會要求「立委」減半的政治改革呼聲。「公投」成為臺灣熱門議題後，於7月間被列入立法院的議事日程，民進黨發現「公投」是一張很好的選舉牌。鑒於美方對統「獨」公投的關切及對一般公共事務議題「公投」網開一面，民進黨先將「公投」議題限於核四，「世衛」和政改議題，其後又將「防禦性公投」條款（「當國家遭受外力威脅，致『國家主權』有改變之虞，『總統』得經『行政院』院會之決議，就攸關『國家』安全事項，交付公民投票」），列入「行政院」及民進黨「立委黨團」的《公民投票法》草案。另一方面，部分國民黨籍立法委員為打「公投」牌，在6、7月間一度要求民進黨要玩「公投」就玩真的，把統「獨」議題也列入「公投」範圍，想給民進黨出難題。10月間政黨協商後，「泛藍」陣營一面提出限定

「公投不得用於國號,國旗和領土變更」的較溫和草案,一面假裝支持主張「統獨公投」的蔡同榮版,而且不讓蔡同榮撤回原案。根據蔡同榮版,「國旗、國號和領土變更」等議題都可「公投」,一旦臺聯倡議,70萬人聯署,扁政府將不得不實行統「獨」公投,承擔一切後果,為此民進黨反而不支持蔡同榮版,而提出排除「統獨公投」的「行政院」版。最後透過的雖然是「泛藍」的版本,但民進黨堅持加入「防禦性公投」條款,在國民黨內十幾位本土派「立委」的支持下,使該條文成為「公投法」的第十七條款。與此同時,一些國民黨籍立法委員主張將「中國國民黨」改為「臺灣國民黨」,要求連戰一旦2004年當選,四年不提統一問題。國民黨籍「立法院院長」王金平甚至表示國民黨也不排除「臺灣獨立」這一選項。

　　從民進黨和國民黨在「公投」議題上的政治攻防,可以看到臺灣民主政治的粗糙的一面。在西方民主理論中,公民投票屬於直接民主的範疇,是用來彌補代議民主的不足,讓公民直接決定對其利益攸關的重大議題。但在臺灣「藍、綠」對立的政治環境中,「公投」卻成了不同黨派用來爭取選票,甚至推卸政治責任的手段,實際上是利用「公投」讓民眾承擔臺灣「獨立」的政治後果。與此類似,陳水扁所鼓吹的「全民憲改」,也具有政治民粹主義的特點,即用媚俗的語言來討好民眾,塑造個人政治魅力。在意識形態層面,支撐「公投」和「全民憲改」的是和中國意識相對抗的臺灣意識。從制度層面來看,臺灣權力體制定位不清和議事亂象,也助長了民眾對代議民主的不信任,而主張用「公投」決定重大事務,遂成為政治的時髦。

　　「憲改」是陳水扁在2004年競選期間提出的重要主張。但如第四章所述,陳水扁推動「全民憲改」的主要目的,與其說是調整臺灣的政治體制,不如說是借推出「新憲法」,宣示臺灣的「獨立主權」。除了推動「憲改」外,陳水扁在其第二任期內,還竭力倡導

「臺灣正名」運動,並於2006年初宣布廢除「國家統一綱領」,終止「國統會」的活動,2007年起大肆推動「入聯公投」,以爭取「深綠」選票。另一方面,陳水扁在2004年10月10日的談話中,表示兩岸可以在「九二香港會談所獲結果」的基礎上恢復協商,同月由臺灣「國安會」作出七條決議,提到臺灣理解大陸方面對一個中國原則的堅持,也希望大陸方面正視「中華民國」存在的事實;以及在總結海內外投資經驗的基礎上,責成「國企」前往海內外投資。在2005年2月的「扁宋會」上,陳水扁與親民黨主席宋楚瑜達成「憲法一中」的共識,隨後又將宋楚瑜的大陸之行,說成是「投石問路」。如何理解上述這些貌似矛盾的措施呢?

不少民進黨人士,認為陳水扁推動「廢統」和「入聯公投」是被大陸逼出來的。曾任臺灣「陸委會副主任委員」的黃介正在2005年10月的一次學術研討會上就表示,「扁宋會」後兩岸的對話契機因為中國大陸搶先邀請國民黨主席連戰來訪而中斷。連戰成行在先,宋楚瑜只好跟進於後,既無法「中頭彩」,也無法替陳水扁搭橋;中國大陸的柔性攻勢,使宋楚瑜改變了與陳水扁合作,為美國軍售案背書的初衷。結果是「藍、綠」兩個陣營在大陸政策上涇渭分明,民進黨當局放棄了借推動兩岸對話,撈取政治資本的謀略,轉向爭取其基本支持者的選票。陳水扁在2005年的「雙十」講話中未提及兩岸關係,說明臺北的優先考慮是內政而不是兩岸關係。臺灣「國安會」的一位「諮詢委員」也表示,北京透過《反分裂國家法》後,對臺灣展開柔性攻勢,但對民進黨當局來說,這一做法其實更為強硬。他埋怨中國大陸不給民進黨走中間路線的空間,有違「圍城必缺」的謀略。由於民進黨得不到兩岸關係改善的任何政績,只能走自己的路。臺灣「外交部」的一位官員也認為臺北是被逼無奈,才提出「廢統」,其原因之一就是汪道涵會長於2006年初去世後,大陸方面不讓海基會或「陸委會」官員到上海悼念。另一位官員認為,陳水扁提出「廢統論」的原因,是鑒於臺灣經濟對大

陸經濟的依賴不斷增強，大陸導彈部署增加，而臺灣的軍售案又一直未能透過，臺灣在兩岸互動中處於被動的地位。提出「廢統論」的目的是扭轉臺灣對大陸的經濟依賴性和安全上的脆弱性。但也有人認為，「廢統論」的提出跟選戰需求有關，其用意是區隔「藍、綠」的選戰策略，逼「藍軍」出牌和犯錯。他認為馬英九原先明言國民黨的終極目標是統一，後來又講「臺獨」是臺灣人民的選項之一，已經開始亂了章法。民進黨提出要改「民國」紀年為公元紀年，推動「憲改工程」，也是出於選戰的考慮。與此相反，洪奇昌、林濁水、李文忠、段宜康等民進黨人士認為則認為「廢統」不利他們的選情，因為在小區單席制下，激進的「臺獨」路線對他們爭取在北部勝選，是極為不利的「票房毒藥」。以上兩種不同的觀點表明，民進黨推動「廢統」和「入聯公投」的目的，是為了爭取「深綠」選民的支持，實現其「臺獨」理念。與此同理，陳水扁在2006年初將對大陸的經貿政策，從原先的「積極開放，有效管理」調整為「有效開放，積極管理」，緊縮兩岸經貿交流，抵制大陸熊貓赴臺，跟選舉的臨近也有很大關係。民進黨的選舉策略和「臺獨」理念，作為同一硬幣的兩面，制約了陳水扁時期臺北的大陸政策的走向，不但導致兩岸關係在2007年到2008年間出現了「高危期」，也造成美臺關係的緊張。

第三節　馬英九時期的大陸政策

一、馬英九的大陸政策走向

臺灣在大選後出現第二次的政黨輪替，由積極主張改善兩岸關係的國民黨重新執政，為構建兩岸關係和平發展框架，提供了難得的歷史機遇。國民黨憑藉超過50%的得票率，控制了立法院四分之三以上的席位，在總統選舉中又獲得決定性的勝利，意味著臺灣人

民對民進黨謀求「臺獨」、對抗大陸的路線的唾棄。臺灣總統馬英九主張在「憲法一中」和「九二共識」的基礎上，維持「不統、不獨、不武」的臺海現狀，以兩岸經貿往來與文化交流全面正常化為起點，以雙方「和解休兵」為第二階段目標，而將兩岸問題的最終解決留待未來。這一政策思路與國民黨前領導人李登輝，在「國統綱領」的旗幟下推行「獨臺」路線有很大不同。雖然，馬英九未將統一視為兩岸關係的遠程目標，但也沒有像李登輝那樣，致力推行「階段性的兩個中國」政策。如果說，李登輝所追求的是「先獨再統」、陳水扁所追求的是「先獨再說」的話，馬英九的政策思路似乎可以簡化為「先和再說」。從這一思路出發，馬英九在其「就職演說」中，沒有使用本土化、共同體、認同、臺灣文化、福爾摩沙等對大陸具有刺激性的字眼，少用「國家」這一字眼（只兩次提到民主國家），多用成員（國際社會）、樂土、美麗家園等中性字眼，同時使用中國大陸這一隱含兩岸同屬一中意義的字眼，而不像陳水扁那樣，故意將中國和臺灣相提並論。馬英九在「就職演說」中所提到的臺灣精神，指的是善良、正直、勤奮、誠信、包容、進取這些傳統的核心價值，實際上跟中華民族的精神並沒有明顯區別。而馬英九有關「兩岸人民同屬中華民族」，「兩岸問題最終解決的關鍵不在主權爭議，而在生活方式與核心價值」，以及「由衷盼望中國大陸能繼續走向自由、民主與均富的大道，為兩岸關係的長遠和平發展，創造雙贏的歷史條件」的說法，實際上是將統一這一未來選項隱含在他的大陸政策之中。這不但與陳水扁對統一不說不幹、對「獨立」又說又幹的路線截然不同，而且與李登輝對統一只說不幹、對「獨立」只幹不說，也有很大的不同。馬英九在2008年8月26號接受墨西哥《太陽報》董事長瓦斯蓋茨（Mario Vazquez Rana）時表示，臺灣和大陸「雙方的關係應該不是兩個中國，而是在海峽兩岸的雙方處於一種特別的關係。因為我們的憲法無法容許在我們的領土上還有另外一個國家；同樣的，他們的憲法也不允許

在他們憲法所定的領土上還有另外一個國家,所以我們雙方是一種特別的關係,但不是國與國的關係。」馬英九對兩岸關係的定位是對李登輝「兩國論」和陳水扁的「一邊一國論」的糾偏,意味著臺北大陸政策的重大調整。

　　臺灣出現第二次政黨輪替和大陸政策重大轉向的根本原因是兩岸在經歷了二十多年的經濟、文化交流和間接「三通」後,雙方的關係日益密切,遠非李登輝和陳水扁的逆勢操作路線所能扭轉。李、扁分別推行「獨臺」和「臺獨」路線,限制兩岸經濟、文化交流的規模,並造成了兩岸政治關係的數次危機,但改變不了臺灣要求發展兩岸關係的主流民意。李登輝在其任內,以中國政府接受臺灣為「對等的政治實體」,放棄武力手段及不在國際社會「打壓」臺灣作為兩岸展開「三通」和政治談判的前提條件。陳水扁則乾脆否定兩岸曾經達成的「九二共識」,破壞兩岸舉行政治對話的基礎。李登輝當年曾幻想等臺灣擁有與大陸相當的「邦交國」時,再跟大陸談判;民進黨則基於其建黨經驗,以冒險、僥倖的心理,推動激進「臺獨」路線。事實表明,李登輝和陳水扁謀求臺灣「國際空間」、「獨立主權」的「外交衝撞」或政治宣示,徒然加深兩岸在政治上的敵對狀態,根本無法解決臺灣的對外交往問題。15年的試錯經驗,充分說明了臺灣要發展、希望在大陸的硬道理。正如臺灣學者黃光國所指出的,臺灣如果繼續走「臺獨」道路,將來只能有兩個下場:一是兩岸交戰,二是臺灣被軍備拖垮。現任臺灣「國安會副祕書長」何思因在2006年的一篇學術論文中也指出,臺灣經濟對大陸經濟的依賴性,將迫使臺北在短期的經濟安全和長期的富裕之間進行取捨,臺北應該對蓬勃發展的大陸經濟持開放政策,對大陸市場的限制對臺灣經濟發展毫無益處,因為臺灣不占領大陸市場,就會被它人他取代。現任「國安會諮詢委員」陳德昇在出任該職前也曾撰文認為,兩岸應該以追尋共同利益為出發點,並對非政治類(如學術交流)、低政治類(如共同打擊犯罪)與高政治類

（如主權）之共同利益予以區分，由非政治類共同利益到低政治類共同利益再到高政治類共同利益漸次推進，最後促成兩岸體制差距縮小，觀念調和以及政經體制的整合。這些意見，顯然符合馬英九「先和再說」的思路，有利於兩岸關係的近期發展。

正式結束兩岸的敵對狀態，構建和平與穩定的發展框架，已經成為臺灣民眾的主流意見。2009年「八八水災」後，馬英九首次改組「行政院」，但未涉及到「國安團隊」（除了負責政策執行的「國防部」和「外交部」以外）和「陸委會」、海基會的人事，以示臺北的大陸政策不會發生重大變化。新任行政院長吳敦義多次訪問過大陸，「副院長」朱立倫也曾於2009年5月出席了在福建舉行的海峽論壇，兩人與馬英九改善兩岸關係的思路，都很吻合。就是在2009年縣、市長選舉和「立委」補選後，國民黨當局亦無意改變大陸政策的大方向。一年多來兩岸的交流，對提升臺灣的經濟競爭力，起了重要的作用。臺灣的全球競爭力，由四年前的第17名，上升為第12名，應該在很大的程度上歸功於大陸因素。這一點已經為臺灣多數民眾和有識之士所公認。預料今後國民黨和民進黨在大陸政策上的爭論，將在強調臺灣利益優先的同時，圍繞兩岸交流對臺灣民眾的實惠而展開，而不是在「愛臺」、「賣臺」的問題上大做文章。民進黨難以阻擋兩岸交流的大趨勢，只能改變其政策訴求，在兩岸交流到底給臺灣哪些人帶來好處問題上，與國民黨相區隔。而國民黨也必須改變「重北輕南」的形象，才能拓展在南部的票源。臺灣黨派政治的發展，可能影響到兩岸交流的一些具體內容。

二、民進黨的大陸政策走向

民進黨的大陸政策，難免受到其謀「獨」拒統的意識形態的制約。民進黨在八年執政期間，一方面提出「新中間路線」，宣稱兩岸可以經由經濟、文化統合走向政治統合，另一方面又否認一個中國原則和「九二共識」，鼓吹「一邊一國」，推行「公投」、「制

憲」、「正名」、「入聯」等激進「臺獨」路線，在經濟上限制兩岸交流，在文化上推行「去中國化」，導致兩岸關係呈現週期性的危機。臺灣在2008年出現的第二次政黨輪替，說明了主流民意是要求改善兩岸關係的。但由於意識形態和選舉政治的雙重考慮，民進黨對於國民黨承認「九二共識」、促進兩岸經濟、文化交流、實現兩岸「和解休兵」的中間路線，可能仍將以反對為主，難以配合。民進黨主席蔡英文對馬英九率領行政團隊遙祭黃帝陵大做文章，罔顧民進黨執政時期也曾由「內政部長」遙祭黃帝陵的事實，既暴露了其為反對而反對的心態，也反映了民進黨刻意與大陸保持距離的思維定式。面對兩岸關係的迅速改善，民進黨及其支持者在2008年11月，以暴力杯葛海協會長陳雲林訪臺；2009年2月舉辦所謂「民間國是會議」，對兩岸建立「緊密的經濟合作安排」（CECA）的意圖予以妖魔化，以議場抗爭與街頭群眾運動相配合的鬥爭方式，反對兩岸簽訂CECA或《經濟合作架構協議》（ECFA），強力衝擊馬英九的兩岸開放政策。民進黨人士認為，陳水扁在其第一任期內就開放了金廈「小三通」，實現春節包機。在第二任期內，民進黨當局也曾考慮開放陸資入臺，在兩岸旅遊觀光問題上，只要雙方簽署「大陸居民赴臺交流協議」之類的協議本來也可開放，只是因為大陸方面拒絕承認「中華民國」，而無法進行。這位人士還認為，如果謝長廷當選，「三通」不是問題。以此看來，民進黨對陳雲林訪臺的抵制，可以說是屬於為反對而反對的政治行為，完全不顧「三通」對臺灣社會的整體利益。從更深的層次看來，民進黨也是利用了臺灣一部分中下層民眾感受不到兩岸經濟交流好處的心理，刻意宣泄臺灣的「主體」意識和自我封閉心態。將「反中」情結、「反商」情結和「反全球化」的「經濟民族主義」情緒捆綁在一起，操縱意識形態上的左右問題與統「獨」議題，以爭取「左獨」選票。民進黨主席蔡英文在2009年2月「民間國是會議」閉幕時表示，要對馬英九行政團隊的大陸政策進行總體檢，戳破馬團隊依賴

中國大陸挽救臺灣經濟神話的謬誤，強調臺灣若失去經濟自主性，人民生活只會更痛苦、沒希望，顯然是在對中下層的選民喊話，塑造其代表中下層民眾的政黨形象，以期穩定自己的票源。在涉外關係方面，民進黨繼續推行親日政策，以此與國民黨的對日政策相區隔。鑒於美國樂見馬英九執政後兩岸關係的改善，民進黨主席蔡英文在2009年5月訪美期間，不惜「告洋狀」，宣稱兩岸關係的最新發展將危及到美國的利益。民進黨這種借重外力，影響執政黨大陸政策的做法，在其他國家或地區，實屬罕見。能否見效，則又另當別論。

可以肯定的是，民進黨透過2009年縣、市長選舉和多次「立委」補選，止跌回升，勢將在2010年的五大「都會」和2012年大選中與國民黨再次對決，並挑戰馬英九當局的大陸政策，為兩岸關係和平發展帶來變數。鑒於陳水扁的前車之鑒，民進黨一旦重新執政未必會再次強推「臺獨」路線，但可能在文化和經濟上「去中國化」，推行親日路線，與國民黨互別苗頭，從而為兩岸關係的和平發展帶來不穩定的因素。

第四節　小結

臺灣政治轉型所帶來的政黨競爭、民意變化和權力更替，對臺北的大陸政策產生了不同影響。李登輝從高喊「自由、民主、均富」統一中國到公開提出「兩國論」，朝分離的方向邁進，既有個人情結的作用，也跟選舉考量有關。民意的作用一方面表現為臺灣意識的上升，另一方面表現為對兩岸「三通」的呼籲。李登輝執政時期，國民黨當局將臺灣意識往要求臺灣「獨立主權」的方向引導，淡化統一訴求，迴避政治對話；對民間要求擴大兩岸經貿、文化交流的壓力，卻逆勢操作，實行「戒急用忍」的政策。1990年代

末，李登輝為因應選戰需求及抵制大陸方面推動政治和談的壓力，將兩岸關係界定為「特殊的國與國關係，」再次造成了兩岸關係的緊張。民進黨執政後，一方面提出「新中間路線」，號稱兩岸可以由經濟、文化統合走向政治統合，另一方面又否認一個中國原則和「九二共識」，鼓吹「一邊一國」，推行「公投」、「制憲」、「正名」、「入聯」等激進「臺獨」路線，在經濟上繼續限制兩岸交流，在文化上推行「去中國化」，導致兩岸關係呈現週期性的危機。馬英九上臺後，認同中華民族，承認「九二共識」，以促進兩岸經濟、文化交流為近期目標，以實現兩岸「和解休兵」為中期目標，奉行「不統、不獨、不武」的中間路線，兩岸關係得到明顯改善。

從臺北大陸政策的演變，可以看到臺灣選舉政治的影響。臺灣政治轉型以來，除了1988、1990、1999、2003、2007年以外，每年都有選舉（1990年「國大代表」選舉總統不能算是嚴格意義的選舉）。李登輝和陳水扁執政時期，推動「去中國化」的大陸政策，名為順應民意，實際上是誘導和誤導民意，民主政治淪為民粹政治。國民黨的所謂「中道路線」或民進黨的「新中間路線」所代表的其實只是臺灣一部分人的「臺獨」意識，並非真正的主流民意。正因為如此，臺北的大陸政策經過15年的試錯期後，不得不回歸主流民意。觀察臺北大陸政策的演變，可以看到選舉政治的副作用及其糾錯能力。

第八章　臺灣政治轉型與大陸對臺政策

　　自從1949年新中國成立以來，中華人民共和國政府始終堅持臺灣是中國「神聖不可分割的領土」，將統一臺灣視為對臺政策的終極目標。在中國大陸看來，臺灣在歷史上即屬於中國的一部分，雖然曾因甲午戰爭失敗被迫割讓給日本，但中國已經依據《開羅宣言》和《波茨坦公告》，在1945年從日本手中收回了臺灣。1949年以來，「大陸和臺灣儘管尚未統一，但不是中國領土和主權的分裂，而是上個世紀40年代中後期中國內戰遺留並延續的政治對立」。從歷史上看，臺灣問題是國民黨政權依靠美、日等西方國家的扶植和支持，以臺灣為「反共復國」基地，對抗中國大陸的產物。因此臺灣問題純屬中國內政，不容任何外國勢力插手，統一臺灣乃是中華人民共和國政府和人民「責無旁貸的歷史使命」。上述看法構成了大陸對臺政策的基本立場，並在不同歷史時期表現為「有所變有所不變」的政策和策略。從1950年代到1970年代，中國政府以「解放臺灣」為方針，運用政治鬥爭和軍事鬥爭兩手策略，爭取祖國統一，防止兩岸正式「劃峽而治」。1958年金門炮戰後，兩岸繼續處於政治上的「交戰狀態」，大陸隔日炮擊金門，並與國民黨當局展開涉外鬥爭，積極爭取中華人民共和國在聯合國的合法席位，廣泛建立外交關係。1971年中華人民共和國取代了「中華民國」在聯合國的席位。次年，中美關係實現了正常化，中日也隨後建交。1979年元旦，中國政府在中美正式建交和推出改革開放政策的同時，發表《告臺灣同胞書》，首次提出和平統一中國的方針。

　　1986年開始的臺灣政治轉型，對中國大陸的對臺政策提出了新的挑戰。臺灣政治民主化和本土化的部分結果，是在臺灣出現了一

個主張臺灣前途自決,其後又公開鼓吹「臺灣獨立」的政黨,和一個表面謀求統一,實際謀求「獨立」的國民黨領袖李登輝。2000年以「臺灣獨立」為黨綱的民進黨成為臺灣的執政黨。從李登輝在1988年執政,到民進黨在2008年下臺,兩岸關係在20年中發生了多次危機。大陸也多次調整對臺政策與策略,「與時俱進」。如果說,「江八點」是總結臺灣政治轉型後大陸對臺政策與策略調整的綱領性文件的話,那麼,2004年「五‧一七」聲明的發表和2005年《反分裂國家法》的透過,則意味著大陸對臺工作重心已經由「反獨促統」轉為以未來統一為導向的和平發展。以下分四個時期,分析1980年代以來的對臺政策,探討臺灣政治轉型與大陸對臺政策的關係。

第一節　臺灣政治轉型前的大陸對臺政策

中國政府於1979年提出和平統一方針後,全國人大常務委員會委員長葉劍英於1981年提出國共兩黨平等談判,實行統一的九條方針(俗稱「葉九條」),鄧小平於1983年對美國西東大學教授楊力宇發表解決臺灣問題的「六點看法」(俗稱「鄧六條」),構成了1980年代對臺政策的基調。同時,中共在1980年代初成立了中央對臺工作領導小組和中央對臺工作辦公室,各省市黨委也建立相應的對臺工作辦公室,形成了完整的對臺工作體系。這一時期大陸對臺政策的主要內容是:

(一)提出「一國兩制」模式,作為統一中國的方案。根據此模式,臺灣與大陸統一後,可作為單一制國家內的特別行政區,繼續實行資本主義制度,享有立法權、行政權、司法權、司法終審權及部分涉外權限,保留原有黨政軍和情報系統,對外購買防禦性武

器，跟其他國家發展非官方關係，並以「中國臺灣」名義留在一些國際組織中。此一方案脫胎於毛澤東和周恩來在1957年為爭取和平解放臺灣而提出的方針，即統一後臺灣作為中國政府統轄下的自治區，實行高度自治；臺灣的政務仍歸蔣介石領導，中共不派人前往干預；國民黨可派人到北京參加全國政務的領導；但外國軍事力量一定要撤離臺灣海峽。1963年周恩來將中國共產黨對臺政策歸納為「一綱四目」。「一綱」指臺灣必須統一於中國。「四目」指臺灣統一祖國後，除外交上必須統一於中央外，臺灣之軍政大權、人事安排等悉委於蔣介石；臺灣所有軍政及經濟建設一切費用不足之數，悉由中央政府撥付；臺灣的社會改革可以從緩，必俟條件成熟，並尊重蔣之意見，協商決定後進行；雙方互不派特務，不做破壞團結之舉。不同的是，當年的「一綱四目」是作為對臺統戰的方針，對臺灣領導人個別私下提出，而「一國兩制」則是作為對臺政策的重要內容，昭告天下。而且，「一國兩制」模式的內容也比「一綱四目」豐富的多，考慮到了臺灣對外交往的需要。中共前總書記胡耀邦在1985年進一步表示，將來統一後可考慮以「中國」為國號，取代「中華人民共和國」和「中華民國」。

（二）擱置意識形態之爭，推動國共和談。中國政府在提出和平統一方針之前，對臺統戰的工作對象基本限於國民黨當局。1981年12月，中華全國臺灣同胞聯誼會在北京成立，透過了給臺灣父老兄弟姐妹的致敬信，展現了中國政府「既寄希望於臺灣，更寄希望於臺灣民眾」的思路。但在一定時期內，仍以國民黨為主要談判對象。「葉九條」提出「國共兩黨對等談判」、實現統一的策略，極為形象地表現在前中共中央對臺工作領導小組副組長廖承志1982年7月致蔣經國私人信函中「歷經劫波兄弟在，相逢一笑泯恩仇」的詩句中。

（三）積極推動兩岸通商、通郵、通航和學術、文化、科技、體育交流。自1979年元旦起，停止炮擊金門等島嶼，1985年後停止

向臺澎金馬空飄、海飄政治宣傳品。制定一系列優惠措施，鼓勵臺商前來大陸投資經商，促進兩岸間接、直接貿易，以親情、鄉情、民族情作為溝通、聯結兩岸關係的紐帶。此外，北京還透過宣揚中華文化和民族主義訴求，強化臺灣民眾的統一意識，使其成為支持兩岸「三通」、促進國共和談的力量。前國家主席楊尚昆於1987年4月23日表示，中國統一問題不應是黨派之爭、制度之爭、經濟發展水平差異之爭、希望臺灣以民族大義為重。蔣經國在辭世之前作出有限度開放臺灣民眾赴大陸探親的重大決策後，國務院有關部門立即發表談話表示歡迎，保證臺胞來去自由，盡力提供方便和照顧。11月16日，國務院辦公廳又公佈了對臺胞來大陸的接待辦法，大陸各地也相繼建立了臺胞接待站。

（四）在國際上積極展開涉臺外交活動，抵制臺北謀求「獨立主權」的舉動，並保留對臺使用武力的手段。中國政府堅持其他國家與中國建交的前提是與臺灣「斷交」。與此同時，中國政府屢次向美施壓，要求其停止對臺軍售，並在臺海兩岸扮演推動和談的角色。在對臺用武方面，中國大陸宣布將在臺灣宣布「獨立」、國民黨長期拒絕和談統一、臺灣發生內亂、臺灣發展核武器以及臺蘇結盟五種情況下對臺使用武力，其主要意圖在於防止臺灣走向「獨立」和國民黨長期拒絕和談。

中國政府將「一國兩制」、和平統一作為1980年代的三大任務之一，希望儘早解決臺灣問題，是基於以下兩個判斷。第一個判斷是美國出於「聯中制蘇」的需要，有可能接受中國的和平統一。如本書第二章所言，美國在中美關係正常化之初，確有接受兩岸和平統一的思想準備，在此不再贅述。第二個判斷是臺灣以蔣經國為代表的大陸籍國民黨勢力，在受到日益增長的本省政治勢力的擠迫下，有可能主動向大陸尋求奧援，以維護自身的統治地位。基於這一判斷，中國社會科學院臺灣研究所第一任所長闕念倚在1980年代中期曾樂觀地預期，臺灣問題可能早於港澳問題獲得解決。

這一判斷不能說沒有根據。早在蔣介石去世前夕，時任臺灣「總統府資政」的陳立夫，就曾透過祕密渠道，邀請毛澤東訪問臺灣。陳立夫還在香港報紙上公開發表《假如我是毛澤東》一文，「歡迎毛澤東或者周恩來到臺灣訪問與蔣介石重開談判之路，以造福國家人民，」且希望毛澤東能「以大事小，不計前嫌，效仿北伐和抗日國共兩度合作的前例，開創再次合作的新局面。」廖承志在1982年7月給蔣經國的信中指出，「當今國際風雲變幻莫測，臺灣上下眾議紛紜。歲月不居，來日苦短，夜長夢多，時不我與」，希望蔣經國「善為抉擇，未雨綢繆」，就是看到一貫堅持「中國必須統一」的國民黨政權面臨臺灣本土化的壓力、黨外運動的興起和「臺獨」思潮的暗流，可能不得不考慮臺灣何去何從這一嚴肅課題。而蔣經國對廖承志的呼籲雖然沒有馬上作出正面回應，但在1982年7月到1986年10月之間，派密使沈誠，以香港商人的名義，三次進出大陸，暗中傳遞海峽兩岸的訊息。特別是在1987年3月，沈誠在蔣經國的明確授意下，得到會晤葉劍英、鄧小平、鄧穎超、楊尚昆等中共總統的機會，並將中國國家主席楊尚昆的信函親手交到蔣經國手上。蔣經國在對這封信反覆研讀六天之後，肯定了國共兩黨中央層次對等談判的可行性，並計劃在1988年1月初的國民黨中常會上討論赴北京談判的人選。只是因為蔣經國的突然辭世，這一即將啟動的國共談判才為之中斷。

　　以上的例子說明，在臺灣政治轉型啟動前後，兩岸官方都產生了進行政治談判的迫切需要。如果說，中國政府和平統一方針的提出，動搖了國民黨當局維繫「動員戡亂」體制的合法性基礎的話，那麼，在臺灣走向政治民主化後，國民黨政權就可以不必擔心兩岸關係改善對臺灣的政治衝擊而投鼠忌器。蔣經國在全面推動臺灣政治轉型和順應本土化潮流的同時，決定與大陸發展關係，本屬明智之舉。他在晚年對李登輝和李煥的分工安排，由臺灣籍的李登輝統籌大陸事務，大陸籍的李煥負責政治革新，也許是為了化解內部阻

力的刻意安排。但是蔣經國去世後國民黨內部迅速爆發的權力鬥爭,卻改變了蔣的既定安排。蔣經國逝世後李登輝先後接任總統和國民黨黨主席的職位,很快就改變了國民黨內部的省籍結構。在1988年國民黨的「十三大」上,31名中常委中的臺灣籍人士占16名,首次過半。「中央委員」中的臺籍人士的比例也由原來的16.7%增加到40%以上。如本書第三章所述,李登輝在執政之初,利用民進黨和其他社會勢力,先後擊敗了黨內以李煥、郝伯村為代表的「非主流」勢力,鞏固了其權力地位。臺灣的這些變化對北京原先以大陸籍國民黨政要為對象的和談策略提出了挑戰,使中國大陸的對臺政策面臨調整的需要。

第二節　臺灣政治轉型啟動時期的大陸對臺政策

鑒於1988年1月蔣經國突然辭世後臺灣政權本土化和民主化的急劇發展,中國政府適時調整了對臺政策。雖然李登輝上臺之初,承接蔣經國的遺緒,曾派其親信蘇志誠與中國大陸有關方面進行了祕密接觸,承諾追求中國和平統一,但在其鞏固權力後,就逐漸走上了與大陸漸行漸遠的道路。與此同時,臺北宣布有限度地開放兩岸探親後,兩岸間接「三通」得以逐漸開放。為因應臺灣的政治發展和兩岸關係的新變化,北京在進入1990年代後,開始調整策略,將工作重點放到推進兩岸「三通」,妥善處理兩岸交流所衍生的問題上來,隨後又將結束兩岸敵對狀態提到了政策的議事日程。1995年初「江八點」的發表,可以視為這一政策和策略調整過程的階段性成果。

一、1990年代初期中國政府對臺策略的調整

進入1990年代後,中國政府在堅持「一國兩制」、兩黨談判、

以「三通」促和談、以武力反「臺獨」和維護國家外交主權的政策的同時，在對臺策略上作出了一些調整。主要表現在以下四個方面：

其一是以平等原則處理兩岸政治關係。中國政府在1992年6、7月間先後表示，只要雙方在一個中國的原則下進行和談，不要求明確表述北京為中央政府，臺北為地方政府，甚至連統一後採取何種國旗、國號皆可商量。但在事關國家主權的原則問題上，堅持不接受兩岸以「一國兩府」、「一國兩體」等名稱，共存於國際社會。

其二是將以李登輝為代表本省籍國民黨視為談判的對手。在國民黨內部的權力鬥爭塵埃落定後，前國家主席楊尚昆在1990年9月24日會見臺灣《中國時報》訪問團時表示，李登輝身上沒有國共內戰的歷史包袱，可能有利於兩岸關係的發展。

其三是將統一的時間表從1980年代挪到下個世紀，不再設定明確的期限。如上所述，中國政府曾將統一臺灣列為1980年代的三件大事之一。但隨著臺灣和國際形勢的變化，在1990年代的大部分時間裡，中國大陸已經不再強調統一的時間表，也不再將武力視為促統的手段，而是貫徹「寄希望於臺灣民眾」的策略，將對臺工作的重點放到擴大兩岸經貿交流上來。

其四是將對臺用武的前提限定於臺灣獨立或外力侵臺，而不再將武力作為防止國民黨長期拒和的手段。在1980年代期間，中國政府曾多次宣布，假如不能以和平談判方式收復臺灣，則將使用武力，一些領導人也公開表示，中國大陸有能力封鎖臺灣。但在進入1990年代後，中國政府對用武前提進行了新的限定，江澤民在1990年3月12日會見臺灣「統聯」代表團表示，保留使用武力的可能是針對臺灣「獨立」的圖謀和外國勢力幹涉臺灣。前國家主席楊尚昆也在1990年9月24日表示，保留武力使用權主要是對外國講的，是為了在必要時阻止臺灣的分裂。

二、「江八點」的時代意義

在1990年代上半期逐漸調整對臺策略的基礎上，中共中央總書記江澤民於1995年1月30日發表了「江八點」。大陸海協會隨即將「江八點」稱為「中國政府為突破兩岸政治僵局、加強兩岸經濟和文化交流而發佈的一個歷史性文告」。從發展的眼光看來，「江八點」是中共第三代領導首度發表的系統性對臺政策，帶有承前繼後的明顯色彩，其主要內容如下：

（一）重申一個中國原則，反對「臺灣獨立」、兩岸「分裂分治」、「階段性兩個中國」等主張，但對「一國兩府」、「一國兩體」的提法，語焉未及。

（二）重申允許臺灣同外國發展民間性經濟文化關係，參加經濟性國際組織，反對臺灣透過「擴大國際生存空間」，搞「兩個中國」、「一中一臺」。

（三）重申進行海峽兩岸和平統一談判，吸收兩岸各黨派、各團體代表參加，在一個中國前提下，就「正式結束兩岸敵對狀態、逐步實現和平統一」進行談判。首次提議雙方先就正式結束敵對狀態進行談判，談判的名義和地點可以協商。

（四）重申不承諾放棄使用武力，是針對外國勢力幹涉中國統一和搞「臺灣獨立」的圖謀。

（五）主張不以政治分歧去影響、干擾兩岸經濟合作，贊成簽訂保護臺灣投資權益的民間性協議。

（六）提出中華文化是實現和平統一的重要基礎。

（七）重申尊重臺灣人民當家做主的願望。提出願與臺灣各黨派、各界人士交換兩岸關係與和平統一的意見。

（八）提議兩岸領導人進行高層互訪，共商國是。

「江八點」的最大新意在於較為務實，不像「葉九條」和「鄧小條」那樣，強調兩岸統一後的安排，而是把政策的重心放在統一前怎樣發展兩岸關係。可以說，「江八點」的重心不在於促統，而在於防「獨」（第一、二、四條）、促和（第三條）與增進兩岸交流溝通（第五、六、七、八條）。另外，鑒於臺灣政治轉型後政黨政治的迅速發展，「江八點」不再強調「國共兩黨對等談判」，也未明言反對「兩府談判」，而代之以「海峽兩岸和平統一談判」、「兩岸領導人共商國是」，意味著在談判的對象和名分上，中國大陸已經不再鎖定國民黨，並有意避開「兩黨談判」或「兩府談判」概念所隱含的主權之爭。

　　雖然「江八點」對臺灣方面關於兩岸簽訂「停戰協議」和「投資保護協議」作出了某種回應，但在事關國家主權的原則問題上，大陸無法再作讓步。由於兩岸在臺灣主權歸屬問題上的分歧以及臺灣政治民主化和本土化的急速發展，北京對臺政策和策略的調整未得到臺灣方面的正面回應。兩岸敵對狀態不但未能結束，而且在1990年代中期後還出現了數次危機。

　　三、第一次臺海危機後的大陸對臺策略

　　1995年6月間李登輝的美國之行，是1990年代以來臺灣拓展「外交空間」的一項重大突破，也因此觸發了兩岸關係的潛在危機。對此中國政府作出了強烈反應，採取了一系列強硬措施：

　　（一）對美施壓。5月22日柯林頓政府同意李登輝訪美後，中國政府提前召回空軍訪美代表團、取消國務委員李貴鮮訪美、無限期延緩國防部長遲浩田訪美，要求美國軍備管制與裁軍總署署長推遲訪問大陸、延緩雙方有關限制導彈和核技術輸出的磋商。李登輝訪美後，中國政府進一步對美施壓，召回了中國駐美大使李道豫。

　　（二）對臺施壓。延後原定7月20日舉行的第二次辜汪會談。並於當年夏、秋和次年3月在臺灣附近海域舉行多次導彈演習，以

展示中國大陸的軍事實力和武力反「獨」的政治意志。

（三）集中批李。李訪美後，北京透過其在大陸和及香港的傳媒，發表了數十篇批李文章。8月下旬李登輝宣布競選總統後，新華社發表了一篇「李登輝其人」的萬言長文，嚴厲批判其製造「兩個中國」、「一中一臺」的行徑，並呼籲兩岸人民共同努力，把李登輝掃進歷史的垃圾堆。

中國政府當年採取上述強硬措施，主要有兩個原因。其一是不滿美臺實質關係的提升，擔心美國進一步背離一個中國的原則，製造「兩個中國」和「一中一臺」，也擔心其他西方國家，特別是日本仿效美國，改變對華對臺政策，插手臺灣問題，助長「臺獨」聲勢，故而作出強硬姿態，防止李登輝訪美效應的擴大。由於美、日與臺灣的歷史淵源以及戰略、經濟考慮，中國政府對美、日干涉臺灣事務，阻礙中國統一，並以臺灣作為制約中國大陸的籌碼存有疑慮。如本書第六章所述，從1992年到1994年，美臺實質關係有了明顯的提升。雖然李登輝的美國之行，只是採取私人訪問的形式，但畢竟是1979年美臺斷交以來，臺灣總統首次訪美。而柯林頓政府在當年4月中旬剛剛向中方表示，「李登輝如果訪問美國，即使是私人訪問，也是違反美國政府所持的『一個中國』政策」，但在5月初「國會」「兩院」幾乎清一色支持李登輝訪美後，又突然改變決定，難免使中國政府懷疑美國在實際上已經放棄一個中國的政策，打「臺灣牌」，以削弱與牽制中國。其二是對李登輝失望，認定其對統一只說不幹，假統真「獨」。李登輝執政後，頻頻出訪，除以「國家元首」身份訪問南非、危地馬拉等邦交國外，還以「渡假外交」的形式，前往菲律賓、印度尼西亞、泰國、阿拉伯聯合大公國、約旦等國訪問。李登輝在千島湖事件後以「土匪政權」謾罵中國政府，在會見日本作家司馬遼太朗時又公開表露其親日情緒，大談「臺灣人的悲哀」，表示要當現代「摩西」，將臺灣人民帶向新的樂土，使中國大陸對其更為反感。臺北在1990年代以來對一個中

國原則的淡化，鼓吹「一個中國是指歷史的、地理的、文化的和血緣的中國」，只能使中國大陸方面得出結論：李登輝訪美，是為了在國際社會顯示「中華民國」的存在，以外力對付大陸，從爭取擴大國際承認入手，走向臺灣「獨立」，並為個人累計1996年的競選資本。

　　中國政府的上述措施，對中美關係和兩岸關係有不同面向的影響。就中美關係而言，中國大陸在1996年3月的軍事演習中，展示了為維護國家主權，不惜與美國一戰的姿態，從而迫使美方有所退卻。臺海危機後，美國意識到維持中美關係和兩岸關係穩定的重要性，1997年和1998年，中美兩國領導人進行了高層互訪，美國明確表示不支持臺灣「獨立」的政策立場，同時鼓勵兩岸進行政治和談，以倡導「中程協議」為代表，其政策目標由「不統、不獨、不戰、不和」微調為「不統、不獨、不戰」。與此同時，鑒於臺灣海峽的和平與暢通，對美國在亞太地區的經濟、戰略利益關係甚大，亦是日本南向發展的重要前提之一。美國在危機之後加強了美臺軍事交流的力度，《美日安保防衛條約》將臺灣海峽列入「周邊有事」地區，使兩岸關係的發展增添了新的複雜因素。

　　就兩岸關係而言，軍事演習不可避免地造成局勢緊張，導致臺灣股票狂跌，匯率劇降，班機改道，投資削減，還影響到近海航運和捕魚活動，也造成了一部分臺灣民眾對大陸的反感。另一方面，兩岸關係的緊張也催化了臺灣不同政治勢力的分化組合。從表3.1可以看出，在1995年的立法院選舉中，國民黨、民進黨和新黨的得票率分別為46%，33%和13%，在1996年「國民大會」選舉中，三黨的得票率分別為49%，30%和17%，在總統選舉中李登輝得到54%選票，民進黨候選人彭明敏僅得到21%選票率，而「第三勢力」林洋港和陳履安兩組候選人的得票率則分別為15%和10%。臺灣方面有人認為，中國大陸的軍事演習反而激發了選民的臺灣意識，李登輝以54%的得票率高票當選，說明了北京方面「要把李登輝拉下馬」

的計劃的徹底失敗；也有人將民進黨選舉失敗的主因歸於「棄彭保李」情結，並以75%以上的臺灣人民支持「明獨」（民進黨）或「暗獨」（國民黨）為由，說明中國大陸的武力威脅無助於影響臺灣民意。其實，如果對上述數字細加分析，就可以看出國民黨的選票增加，固然來自於民進黨的部分選民，而新黨和第三勢力的票源，也來自國民黨的部分票源。民進黨和新黨的選票消長可能跟中國大陸的外部影響有關。兩岸因「臺獨」導致戰爭的危險，在一定程度減少了主張「明獨」的民進黨的選票，開拓了強調改善兩岸關係的新黨等「第三勢力」的票源。軍事演習雖然沒有削減李登輝和國民黨的選票，但在客觀上取得了扶植第三勢力、削弱民進黨的效果。在臺灣總統選舉中，第三勢力的兩組候選人林洋港和和陳履安的合計得票率超過了民進黨候選人彭明敏，可以說明問題。而國民黨在選舉期間，採取兩手策略，一面重申推行「務實外交」，爭取「國際地位」的既定政策；一面宣示一個中國、反對「臺獨」的主張，宣布未來在海基會的名義下由「陸委會」直接主導兩岸協商活動，建議總統大選後兩岸舉行高層會談，且暗示談判地點可有彈性，提出「經營大臺灣，復興新中國」的口號，強調未來的統一目標，恐怕也在於爭取中間選民。

  1996年的臺海危機後，中國政府將對臺工作的重點由軍力演示和涉臺交轉到促進民間交流上來。正如中國國務院臺灣事務辦公室（國臺辦）原任陳雲林1997年初在紀念「江八點」兩週年座談會上所表示的，中國政對臺政策重點是爭取兩岸直接「三通」，維持「九七」後臺港之間民間來，反對「臺獨」。對中國大陸來說，兩岸「三通」有助於降低彼此經濟距，加強經濟紐帶，增強臺灣人民對祖國的認同感。為此，中華全國工聯、中國貿易發展促進會、國家計委外事司、國務院臺灣事務辦公室經濟的高層官員在1996年下半年就開始紛紛訪問臺灣，以臺灣大型企業為主對象，加強推動兩岸經貿交流的力度。1997年1月，兩岸航運界代表在香達成協議，

允許兩岸貨輪在臺灣高雄和福建廈門、福州之間進行定點直航同時，中國政府宣布放寬臺灣記者前往大陸工作的限制，由提前15天向華社香港分社提出書面申請，改為提前10天向國臺辦或其指定的十幾個方臺辦申請即可。關於兩會恢復協商的前提，大陸方面強調的是「臺灣當取消一切對兩岸經濟合作和直接三通的人為限制」，「為兩岸恢復會談營造當的氣氛」。中國國務院副總理兼外交部長錢其琛在同年3月回答記者提時，將兩岸談判的障礙歸結為臺灣不提一個中國和國家統一。與此同時，協會副會長唐樹備暗示，兩岸可以在一個中國的抽象定義的基礎上進行政協商。1997年4月，海基會副祕書長李慶平率領臺灣文化教育代表團訪大陸，與海協會官員就兩會早先達成的有關兩岸文書驗證的初步協議進行討論。大陸海協會副祕書長劉剛奇繼於8月間應邀到臺灣參加學術會議，「陸委會副主委」吳安家、海基會祕書長焦仁和會面晤談。兩會恢復了非式協商。1998年4月兩會正式恢復了協商管道，由海基會副祕書長詹志宏團訪問大陸，與海協會達成海基會董事長辜振甫1998年秋訪問大陸的共識。

隨著兩岸氣氛的改善，中國大陸方面調整了1996年臺海危機後一度實行的對臺「冷處理」策略，再次明確倡導兩岸在一個中國原則下，舉行結束敵對狀態的談判，包括進行有關政治談判的程序性協商，或就政治性議題進行對話。針對臺北有關「一個分治的中國」，「臺灣加上大陸才是中國」、「在兩岸分治的基礎上追求中國的未來統一」等新提法，中共「十五大」報告做了間接回應。作為中共在未來五年的綱領性文件，「十五大」報告重申北京有關在一個中國原則下，舉行政治談判的倡議，再次鄭重呼籲兩岸先就正式結束敵對狀態進行談判，「希望臺灣認真響應我們的建議和主張，及早跟我們進行政治談判」。與「江八點」不同的是，江澤民在政治報告中首度將反對「分裂分治」改為「反對分裂」，且未強調反對臺灣「擴大國際生存空間」的立場。這可以被視為對李登輝

在1996年5月20日「就職演說」中只提「分治」不提「分裂」的延後反應。不管是海協會長汪道涵在「十五大」期間對江澤民報告內容的闡述，還是外交部長錢其琛在1997年9月底有關兩岸應該就政治談判的程序性安排展開磋商的呼籲，均未著力批判臺北有關「兩岸分治」、「擴大國際生存空間」的言行。汪道涵強調的是，在一個中國前提下，什麼都可以談；錢其琛則重申中共將堅持一個中國原則，堅決反對臺灣「獨立」、「兩個中國」等各種形式的分裂活動，堅決反對臺灣透過「公民投票」，走向「獨立」的圖謀。對於「副總統」連戰有關臺北「追求統一」，可與大陸談判一個中國、「三通」及「外交休兵」議題，國臺辦官員表示，只要臺灣認同一個中國原則，有關一個中國的內涵兩岸可暫不討論，如果臺灣願意，也可以在以後的協商中予以討論。汪道涵有關「主權是不可以分割的，但可以共享」的說法，與臺北「陸委會」有關「主權共享，治權分屬」的新提法，在字面上有所交集。

　　1998年10月海基會董事長辜振甫的大陸之行，代表著兩會關係的全面恢復（參見第九章）。但由於臺北不希望兩岸進行政治對話，李登輝在海協會長汪道涵預定回訪臺灣之前，於1999年7月拋出了「兩國論」，不但破壞了兩會的對話氣氛（詳見第七章），而且使兩岸關係再陷谷底。「兩國論」出臺後，中國政府一面充分發揮大國外交的優勢，一面宣示「武力防獨」的政策底線。國家主席江澤民與美國柯林頓總統在7月18日進行了通話，美方重申其對一個中國政策的堅定承諾，宣示「一個中國、兩岸對話、和平解決」的原則，要求臺北對「兩國論」的意涵作出解釋；俄國、法國、日本、新西蘭、巴基斯坦、孟加拉等國也相繼重申一個中國政策。中國大陸在臺海進行了小規模軍事演習，以「兩國論入憲」，作為界定臺灣「法理獨立」的明確代表。國務院臺辦負責人表示，必須警惕「臺灣分裂勢力」按照「兩國論」修改「憲法」和法律，以「中華民國的名義實現臺灣獨立」；「如果這一圖謀得逞，中國和平統

一將變得不可能。」《人民日報》評論員文章進而指出，「如果李登輝繼續在『兩國論』的危險道路上走下去，臺灣同胞將是最大的受害者」；如果李登輝將臺灣從中國的主權和領土中分裂出去的圖謀得逞，兩岸關係就會惡化，臺灣海峽就難有寧日」。這裡的「和平統一不可能」和「難有寧日」的說法，意味著如果「兩國論入憲」，中國大陸只能訴諸武力。此外，中國政府以臺北收回「兩國論」，作為汪道涵如期訪臺的前提。「兩國論」出臺之初，國務院臺辦發言人曾表示，北京已經估計到在汪道涵訪臺之前，臺北當局會有一些刺激性的言辭，沒有一下子就決定取消汪道涵的訪臺之行。在瞭解到「兩國論」是國民黨的政策宣示，而非李登輝的個人言行後，國務院臺辦發言人發表談話，嚴厲批評李登輝「與臺獨分裂勢力主張沆瀣一氣」，「警告臺灣分裂勢力立即懸崖勒馬，放棄玩火行動，停止分裂活動」；同時由汪道涵出面，指出辜振甫有關兩岸會談就是「國與國會談」的說法，使海協、海基兩會的接觸、交流、對話的基礎不復存在，要求其予以澄清。由於辜振甫寄給海協會的談話稿，仍重申兩岸關係是「特殊的國與國關係」，中國政府斷然退回函件和談話稿，取消了汪道涵的訪臺計劃並隨後發表題為《要害是李登輝頑固堅持「兩國論」》的《人民日報》、新華社特約評論員文章，批評「兩國論」「從根本上挖掉兩岸對話與談判的基礎」，「排除透過對話談判和平解決兩岸政治分歧、走向和平統一的可能性」，並取消了汪道涵的訪臺計劃。

　　「兩國論」的出臺，使中國大陸對李登輝徹底失望，轉而寄希望於臺灣選後政治勢力的重新組合和政策變化。2000年2月21日中國政府發表了關於《一個中國的原則與臺灣問題》的白皮書。根據白皮書，如果臺灣宣布「獨立」，如果外國勢力介入臺灣，如果臺灣無限期拒絕進行兩岸統一談判，北京將使用強制性的措施，包括軍事手段來解決臺灣問題。如上所述，中國政府在1980年代曾經將國民黨長期拒絕和談作為對臺使用武力的條件之一，但在1990年代

就不再公開進行這樣的政策宣示。第三個「如果」的出現，可以視為中國大陸對李登輝「兩國論」的延後反應，正如中國國務院總理朱鎔基在2000年3月15日的新聞發佈會上所說的，如果沒有「兩國論」，也就沒有白皮書。大陸方面擔心將武力限定為制止臺灣「獨立」的最後手段，無法阻止臺灣的漸進「臺獨」。上述政策宣示反映了大陸對李登輝和民進黨圖謀分裂祖國的憂慮的加深。

第三節　臺灣政治轉型嬗變時期的大陸對臺政策

2000年臺灣政黨輪替對大陸政府對臺政策提出了一個新的挑戰。選前三天，國務院總理朱鎔基在上述新聞發佈會上告誡臺灣人民不要將選票投給那些主張「臺獨」的候選人，選擇「臺獨」就是選擇戰爭。中國大陸的一些臺灣問題專家也表示，如果臺北走向公開「獨立」，兩岸在24小時就可能發生戰爭。臺灣選舉結果揭曉後，陳水扁出於緩和兩岸緊張氣氛的需要，多次表示他不會推動「臺獨」、「公投」和「兩國論入憲」。對此，國務院臺辦迅速作出回應，重申臺灣選舉並未改變臺灣是中國的一部分的事實，表示對臺灣的新領導人要「聽其言，觀其行」。與此同時，中國政府表明，只有臺灣明確承認一個中國原則，放棄「兩國論」，兩岸才能恢復對話。在陳水扁正式「就職」前，中國大陸方面透過不同的渠道，包括美國，對臺灣施加壓力，敦促陳水扁在「就職演說」中承認一個中國原則。由於陳水扁在「就職演說」中只作出「四不一沒有」的承諾，拒絕接受一個中國原則，否認「九二共識」，中國政府對民進黨當局採取了「聽其言，觀其行」的策略。

一、「聽其言，觀其行」

中國政府不願意與民進黨當局進行對話的具體原因有五。第

一，中國大陸方面認為，基於民進黨的「臺獨黨綱」和陳水扁的個人經歷，他所提出的「四不一沒有」的真正目的是減緩來自華盛頓和北京的壓力，一旦有機會，陳水扁就會繼續推進「臺獨」。第二，大陸方面注意到陳水扁自稱「臺灣之子」，並仿效毛澤東在建國大典上有關「中國人民站起來了」和「中國人民萬歲」的言辭，在演說中三次提到「臺灣站起來」，並以「臺灣人民萬歲」收尾，目的在於強調「臺灣認同」，變相宣布「獨立」。第三，陳水扁使用「未來的一個中國問題」這一模糊字眼來取代對一個中國原則的承諾，在陳的心目中，「一中」既不是法理框架，也不是未來目標。第四，大陸方面注意到陳水扁和「副總統」呂秀蓮在言辭上的不同，認為民進黨當局有意讓呂秀蓮唱黑臉，以凸顯陳水扁的和解姿態，說明陳水扁難以多作讓步。第五，李登輝對臺灣政壇仍有重要的影響力。

儘管中國政府不相信陳水扁當局有改善兩岸關係的誠意，但亦未對臺灣採取軍事行動。美國學者漢倫（Michael O'Hanlon）認為，其主要原因是中國大陸以導彈、空軍和兩棲作戰對臺灣實行大規模突然襲擊尚有一定難度。如果只依靠導彈攻擊或海上封鎖，美國就有時間採取軍事行動。其實，後面三個原因也許更為重要。第一，中國大陸的當務之急是經濟現代化，利用20年的發展機遇期，建立小康社會，後者要求一個和平的國際環境。雖然中國人民為捍衛國家主權和領土完整，不惜犧牲生命，但除非臺北公開走向「法理獨立」，中國大陸不願因為兩岸戰爭犧牲中國的長期發展目標和中國和平發展的國際形象，影響到中國與周邊國家和美國的關係。第二，李登輝逐漸淡出臺灣的權力中心和陳水扁在「臺獨」立場上的暫時收斂為中國大陸提供了觀察臺灣政治的新視角：臺灣領導人的政治意志和能力難免受到臺灣選舉政治、兩岸關係和國際形勢的多種因素的約束。民進黨當局所面臨的臺灣問題反而使中國大陸沒有必要對臺施壓。由於大多數臺灣人要求維持現狀，屬於「泛藍」陣

營的三個反對黨均反對臺灣「獨立」，而民進黨當局在選後又面臨嚴重的政治動盪和經濟問題，中國政府認為時間在大陸的一邊。第三，臺灣政黨輪替後沒有跡象表明美國支持「臺獨」。為此，中國大陸有理由對民進黨當局採取「聽其言，觀其行」的策略。

「聽其言，觀其行」不等於無所作為。事實上，中國政府自從發表「臺灣問題和一個中國的原則」白皮書和陳水扁當選後，對武力反「獨」作了更為充分的準備。中國政府明確表明，大陸方面有決心、有信心、有能力、有辦法用軍事手段解決臺「獨」問題。在中國大陸看來，加強軍備和軍力部署，既是為了做最壞的打算，也是為了對「臺獨」保持有效的威懾。在國際場合，中國政府堅持中華人民共和國是代表中國的唯一合法政府，對與臺灣保持「邦交」關係或試圖「建交」的國家施加壓力，防止臺灣加入國際組織。鑒於美國對臺軍售的增加和布希政府政策轉向的可能性，中國政府致力於發展與美國的建設性關係。為凸顯臺灣問題在中美雙邊關係中的重要性，中國政府派遣國臺辦副主任周明偉作為第一位部長級的官員，在布希就任後訪問美國。與此同時，中國大陸成功地阻止臺北參與東盟論壇，拒絕接受作為陳水扁「特使」的李元簇出席2001年10月在上海召開的亞太經合會。

「聽其言，觀其行」策略也有靈活性的一面。2000年8月24日，中國國務院副總理錢其琛對一個中國原則作了新的闡述，即「世界上只有一個中國，大陸和臺灣同屬於中國，中國的主權和領土完整不容分割」。而2000年白皮書對一個中國原則的表述則是，「世界上只有一個中國，臺灣是中國的一部分，中華人民共和國是代表中國的唯一合法政府。」錢其琛的上述說法展現了對臺灣的善意，這一姿態的用意在於表示中國大陸願意平等對待臺灣，努力尋求兩岸對一個中國的不同定義之間的共同點。此外，雖然中國政府不認為兩岸曾經在1992年達成「一個中國，各自表述」的共識，但同意「各自表述」是表達一個中國共識這一內容的方式。事實上，

中國大陸之所以在當年同意臺灣用自己的方式表達一個中國的原則，就是看到臺灣對一個中國的概念有不同的認知。在2001年9月紀念海協會成立10週年的會議上，汪道涵發表書面談話，指出兩會可以在堅持一個中國原則的「九二共識」的既有基礎上恢復對話，對陳水扁所率先使用的「既有基礎」一語，作出不失原則性的回應。在經濟交流方面，中國政府建議由兩岸非官方組織、企業或工商協會盡快協商開放「三通」，只要將「三通」視為一個國家的內部事務即可。錢其琛指出，兩岸可以擱置政治爭端，採取互不掛旗的方式直接通航。與此同時，大陸歡迎主張一個中國原則的國民黨、親民黨、新黨和臺灣企業界人士訪問大陸，從而對民進黨當局構成了壓力。

　　作為對臺灣2000年政黨輪替的回應，「聽其言，觀其行」策略反映了中國大陸對當年形勢的評估。陳水扁有關「四不一沒有」的政策宣示，緩解了大陸對臺灣立即走向「法理臺獨」的擔心。由於陳水扁既不接受一個中國原則和「九二共識」，又不明確承認自己是中國人，對兩岸未來統一作出任何承諾，中國政府不願跟民進黨當局直接打交道，但採取了一些變通措施。在2002年1月24日紀念「江八點」發表七週年的會議上，錢其琛在談話中對「臺獨」和臺灣文化及「廣大臺灣同胞要求當家做主」的願望作了區分，同時表示歡迎廣大民進黨黨員以適當身份前來大陸參觀訪問，鼓勵兩岸全面經濟合作。除了極力追求「臺獨」的基本教義派分子和民進黨高層，民進黨的一般成員，包括立法委員得以訪問大陸，與國臺辦的官員會面。2002年7月，民進黨人士陳忠信出任民進黨「中國事務部主任」後，以學術交流的名義，於次年1月訪問大陸。臺灣「陸委會企劃處處長」詹志宏也在2003年初訪問大陸，商談兩岸在2003春節包機直航的技術性事宜。與此同時，大陸一些具有官方背景的學者專家和國臺辦發言人李維一也相繼訪問臺灣。

　　二、先經濟，後政治

雖然「江八點」宣稱不以政治分歧干擾兩岸經濟合作，但這裡所講的分歧恐怕是有一定限度的。假如臺灣公開宣布「獨立」，很難相信中國大陸還會繼續鼓勵兩岸經濟交流。在沒有突破這一底線之前，政治分歧對經濟交流的影響程度是因時而異的。1995年李登輝訪美後，中國大陸曾表示，開放兩岸「三通」的前提是臺灣明確承諾接受一個中國原則，2001年後這一前提被微調為臺灣不挑戰一個中國原則。錢其琛2001年12月提出由兩岸非官方組織協商直接「三通」事宜，使「三通」的推進可以繞過兩會來進行，即所謂「另起爐灶」。臺灣的民間協會在協商前後可以徵求官方授權或認可，臺灣有關官員也可以顧問或成員的方式參加協商，並以兩岸事務來界定「三通」的性質，擱置爭論。透過鼓勵兩岸經濟交流，將經濟事務與政治分歧分開處理。從2000年到2004年，兩岸經濟上互相依賴和政治上敵對狀態的延續並行不悖。2003年兩岸貿易總值將近600億美元，大陸成為臺灣的第一大貿易夥伴。與此同時，臺灣在「公投」議題的炒作下，與大陸的政治關係則趨於疏離。鑒於陳水扁的連任和臺灣推動「獨立」和公投「新憲法」的勢頭，許多中國學者和政策分析家都認為，僅僅靠更加緊密的經濟交流，不足以推進中國的統一進程或降低兩岸在國家主權問題上的歧見。儘管如此，中國大陸並未改變推動兩岸經濟交流的策略，並將經濟紐帶視為防止臺灣分裂的有利槓桿。

中國經濟的迅速發展和兩岸「三通」逐漸發展，使大陸對統一目標的實現更具信心。與2000年白皮書中有關第三個「如果」的強硬提法不同的是，錢其琛在2001年9月表示，只要臺灣同意在一個中國原則下解決臺灣問題，中國政府有耐心等待。中共十六大報告再次呼籲兩岸在一個中國的前提下恢復對話協商，「可以談正式結束兩岸敵對狀態，可以談臺灣在國際上與其身份相適應的經濟文化社會活動空間問題，也可以談臺灣的政治地位問題」。但報告更強調的還是「寄希望於臺灣人民」，採取「實際步驟」積極推動兩岸

直接「三通」，促進經濟合作。在經歷1995—1996年的臺灣危機，1999—2000年因「兩國論」和民進黨上臺而帶來的兩岸關係緊張之後，中國大陸對臺灣透過「外交突破」、自我宣示或政黨輪替實現「臺獨」的可能性的擔心有所緩解，相信時間在大陸的一邊。為此，中國大陸除了積極推動兩岸經貿交流外，堅持以臺北接受一個中國原則，作為兩岸對話的前提，並在軍事和外交領域繼續對臺施壓。在北京看來，加強軍事力量和導彈部署，既是為了作最壞的準備，也是為了有效地遏阻「臺獨」。在紀念「江八點」發表八週年的大會上，錢其琛繼續將「三通」作為當務之急，而沒有強調保留對臺使用武力的政策。這當然並不意味著中國大陸已經放棄了必要時對臺用武的手段，而是反映了北京的策略性變化。既然中國政府武力反「獨」的底線是清楚的，就沒有不斷重申的必要。

三、建立反分裂統一戰線

對於2000年後臺灣內部的「藍、綠」對立，中國政府的基本立場是不直接介入，但對於不同的候選人當選對兩岸關係的影響，有不同評估。在2004年臺灣總統選舉中，連戰和宋楚瑜搭檔競選，一度使外界看好國民黨重新執政的可能性。當然，中國大陸方面也估計到，即使臺灣發生再次政黨輪替，兩岸也難以輕易發現解決政治分歧的捷徑。特別是在2004年選前，國民黨有意淡化其統一目標和對「九二共識」的堅持，擔任連宋競選總部總幹事的「立法院長」王金平甚至在2003年11月宣稱國民黨不應該排除「臺灣獨立」的選項。不管這只是競選語言，還是意味著國民黨的政策轉變，中國大陸難免認為，國民黨實際上已經成為一個機會主義的政黨，缺乏自己的明確目標和政綱；國民黨放棄統一綱領將導致臺灣對「臺獨」的支持者的增加。但比起極力推動「臺獨」的民進黨，國民黨恐怕還是略勝一籌，這兩個政黨的支持者和意識形態傳統畢竟還有很大差別。在2004年3月20日之前，中國大陸對「泛藍」獲勝持審慎樂觀的態度。這一猜測是基於以下幾個理由：1）民進黨在全島範圍

的選舉從未獲得超過40%的選票；2）由不同組織所進行的民調一般都預期「泛藍」將贏得選舉；3）許多臺灣人是理性的，他們更關心的是民生議題，而非高階政治議題；4）民進黨不善處理經濟事務，無法解決「黑金」政治問題；5）美國和日本不支持民進黨倡導的「三·二〇公投」，對陳水扁的連任有負面影響。陳水扁在「三·一九」槍擊案後的僥倖當選，難免使外界懷疑選舉結果的公正性。鑒於「泛藍」陣營對選舉結果的不滿和抗爭，國臺辦發表聲明，表示一旦臺灣局勢失控，中國政府不會坐視不管。這一說法，與中國政府在1980年代將臺灣內亂視為對臺使用武力的條件之一，有著前後相承的關係。

四、充分利用外交資源

面對民進黨當局推動「臺獨」的行為，中國大陸在許多國際場合，特別是在與美國、日本、俄國、法國、澳大利亞等大國打交道時，強調臺灣問題屬於中國的核心利益，希望國際社會支持中國的和平統一，反對臺灣分裂。國際因素，特別是美國因素，成為中國政府對臺決策的考慮因素。正如江澤民在1998年所說的，臺灣問題歸根到底是美國問題。在李登輝提出「兩國論」和陳水扁提出「一邊一國論」之後，中國政府透過外交渠道向美方施加壓力，敦促美國出面表態，將臺灣推回到一個中國的框架之內。陳水扁宣稱海峽兩岸屬於「一邊一國」後，中國大陸的反彈不如1999年對「兩國論」那麼強烈，在很大程度上是基於中國政府對於中美兩國在反對臺灣「獨立」方面的共同利益的自信心的增強，相信美國對臺灣的壓力更為有效，而且不容易產生反效果。江澤民在2002年10月訪問布希的克勞福農場時，甚至還非正式地建議以中國大陸減少在福建沿海的導彈部署換取美國減少對臺軍售。中國領導層在2002年前後的權力交接，為新老領導的學習或告別之旅，提供了更多的機會。胡錦濤主席2003年秋天訪問澳大利亞時，要求該國幫助中國實現和平統一目標。其後，胡錦濤在訪問法國期間，法國總統希拉克也表

示反對臺灣舉行「公投」。日本政府則在2003年底作了類似表示。

中美聯手反對「臺獨」的策略，在2003年和2004年之交有了進一步的展現。2003年12月中國國務院總理溫家寶訪問美國，與布希總統會面，美國表示反對臺灣領導人單方面改變現狀。次年2月，國臺辦主任陳雲林訪問美國華盛頓，進一步向美方說明，「維護國家的領土和主權完整，是中國的核心利益」，指出「臺獨」分裂勢力打開「公投」的「潘多拉匣子」後，會一步步推向「臺獨公投」，實現在2008年實施「臺灣新憲法」、使臺灣成為所謂「正常國家」的「臺獨」時間表，「希望美方能正確理解並相信中國政府的和平統一政策，」「在反對臺灣利用公投進行『臺獨』分裂活動的問題上堅持明確立場」，「反對改變臺灣地位或走向『臺獨』的『公投』，反對臺灣領導人有意片面改變現狀的言行」。上述涉臺外交的特點是中國政府明確要求美方尊重中國的核心利益，採取反對「臺獨」的主動措施，而不單單是要求美方不要做什麼。產生這一策略變化的原因之一是中國政府對自身在國際事務中的地位的上升有了新的認知。國際反恐和朝核危機為中國大陸提供了施展政治影響力的難得機遇，使其可以跟美國聯手，共同管理地區危機。

中國政府對國內和國際事務的政策優先考慮，包括確立維持臺海現狀這一近期目標，使中國大陸在反對臺灣「獨立」方面可以儘可能地尋求美方合作，而不必過多地訴諸武力。值得注意的是，陳雲林在上述美國之行時發表演講的標題是「中國政府致力於維護臺灣海峽地區的和平與穩定」。雖然在演說中，陳雲林也多次提到統一，但他清楚地表明中國大陸的主要目標是維持和平與穩定，以及爭取「和平統一的前景」。在中國大陸看來，美國和其他西方大國未必支持中國統一，哪怕是和平統一，但卻有可能支持中方維持臺海現狀的努力，其前提是中國政府清楚地對外闡明這一政策優先。2004年3月20日臺灣大選前美臺關係的互動，說明了中國政府這一策略的成功。除了布希總統在2003年12月布溫會上的表態外，美國

國務卿鮑爾也公開表示美國不支持臺灣的「3·20」公投，另外一位美國國務院資深官員也表示，美國希望臺北不要推動「新憲法」，以免誘發兩岸政治衝突。也許是對中國政府有關和平統一的「前景」的間接回應，美國國家安全委員會前亞太事務主任夏千福（Clifford Hart）在2004年5月初的一次閉門研討會上表示，如果陳水扁可以在他的「就職演說」中表明臺灣不排除未來兩岸統一，將是一項明智之舉。基於中美在臺灣問題上具有共同點，中國政府有理由繼續尋求美方對維持兩岸現狀的支持。

五、確立「反獨維穩」的近期目標

2004年國務院臺灣事務辦公室授權發表「五·一七」聲明，首次提出在一個中國的原則下，兩岸在正式結束敵對狀態的同時，可以建立軍事互信機制，構建和平穩定和發展的框架。中國政府選擇在陳水扁發表「就職演說」前三天，發表該項聲明，意在提醒臺灣當權者要麼承認兩岸同屬一個中國，要麼「玩火自焚」。正如「聲明」所說的：

現在，有兩條道路擺在臺灣當權者面前：一條是懸崖勒馬，停止「臺獨」分裂活動，承認兩岸同屬一個中國，促進兩岸關係發展；一條是一意孤行，妄圖把臺灣從中國分割出去，最終玩火自焚。何去何從，臺灣當權者必須作出選擇。

與此同時，中國政府明確表示，「堅持一個中國原則的立場決不妥協，爭取和平談判的努力決不放棄，與臺灣同胞共謀兩岸和平發展的誠意決不改變，堅決捍衛國家主權和領土完整的意志決不動搖，對「臺獨」決不容忍」，並指出在一個中國的前提下，兩岸關係可以實現「和平穩定發展的光明前景」，包括以下七個方面：

●恢復兩岸對話與談判，平等協商，正式結束敵對狀態，建立軍事互信機制，共同構造兩岸關係和平穩定發展的框架。

●以適當方式保持兩岸密切聯繫，及時磋商解決兩岸關係中衍生的問題。

●實現全面、直接、雙向「三通」，以利兩岸同胞便捷地進行經貿、交流、旅行、觀光等活動。

●建立緊密的兩岸經濟合作安排（CEPA），互利互惠。臺灣可以透過兩岸經濟交流與合作，優化產業結構，提升企業競爭力，同大陸一起應對經濟全球化和區域一體化的挑戰。臺灣農產品也可以在大陸獲得廣闊的銷售市場。

●進一步密切兩岸同胞各種交流，消弭隔閡，增進互信，累積共識。

●在兩岸關係的祥和氣氛中，臺灣同胞追求兩岸和平、渴望社會穩定、謀求經濟發展的願望將得以實現。

●透過協商，妥善解決臺灣在國際上與其身份相適應的活動空間問題，共享中華民族的尊嚴。

「五·一七」聲明發表後，有人將這「七個方面」和上述「五個決不」進行對比，認為前者展現了中國政府的靈活性，後者則是強硬立場的表現。其實，兩者是統一的。如果細讀「五個決不」，可以看到「和平談判」和「和平發展」被提到了更突出的地位，而「和平統一」則只在文末提到「祖國和平統一的前景」時才出現了一次。當時中國政府更為急迫的任務是反對「臺獨」。雖然中國政府表示堅持一個中國原則不動搖，但對臺北的要求則是承認兩岸同屬一個中國，較有彈性。「五·一七」聲明有關「建立軍事互信機制，共同構造兩岸關係和平穩定發展的框架」的建議，是中國政府過去從未提出過的。

中國政府在對臺政策的目標設定上，由1980年代期間致力於中國的早日統一，到以「反對獨立，維持和平穩定」為優先考慮，不

單單是對民進黨當局謀求「獨立主權」的反應，也是緣於中國國內的經濟發展，對和平的國際環境的需求。既然和平統一在短期內難以實現，維持現狀與和平統一的前景就成了中國大陸的次佳選擇。這意味著，只要現狀可以維持，中國大陸在短期內並不急於統一臺灣。就像美國學者羅斯（Robert Ross）所指出的，只要臺灣沒有宣布「獨立」，中國大陸可以接受維持現狀，為經濟和軍事現代化營造一個良好的環境。

對於「五·一七」聲明，陳水扁在「就職演說」中一面表示希望「兩岸致力於建設與發展，協商建立一個動態的和平穩定互動架構，共同確保臺海的現狀不被片面改變，並且進一步推動包括『三通』在內的文化經貿往來」，一面拒絕接受一個中國原則，宣稱「臺灣不但要站起來，還要勇敢的走出去，在世界地圖上永續發展、屹立不搖」，繼續推動「法理臺獨」。為此，中國政府於2005年3月透過了《反分裂國家法》，以法律的形式，確立以非和平手段制止臺灣分裂的政策底線。《反分裂國家法》出臺前，胡錦濤對新形勢下發展兩岸關係提出了四點意見（俗稱「胡四點」），表示中國政府堅持一個中國原則決不動搖，爭取和平統一的努力決不放棄，貫徹寄希望於臺灣人民的方針決不改變，反對「臺獨」分裂活動決不妥協。四個「決不」和「五·一七」聲明的五個「決不」基本對應，只是第四個「決不」涵蓋了「五·一七」聲明的第四個和第五個「決不」。同時，「胡四點」在中共「十六大」報告「三個可以談」的基礎上，增加了可以談「兩岸關係和平穩定發展的框架」的議題，與「五·一七」聲明相呼應（參見表8.1）。此外，「胡四點」第一次明確提出，任何涉及中國主權和領土完整的問題，必須由包括臺灣2300萬同胞在內的全中國13億人民共同決定。這既是為了強調大陸人民對於「臺獨」擁有否決權，也在於表明，在兩岸統一的問題上，中國大陸將充分尊重臺灣人民的意願。

《反分裂國家法》共有十條內容。第一條和第十條說明立法緣

由和生效日期。第二條到第五條確立一個中國原則和國家統一目標。第六條和「胡四點」第三點的內容相契合，貫徹了「不怕拖」的思維，將兩岸的政治分歧和經濟文化交流分開處理。第七條的意涵是「爭取談」，與「胡四點」的五個「可以談」基本吻合。第八條和第九條在於說明對臺使用「非和平方式」的前提以及儘量避免戰爭中的平民損失，與「胡四點」的最後一點相呼應。《反分裂國家法》出臺前，曾經有人預測中國政府在該法中，將對何謂臺灣「法理獨立」作出明確界定，但最後形成的法律文字是在三種情況下對臺使用非和平手段，即1）「臺獨」分裂勢力以任何名義、任何方式造成臺灣從中國分裂出去的事實，2）發生將會導致臺灣從中國分裂出去的重大事變，3）和平統一的條件完全喪失。這裡的「非和平方式」包括的範圍較廣，不僅包括武力，也可指涉經濟封鎖的強制措施。

　　2005年春夏期間，國民黨、親民黨和中華新黨主席先後訪問大陸，兩岸建立反「臺獨」的統一戰線和政黨間交流對話平臺，大陸採取了包括開放臺灣農產品進口等一系列有利於臺灣人民和兩岸關係發展的政策。與此同時，中國政府透過大國外交，爭取國際社會對一個中國原則的支持，特別是與美國在反對臺北單方面改變現狀方面取得共識，出現了中美聯手共管臺海危機，維護臺海和平的新局面。基於對臺灣形勢和國際形勢的把握，中國政府得以自信有據地面對2007—2008兩岸關係的高危期。在臺灣推動「入聯公投」、加緊進行分裂活動之際，胡錦濤總書記在「十七大」報告中重申「構建兩岸關係和平發展框架」的思路，提出要「牢牢把握兩岸關係和平發展的主題」，鄭重呼籲，「在一個中國原則的基礎上，協商正式結束兩岸敵對狀態，達成和平協議，構建兩岸關係和平發展框架」，體現了中國政府對實現臺海和平的誠意和信心。

第四節　臺灣政黨再次輪替後的大陸對臺政策

臺灣政黨的再次輪替,為中國大陸「反獨維穩」的政策思路提供了新的增長點。國民黨重新執政、回歸「九二共識」後,中國國家主席胡錦濤在2008年歲末紀念《告臺灣同胞書》發表30週年座談會上的談話,就推動兩岸關係和平發展提出了六點意見(以下簡稱「胡六點」),展現了處理兩岸關係的一系列新思路。作為中國政府在新時期對臺政策的綱領性文件,」胡六點」既是對三十年來中國政府對臺工作的總結,也代表了未來的發展方向。

表8.1　2004年以來中國政府對臺政策的重要提法比較

「五‧一七」聲明	「胡四點」	《反分裂國家法》	「胡六點」
堅持一個中國原則的立場絕不妥協	1. 堅持一個中國原則決不動搖	2. 世界上只有一個中國 3.台灣問題是中國內戰的遺留問題	1. 恪守一個中國，增進政治互信
爭取和平談判的努力決不放棄(以最大的誠意、盡最大的努力爭取祖國和平統一的前景)	2.爭取和平統一的努力決不放棄(1.5：也可以談在實現和平統一過程需要解決的所有問題)	4. 完成統一祖國的大業是包括台灣同胞在內的全中國人民的神聖職責 5. 堅持一個中國原則是實現祖國和平統一的基礎 7.3 協商和平統一的步驟和安排 7.6 協商與實現和平統一有關的其他任何問題。	
與台灣同胞共謀兩岸和平發展的誠意決不改變	3. 貫徹寄希望於台灣人民的方針決不改變(四個只要)		
堅決捍衛國家主權和領土完整的意志決不動搖 對「台獨」決不容忍	4. 反對「台獨」分裂活動決不妥協(任何涉及中國主權和領土完整的問題，必須由全中國13億人民共同決定)	8. 三種情況下採取非和平手段 9. 盡最大可能保證平民生命財產安全	

續 表

「五·一七」聲明	「胡四點」	《反分裂國家法》	「胡六點」
建立軍事互信機制，構造和平穩定發展框架	1.1：可以談正式結束兩岸敵對狀態和建立軍事互信； 1.4：可以談兩岸關係和平穩定發展的框架等議題	7.1正式結束兩岸敵對狀態 7.4 協商台灣當局的政治地位	6. 結束敵對狀態，達成和平協議
及時磋商解決兩岸關係中衍生的問題		7.2 發展兩岸關係	2. 推進經濟合作，促進共同發展
全面、直接、雙向「三通」		6.2 直接通郵通商通航	
建立緊密的兩岸經濟合作安排		6.2鼓勵和推動兩岸經濟交流與合作	
密切兩岸同胞各種交流		6.1 鼓勵和推動兩岸人員往來，增進了解，增強互信 6.3 推動兩岸教育、科技、文化、衛生、體育交流，弘揚中華文化的優秀傳統	3. 弘揚中華文化，加強精神紐帶 4.加強人員往來，擴大各界交流
實現台灣同胞追求兩岸和平、社會穩定、經濟發展的願望		6.4共同打擊犯罪	
解決台灣地區在國際上的活動空間問題	1.2：可以談台灣地區在國際上與其身份相容的活動空間； 1.3：可以談台灣當局的政治地位	7.5協商台灣地區在國際上與其地位相容的活動空間	5. 維護國家主權，協商涉外事務

由表8.1可以看到,「胡六點」和上述「五‧一七」聲明、「胡四點」、《反分裂國家法》具有前後相承的關係。「胡六點」的新意有四。一是對兩岸關係現狀作了明確的界定,即「大陸和臺灣儘管尚未統一,但不是中國領土和主權的分裂,而是上個世紀40年代中後期中國內戰遺留並延續的政治對立,這沒有改變大陸和臺灣同屬一個中國的事實。兩岸復歸統一,不是主權和領土再造,而是結束政治對立」。二是明確表示「只要民進黨改變『臺獨』分裂立場,我們願意作出正面回應。三是首次指出兩岸在涉外活動中應「避免不必要的內耗」,對馬英九的「和解休兵」作出間接回應。四是首次表示,「兩岸可以就在國家尚未統一的特殊情況下的政治關係展開務實探討」,「兩岸可以適時就軍事問題進行接觸交流,探討建立軍事安全互信機制問題」。用「政治關係」取代原來有關臺灣在統一前的「政治地位」問題的提法,更加凸顯了中國大陸願意與臺灣進行平等協商的精神。

　　新時期大陸對臺政策的核心是處理一個中國原則與中國尚未統一的關係,即維護一中框架與追求國家統一的關係。一個中國原則指的是,世界上只有一個中國,大陸和臺灣同屬一中,中國主權和領土完整不容分割。如果中國是一個統一的國家,上述原則自然是天經地義,不證自明的。但在中國尚未統一的情況下,如何基於兩岸在事關國家主權和領土問題上存在政治對立這一經驗事實,理解一個中國原則的有效性,就成為一個值得深思明辨的問題。正如大陸學者李逸舟所指出的,現階段兩岸關係的主要矛盾,是一個中國的基本格局與這一格局在局部範圍內的不完整性、也即「中華民國」在中國主體範圍不存在但又確實真實存在於中國局部地域之間的矛盾。漠視對方的客觀存在、試圖迴避或者抹殺這一矛盾,是十多年來兩岸關係持續緊張、兩岸政治關係遲滯不前的直接原因。出於同樣的考慮,大陸學者劉國深也早在十年前就提出了「球體理論」,認為「中國這一『國家球體』的球面是由中華人民共和國和

『中華民國』兩個競爭中的政權構成，她們分別在背靠背的空間和場合代表著中國，雙方形成了事實上『一體兩面』的關係。儘管兩塊球面附著的球體大小懸殊，卻在各自的空間裡行使著對內鎮壓與管理，對外保護的功能。」

「胡六點」指出，「兩岸在事關維護一個中國框架這一原則問題上形成共同認知和一致立場，就有了構築政治互信的基石，什麼事情都好商量」。這一說法體現了「建立互信、擱置爭議、求同存異、共創雙贏」的精神。根據這一精神，可以將「胡六點」所說的「政治對立」，理解為兩個政治實體之間的「分庭抗禮」。「分庭」就是客觀上存在著兩個互不隸屬、各自管轄內部事務的合法政府或政權，雙方在政治上互不否認，互不干涉對方的內部事務；「抗禮」就是兩岸政府在憲法和國際法的意義上並不承認對方是另一主權實體，也就是法理上互不承認。這種政治上的對立格局，源於六十年前的國共內戰。如果說，從1911年中華民國成立，1945年臺灣回歸中國，到1949年中華民國在大陸地區的統治權為中華人民共和國所取代，可以稱為中國歷史上的第一共和時期的話，那麼，從1949年中華人民共和國成立，到未來兩岸重新統一，則可以視為第二共和時期。在這一時期，大陸地區的中華人民共和國政府，繼承了第一共和時期國家主權涵蓋範圍的主體部分。臺灣的「中華民國」政府儘管轄區範圍極為有限，但依靠美國為首的西方陣營的支持，占據大量國際組織的席位，並與許多國家維持「邦交」關係。這種反差現象直到中美關係正常化後，才發生了明顯的變化。在第二共和時期，海峽兩岸在法理上延續「誰代表中國」的「內戰」狀態，客觀上維護了一個中國的框架。兩岸「分而不離」，海峽雙方實行不同的社會制度，對內合法統治，分別管轄中國這一「共同家園」（共同疆域）；對外分別代表中國，以相互競爭排斥的零和遊戲（在兩蔣時期）或默認彼此既有涉外空間的雙贏方式（在馬英九時期），實際上分享了中國這一共同的主權觀念，可以說在某種程

度上實現了主權共享。正是從這個意義上說，兩岸重新統一，不是主權和領土的再造，而是透過平等協商或對等談判，結束兩個政治實體之間的對立，進一步共享中國的國家主權。換句話說，一個中國原則和國家尚未統一的關係，與其從「應然」層面和「實然」層面進行分野（即恪守一個中國只是原則上應該如此，實際上難以做到），不如對主權和治權進行理論上的區隔（即主權包括治權，但治權不等於主權）。正確把握一個中國原則和國家尚未統一的關係，有助於務實探討兩岸在和平發展時期的特殊政治關係，妥善處理維護一中框架和追求國家統一的關係。本書第九章將進一步探討這一問題。

第五節　小結

　　三十年來，中國政府的對臺政策和策略有過多次調整。在1970年代末，中國政府領導人提出了以「一國兩制」和平解決臺灣問題的思路，並將祖國統一作為1980年代的三大任務之一。鑒於1988年1月蔣經國突然辭世後臺灣政權本土化和民主化的急劇發展，中國政府適時調整了政策目標，將工作重點放到推進兩岸「三通」及妥當處理兩岸交流所衍生的問題上來。在1980年代，中國政府在談到對臺使用武力的前提時，往往包括國民黨當局長期拒絕與大陸和談統一這一情形，以迫使國民黨當局走向談判桌，含有「以武促統」的意味。到1990年代後，中國政府在談到保留使用武力的理由時，強調的是防止臺灣「獨立」或外國勢力干涉臺灣。根據李登輝推進「漸進臺獨」路線的現實，中國政府在1990年代後，逐漸將對臺工作的重點由「促統」轉為「反獨」、「防獨」，呼籲雙方在一個中國的原則下，舉行政治談判，優先解決結束兩岸的敵對狀態問題。李登輝1995年訪美後，中國政府一面展現了武力反獨的決心，一面加強了對美工作。當李登輝在1999年將兩岸關係界定為「特殊的國

與國關係」時，美方對臺北施加了壓力，阻止臺北的進一步挑釁行為，反映了中國政府對美工作的成效。民進黨在2000年僥倖執政後，中國政府採取了「聽其言，觀其行」的政策，以一個中國原則和「九二共識」作為恢復兩會協商和兩岸政治對話的基礎，公開表明臺灣和大陸同屬一個中國，同時堅持不以政治分歧干擾兩岸的經濟交流，促進金、廈「小三通」，透過民間組織，就兩岸春節包機等議題展開協商，體現了原則性和靈活性的統一。2004陳水扁連任前後，中國政府面對民進黨政治人物肆意挑起兩岸關係危機，堅持反「臺獨」的明確立場，努力維護臺灣海峽地區的和平與穩定，以爭取兩岸最終實現和平統一的前景。從「五·一七」聲明、「胡四點」和《反分裂國家法》的相繼出臺到從美國對「入聯公投」的多次批評，從國共、共親對話平臺的建立到國民黨的重新執政，從2008年以來兩岸關係的迅速發展，到「胡六點」對三十年來兩岸關係的總結，可以看到中國政府因應臺灣政治轉型的啟動和嬗變，在對臺政策上作出多次政策調整的軌跡。

第九章　臺灣政治轉型與兩岸關係的和平發展

　　臺灣政治轉型後，不同政黨和民間利益團體在有關國家認同、「外交」和大陸政策上，各抒己見，為海峽兩岸關係的發展，增添了諸多複雜的變量。由於國民黨的威權統治，系以「反共復國」的政治口號和《動員戡亂時期臨時條款》為其合法性來源，為此，在臺灣走向政治民主化之前，當局恪守一個中國政策，在臺灣大力宣傳中華意識，對大陸奉行「不妥協、不談判、不接觸」的「三不」政策，在國際場合堅持「漢賊不兩立」的鮮明立場。換言之，國民黨的威權統治，既是臺灣走向「獨立」的法理障礙，也是改善兩岸關係的政治包袱。此一政治架構與政策取向，由於臺灣政治轉型的啟動和政黨政治的運作，發生了根本變化。臺灣政治民主化和本土化趨勢，使國民黨政權得以重新界定其合法性基礎，對「三民主義統一中國」的目標予以新的詮釋，進而在政治認同、大陸政策和「外交」取向上作出重大調整，使兩岸關係充滿變數。民進黨執政，對兩岸關係帶來了更大的衝擊。

　　與臺灣政治轉型基本對應的是，從1979年到2008年，兩岸關係經歷了三個發展階段。第一階段從1979年1月到1987年11月。臺灣對大陸方面有關「三通」與和談的呼籲，採取「不妥協、不談判、不接觸」的官方政策，導致兩岸民間交流僅限於轉口貿易、沿海小額貿易和間接通信層次。第二階段從1987年11月到2000年5月。臺灣政治轉型後，蔣經國於1987年11月開放臺灣退伍老兵返鄉探親，由此開啟了兩岸人員交流的大門，兩岸關係由封閉走向熱絡。1993年大陸海協會和臺灣海基會在新加坡舉行「辜汪會談」，達成了一系列促進兩岸交流的協議。另一方面，從1993年9月開始，臺灣推

動「重返聯合國」活動，國民黨領導人李登輝先是試圖透過「外交突破」謀取「獨立」，後又透過自我宣示，公開將兩岸關係界定為「特殊的國與國關係」。第三階段是民進黨八年執政時期。在這期間，民進黨兩次實行「公投綁大選」，炒作「制憲」、「正名」、「廢統」、「入聯」的一系列議題。在李登輝執政後期和陳水扁執政時期，臺北將大陸視為對臺灣的威脅，刻意阻撓兩岸的經濟和文化交流。兩岸敵對狀態的延續和臺灣選舉週期的效應，使兩岸關係呈現四年一度的週期性危機。1995年夏天李登輝訪美誘發一場危機，持續到次年春天；1999—2000年李登輝的「兩國論」和陳水扁的上臺使臺海再起波濤；2003—2004年臺北當局的「公投綁大選」又對兩岸關係帶來嚴重衝擊；而2008年3月臺灣大選前民進黨以「入聯公投」謀求繼續執政、實現「臺獨」的策略，再次將兩岸關係引入「高危期」。2008年大選後臺灣出現了第二次政黨輪替。國民黨領導人馬英九提出了較為務實的大陸政策和對外交往的思路，為構建兩岸關係和平發展框架，提供了難得的歷史機遇。特別是海協會和海基會的正式協商功能得到恢復。海協會會長陳雲林在2008年11月訪臺期間，與臺北方面就兩岸直接「三通」等實質性問題（如日日包機、截彎取直等），達成有關協議，並確立了兩會今後進行制度化協商的基礎。馬英九與陳雲林在臺北進行的歷史性會面，意味著兩岸關係的突破性發展。兩岸「三通」的全面開放，代表著兩岸經貿往來和文化交流已經邁入正常化發展的新時期。而兩岸的政治對話一旦啟動，將涉及正式結束敵對狀態、達成和平協議、建立軍事安全互信機制、解決臺灣涉外活動空間以及確立兩岸在統一前的政治關係等敏感議題。

第一節　兩岸民間交流的擴大與影響

一、兩岸民間交流的迅速發展

臺灣政治轉型的啟動，有助於推動兩岸民間交流。如第八章所述，開展兩岸「三通」、「四流」是中華人民共和國政府「寄希望於臺灣人民」，推動國共兩黨和談統一的重要步驟。但中國政府這一「以三通促和談、以和談促統一」的策略，在臺灣政治民主化之前，一直為奉行「三不」政策的國民黨當局所拒。從1970年代末到1980年代上半葉，臺北將兩岸民間往來，定性為「走私」、「通匪」行為，嚴加禁止。由於國民黨的威權統治與其所刻意營造的「反共心防」，相輔相成，缺一不可，故在臺灣政治民主化之前，臺北當局不可能貿然開放兩岸交流。否則，將難免動搖其「法統」根基，無異於政治自殺。

　　臺灣政治轉型後，國民黨不再將兩岸民間交流視為政治禁錮。政治民主化使臺灣在野黨派和民間利益團體的意見，得到較多的表達機會。眾多工商界和文化界人士，出於推動和擴大兩岸經濟、文化交流的現實考慮，成為支持兩岸「三通」、改善雙方關係的利益團體，使國民黨的「反共戡亂」體制和僵硬的「三不」政策面臨衝擊。在民間壓力的推動下，兩岸經濟、文化交流在過去的二十多年中，取得了舉世矚目的進展。與此同時，臺灣社會趨於多元化，當局難以控制大陸訊息流入臺灣，也無法對民間要求與大陸進行經濟、文化交流的壓力，一概置之不理。1987年3月，長期旅居美國的臺灣著名學者丘宏達教授撰文，對「三不」政策予以質疑，建議臺北準許兩岸通信、探親，制定與大陸通商的合理法律，允許研究機構進口大陸訊息。他認為，臺北在1980年代中期所默許的「轉口貿易」實即「間接通商」，而間接通郵與改道通航的旅遊及航運也都成為事實，不如明令承認，允許「間接三通」。國民黨籍立法委員洪昭男、趙少康、李勝峰分別對「行政院」提出質詢，要求臺北採取「更具彈性且明確的大陸政策」。與此同時，民進黨也積極呼應退伍老兵的返鄉探親請願活動；《中國時報》、《民眾日報》等媒體亦發表社論，主張允許兩岸民間往返交流，開放大陸商品、書

籍進口。在外界的壓力下，蔣經國最終於1987年秋天，決定開放臺灣人民前往大陸探親。1988年夏天國民黨十三全大會透過的「現階段大陸政策」，以「單向、間接、民間」性為原則，規範兩岸經濟、文化交流。

臺灣內部政治生態的變化，使中國大陸實行以經濟促政治、以「三通」促和談的策略，有了著力點。正如臺灣學者冷則剛所指出的，民主化改變了臺灣的權力結構，執政當局無力制度化地整合社會上的不同利益，官僚決策過程充滿矛盾和衝突，大企業則跟政府官員和「民意代表」建立起政治網絡關係以保護其在大陸的經濟利益。面對臺灣工商團體的壓力，臺北已經無力禁止兩岸交流，但又不願實行全面開放。在國民黨剛提出「現階段大陸政策」時，李登輝就宣稱，應降低「大陸熱」。1990年代初，臺北對兩岸交流採取「導禁兼施」的策略，企圖以經濟實力作為迫使中國政府承認臺灣「獨立主權」的籌碼，但這一政策立場與民間企業界「在商言商」的現實利益存在著明顯差異。根據臺灣企業界在1992年8月間進行的一項研究調查，臺灣的企業家和廠家，大都傾向於希望當局儘早開放兩岸「直接貿易」，「政治的歸政治，經濟的歸經濟」，並不認為兩岸經貿活動會影響到臺灣的安全。李登輝在1996年連任後，提出對兩岸經貿交流採取「戒急用忍」的政策，限制臺商投資大陸的規模，迫使王永慶暫停在福建漳州投資興建火電廠的計劃和高清願的統一集團取消在武漢的一個大型投資項目。從數字上來看，1997年上半年，臺商大陸投資案平均規模為230萬美元，比1996年同期降低了100萬美元，投資項目和協議金額也有所下降。為此，這一政策遭到了臺灣工商界人士，特別是王永慶、高清願、張榮發等大企業家的反對，無法長期實行，貫徹到位。陳水扁上臺後，對兩岸經貿交流先是採取「積極開放，有效管理」的政策，後來又改為「有效開放，積極管理」，名稱不同，內容一樣，跟「戒急用忍」政策也沒有本質不同，目的都是為了限制兩岸經貿交流，同樣

遭到了企業界的反對。例如張忠謀的臺積電集團就在是否和如何開放晶圓廠赴大陸投資的問題上，與民進黨當局發生了矛盾。特別是許文龍的奇美集團，本屬支持民進黨的大財團，但在中國政府透過《反分裂國家法》後，許文龍公開肯定該法對發展兩岸關係的正面意義，反映了臺灣民間財團和民進黨當局在處理兩岸關係上的嚴重分歧。

隨著兩岸經貿交流的增加，經濟互相依賴的程度也加深了。從1993年開始，大陸實際使用臺資金額每年都在15億美元以上，最高的是2002年39.7億美元，最低的是2007年的17.7億美元。2008年大陸共批準臺商投資項目2360個，同比下降28.5%；但實際使用臺資金額19億美元，同比上升7.0%。2009年大陸共批準臺商投資項目2555個，同比上升8.3%，實際使用臺資金額18.8億美元，同比減少1.0%。截至2009年12月底，大陸累計批準臺資項目80061個，實際利用臺資495.4億美元。按實際使用外資統計，臺資在大陸累計吸收境外投資中占5.2%，排在第五位。但大陸臺資占臺灣對外投資的比重卻高得多，有的年份高達一半左右。

從表9.1可以看到，兩岸貿易在1991年以來呈歷年遞增狀況。1993年貿易額突破100億美元大關，達到144億美元，1998年突破200億美元，2002年翻到400億美元以上，2006年突破1000億美元。臺灣對大陸的貿易順差也基本是每年遞增。2008年兩岸貿易額達到1292.2億美元，其中臺灣對大陸出口1033.4億美元，自大陸進口258.8億美元，順差774.6億美元。2009年兩岸貿易額為1062.3億美元，其中臺灣對大陸出口857.2億美元，自大陸進口205.1億美元，順差652.1億美元。從1991年到2009年，兩岸貿易累計金額達到9636.7億美元，其中臺灣對大陸出口累計7913.2億美元，自大陸進口累計1723.5億美元，出超額累計6189.9億美元。在1990年代初，兩岸貿易占臺灣對外貿易和大陸對外貿易的比重差不多，但到1993年後，隨著大陸對外貿易的迅速增長，兩岸貿易占臺灣對外貿易的比

重開始明顯高於兩岸貿易占大陸對外貿易的比重。這一趨勢在2000年後更為顯著。2001年兩岸貿易占臺灣貿易總額的13.8%，但只占大陸外貿總額的6.3%。2009年兩岸貿易占臺灣貿易總額的28.1%，但只占大陸貿易總額的4.8%。2009年臺灣自大陸進口的貿易額占其進口總額的11.7%，但只占大陸出口貿易總額的1.7%；同年臺灣向大陸出口的貿易額高達其出口總額的42.1%，但也只占大陸進口總額的8.5%。從2006年到2009年臺灣對外貿易的順差分別為113億美元，252億美元，148億美元和290.4億美元，同時兩岸貿易卻給臺灣帶來了每年六七百億美元的順差。換句話說，離開了兩岸貿易，臺灣就將出現連年的貿易赤字。目前臺灣是大陸第七大貿易夥伴、第九大出口市場、第五大進口來源地，而大陸則是臺灣最大的貿易夥伴、最大的出口市場和貿易順差來源，同時也是臺灣的第二大進口來源地。兩岸貿易對臺灣外貿（特別是出口貿易和貿易順差）的重大影響，意味著臺灣對大陸的貿易依賴要遠遠高於大陸對臺灣的貿易依賴。此外，由於開發新的出口市場的難度高於尋求新的進口來源地，兩岸貿易一旦因為政治原因而中斷，臺灣經濟所遭遇的損失，將遠遠超過大陸，而且臺灣的貿易依存度還高達109%（2008年）。臺灣想控制兩岸的經貿交流進程，但在民間力量的推動下，臺灣經濟仍難免與大陸經濟發生進一步的整合。

除了經貿往來外，兩岸的人員往來也持續快速增長。2007年，臺灣居民來大陸超過462萬人次，同比增長4.9%。大陸居民赴臺近23萬人次，同比增長10.7%。自2008年7月18日大陸居民赴臺旅遊正式開放至當年年底，大陸居民赴臺旅遊人數約6萬人次，日均遊客一直保持300多人。兩岸開放直接「三通」後，民間交流的步伐進一步擴大。2009年大陸居民赴臺旅遊23289團、60.62萬（606195）人次，實現了全年大陸居民赴臺旅遊60萬人次的目標，大陸已成為赴臺旅遊的第二大客源地。2009年，臺灣居民來大陸448萬人次，同比增加2.66%；大陸居民赴臺93萬人次，同比增長235.65%，其中

應邀赴臺交流13243項，103300人次，同比增長分別為57.79%和120.58%。截止2009年底，臺灣居民來大陸累計達到5588萬人次，大陸居民赴臺累計超過285萬人次，其中應邀赴臺交流累計66493項、450299人次。數十萬臺商及其家屬常住大陸地區。兩岸在教育、文化、科技、體育、衛生、影視、出版、宗教等各個領域的交流都獲得了新進展。

表9.1　兩岸貿易及互相依賴程度的變化（金額單位：億美元）

年份	兩岸貿易 金額	同比增減%	占台外貿%	占大陸外貿%	對大陸出口 金額	同比增減%	占台外貿%	占大陸外貿%	自大陸出口 金額	同比增減%	占台外貿%	占大陸外貿%	貿易順差（台）
1991	57.9	43.3	4.1	4.3	46.7	42.3	6.1	7.3	11.3	47.1	1.8	1.6	35.4
1992	74.1	23.9	4.8	4.5	62.9	34.7	7.7	7.8	11.2	-0.6	1.5	1.3	51.7
1993	144.0	94.3	8.8	7.4	129.3	105.6	15.0	12.4	14.6	30.5	1.9	1.6	114.7
1994	163.2	13.4	9.1	6.9	140.8	8.9	15.0	12.2	22.4	53.2	2.6	1.9	118.4
1995	178.8	9.5	8.2	6.4	147.8	5.0	13.0	11.2	31.0	38.4	3.0	2.1	116.8
1996	189.8	6.1	8.6	6.5	161.8	9.5	13.8	11.7	28.0	-9.6	2.7	1.9	133.8
1997	198.4	4.5	8.3	6.1	164.4	1.6	13.2	11.5	34.0	21.2	3.0	1.9	130.5
1998	205.0	3.3	9.4	6.3	166.3	1.1	14.8	11.9	38.7	13.9	3.7	2.1	127.6
1999	234.8	14.5	10.0	6.5	195.3	17.4	15.8	11.8	39.5	2.1	3.6	1.9	155.8
2000	305.3	30.1	10.4	6.4	254.9	30.6	16.8	11.3	50.4	27.6	3.6	2.0	204.5
2001	323.4	5.9	13.8	6.3	273.4	7.2	21.6	11.2	50.0	-0.8	4.6	1.9	223.4
2002	446.7	38.1	18.0	7.2	380.8	39.3	28.1	12.9	65.9	31.7	5.8	2.0	314.9
2003	583.6	30.7	21.0	6.9	493.6	29.7	32.8	12.0	90.0	36.7	7.0	2.1	403.6
2004	783.2	34.2	22.3	6.8	647.8	31.2	35.5	11.5	135.5	50.4	8.0	2.3	512.3
2005	912.3	16.5	23.9	6.4	746.8	15.3	37.6	11.3	165.5	22.2	9.1	2.2	581.3
2006	1078.4	18.2	25.3	6.1	871.1	16.6	38.9	11.0	207.4	25.3	10.2	2.1	663.7
2007	1244.8	15.4	27.1	5.7	1010.2	16.0	41.7	10.1	234.6	13.1	10.1	1.9	775.6
2008	1292.2	3.8	26.0	5.0	1033.4	2.3	40.4	9.1	258.8	10.3	10.7	1.8	774.6
2009	1062.3	-17.8	28.1	4.8	857.2	-17.0	42.1	8.5	205.1	-20.8	11.7	1.7	652.1
累計	9636.7	/	/	/	7913.2	/	/	/	1723.5	/	/	/	6189.7

資料來源：兩岸貿易的數字根據中華人民共和國商務部臺港澳司「歷年兩岸貿易統計」（1978-2008年）資料整理，並補充2009年兩岸貿易數字，其中累積指的是1978年以來的累積數字。兩岸進出口占各自進出口總數的比例系筆者根據兩岸歷年對外貿易統計數字計算得出。中國大陸對外貿易數字根據商務部的統計，臺灣對外貿易數據根據《中國臺灣網》和《中國新聞網》的相關報導。
http://tga.mofcom.gov.cn/aarticle/jing-

maotongji/redht/200902/20090206026844.html.

二、兩岸共同體意識的形塑

兩岸經濟和文化的擴大交流，特別是人員的高度地域流動性和中國政府對臺灣人民的一系列優惠政策，有利於加強兩岸間的相互依存意識，促進經濟、文化一體化發展，強化國家認同。根據臺灣學者魏鏞的「聯鎖社群」概念，在「多體系國家」某一政治體系之內有一群人民，與另一政治體系的人民及社群可能因為廣泛的社會、文化、商業或其他形式的接觸，導致他們跨越體系界線而發展出與另一體系中的人民及社會間的有相當程度的瞭解、敏感度與情感關係，同時又與本身政治體系內具有相似性與經驗的人民保持密切聯繫。臺灣學者耿曙和林瑞華也注意到臺商的經濟與文化網絡日益鑲嵌在大陸的區域治理架構中，影響到臺商的政治認同。上述理論可以在大陸臺商的一些政治行為得到驗證。從2005年「綠色臺商」許文龍公開表態支持「反分裂國家法」，到2007年臺灣企業界人士曹興誠倡導兩岸制定和平共處法，都可以視為「聯鎖社群」效應的典型例證。

國家或民族認同屬於一種社會觀念性質的概念。政治學領域中的原生主義（primodialist）或本質主義（essentialism）理論認為民族認同是社會共同體成員透過一些共有的象徵符號、語言、神話和歷史而形成的，具有很強的穩定性。政府間主義理論強調認同的穩定性和政府的功能，認為集體認同應該而且只能限於民族國家範圍之內。建構主義理論則認為，民族和民族認同屬於歷史性發展的社會建構。根據這些理論，海峽兩岸對「一個中國」的認同是歷史形成的產物。只是由於兩岸的政治對立、制度差異和生活水平距離，才使一部分臺灣人產生了不同的政治認同，即所謂的「臺灣認同」。產生這一分離意識的直接原因，是臺灣的建構行為。雖然，國民黨在兩蔣時期，以「反攻大陸」作為其在臺實行威權統治的基

礎，拒絕接受中國政府的政治合法性，但仍然堅持「一個中國」的原則。1990年代中期以來，臺灣分裂主義勢力利用民眾要求自主決定臺灣前途命運的意願，刻意在國際社會推行「兩個中國」、「一中一臺」，製造兩岸政治對立。而美國政界的一些人士也在有意或無意地向臺灣「臺獨」勢力傳遞錯誤訊息，使其有恃無恐，毒化兩岸關係的氣氛，造成臺灣部分民意對大陸的敵對情緒。李登輝執政之後，刻意宣揚「臺灣主體意識」。在政治上強調兩岸差距（如在千島湖事件後攻擊中國政府是「土匪政權」），將所謂「『中華民國』到臺灣」的論述改變為「『中華民國』在臺灣」，透過全面改選「民意機構」和直接選舉臺灣總統，凸顯政權的地區代表性，與大陸相切割（僅代表臺灣，與大陸無關）。在經濟上限制兩岸的交流規模。在文化上，從歷史遭遇和「國際孤立」兩個方面，渲染「臺灣悲情」，並有意讓民眾在是中國人還是臺灣人之間進行選擇，形塑「共同體感」（sense of community）、「相互同情感」（mutual sympathies）和「我群意識」（we-feeling）。民進黨執政後，繼續限制兩岸交流，加快「去中國化」步伐，建構「臺灣認同」。

　　值得注意的是，臺灣政治人物的分裂言行對民意的影響之後遺症並未因為臺灣政黨的二次輪替而得到根除。根據臺灣政治大學選舉研究中心的追蹤調查，從1992年6月到2009年6月，認為自己是臺灣人的比例，從17.3%上升到52.1%，認為自己是中國人的比例，從26.2%下降到4.3%，認為自己既是臺灣人也是中國人的比例，則從45.4%降到39.2%，幅度較小。在這期間，認為自己是中國人的比例，出現過三次明顯的下降。第一次是在1995年6月和1996年6月期間，從24.9%陡降到15.8%。第二次是在1998年12月和1999年12月期間，從16.3%劇降到10.7%。第三次是在2003年6月和2004年6月期間，從9.9%下降到6.3%。而認為自己是臺灣人的比例，則出現過四次明顯上升。第一次是在1996年6月和1997年6月期間，從23.1%飆

升到33.7%。第二次是在2000年6月和2001年12月期間，從36.9%劇升到43.2%。第三次是在2004年6月和2005年12月期間，從40.6%上升到46.5%。第四次是在2007年12月和2009年6月期間，從2007年12月的43.7%上升2008年6月的46.1%，2008年12月的50.8%和2009年6月的52.1%。從上述數字，可以看出臺灣民眾的中國意識的淡化和臺灣意識的上升，跟李登輝1995年訪美、1999年提出「兩國論」、陳水扁2003年推行「公投綁大選」以及2007年推動「入聯公投」所導致的四次臺海危機有著難解之緣。認為自己是中國人的受訪民眾的減少，沒有導致認為自己是臺灣人的受訪民眾在同一時段同步增加，其效應在後一時段才體現出來，意味著民眾認同的改變，是一個逐漸位移的過程。換言之，原先以中國為唯一認同對象的民眾，更容易轉化為既是臺灣人，也是中國人的認同，而新增加的以臺灣為唯一認同的民眾，則來自原先自認為既是臺灣人也是中國人的部分民眾。從2008年6月到2009年6月（國民黨重新執政的第一年），認為自己是中國人的比例，僅略增0.9個百分點。與此同時，認為自己既是臺灣人也是中國人的比例由45.4%下降為39.2%，認為自己是臺灣人的比例則上升了6個百分點，超過半數。就目前的數字來看，以臺灣為唯一認同的民眾的比例（52.1%）已經超過了以中國為唯一認同和認為自己既是中國人也是臺灣人的民眾的合計比例（45.5%）。

　　圖9.1將1994年以來臺灣認同的上升與兩岸貿易的歷年增長情況進行比較。曲線1代表的是歷年的貿易量，以億美元為單位。曲線2代表的是以臺灣為唯一認同的民眾的比例的變化，將在1994年底到2009年6月期間認同臺灣的民眾的比例，乘以20而得出的數值製表。例如1994年以臺灣為唯一認同的受訪者是20.2%，相乘後即取值404，以便在同一圖表中對照兩組數字曲線的變化。從圖中可以看出，臺灣認同的明顯上升，是從1994年到1999年，在這期間兩岸貿易增長的速度較為平緩。而在1999年到2007年兩岸貿易急劇增長

期間，儘管民進黨當局繼續推行去中國化政策，但臺灣認同的上升幅度比前一階段略微平緩些。從2007年到2008年兩岸貿易增長速度放慢，臺灣認同又有明顯上升。從2008年到2009年，兩岸貿易受國際金融危機的衝擊明顯下降，但臺灣認同只是略有變化。似可由此推論，兩岸的密切經貿往來有助於緩解臺灣認同的上升。

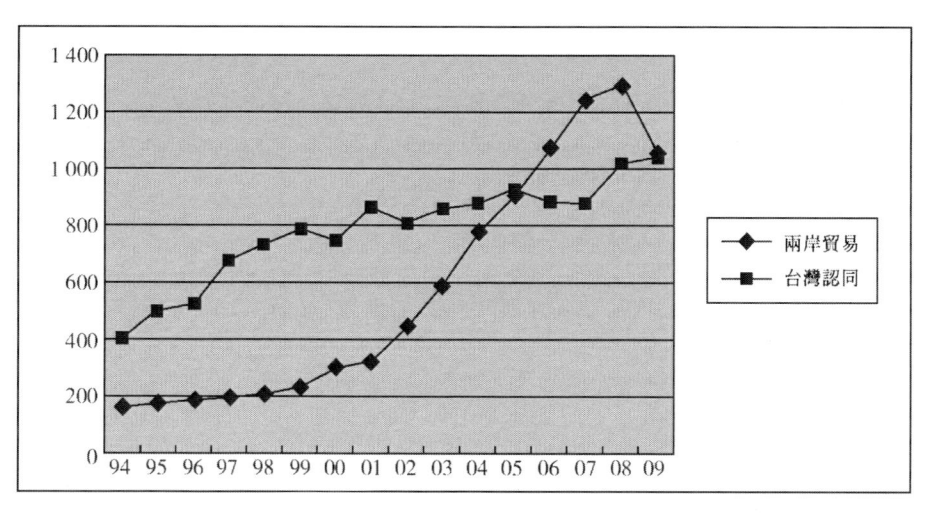

圖9.1　兩岸貿易增長和臺灣認同變化的關係示意圖

　　圖9.2將1994年以來臺灣認同的上升與兩岸貿易占臺灣對外貿易的比重變化進行比較。曲線1代表的是歷年兩岸貿易占臺灣對外貿易的比重，曲線2代表的是以臺灣為唯一認同的民眾的比例的變化。從圖中同樣可以看出，從1994年到1999年，兩岸貿易占臺灣對外貿易的比重沒有發生什麼變化，臺灣認同則明顯上升。而從2000年到2007年，兩岸貿易占臺灣外貿的比重急劇增加，臺灣認同的上升幅度比前一階段略顯平緩。從2007年到2008年兩岸貿易占臺灣外貿比重明顯下降，臺灣認同又有明顯上升。從2008年到2009年，兩岸貿易雖然明顯下降，但占臺灣外貿比重反而有所上升，臺灣認同的上升也有所減緩。觀察兩岸貿易變化的指標雖然和圖9.1不一樣，但也可看出兩岸的密切經貿往來有助於緩解臺灣認同的上升。

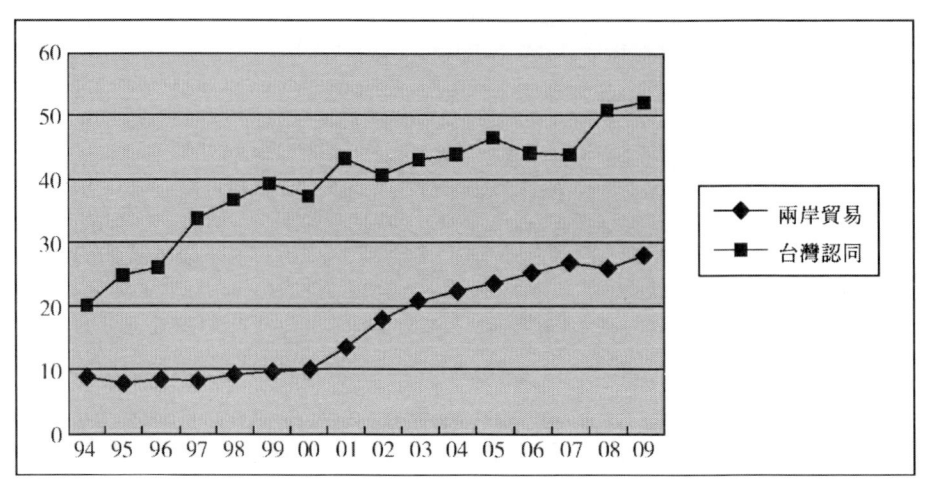

图9.2　兩岸貿易占臺灣外貿比重和臺灣認同變化的關係示意圖

　　文化意義上的臺灣認同（或臺灣意識）不等於政治意義上的臺灣「獨立」。根據臺灣政大選舉研究中心所作的有關「臺灣民眾統獨立場趨勢分佈」的研究，從2001年6月至今主張「維持現狀再決定」和「永遠維持現狀」之和一直超過50%，在2009年6月的調查結果中，這兩項之和更是超過60%；主張「維持現狀以後再統一」和「馬上統一」的比例則小於「維持現狀以後再獨立」和「馬上獨立」的比例。但也應該看到，臺灣意識的上升導致了大部分臺灣民眾對中國統一的抗拒心理。為此，堅持「兩岸同屬一個中國」的「九二共識」必須基於臺灣大部分民眾主張維持現狀這一政治現實，在反對「臺獨」的前提下，從發展兩岸和平關係和民間正常交流入手，化解大部分民眾的「我群意識」，建構兩岸同屬中華民族的生命共同體意識。1990年代中期以來的四次臺海危機和臺灣民意的變化表明，唯有在和平的狀態中，才有可能從根本上破解「臺獨」政客有意毒化兩岸關係氣氛的企圖，謀求兩岸關係的發展；也唯有透過良性的政治溝通，才有可能化解兩岸在民族和國家認同上的差異，最終實現中國統一。

從未來臺灣民意的走向來看，臺灣民眾對和平發展兩岸關係的認知、情感取向和價值判斷，將受到三個因素的影響。第一是兩岸的經濟、文化等方面的擴大交流，包括雙方在經貿和文化產業領域的合作，所產生的正面效應。民間交流不但可以使臺灣人民從中直接受益，也有助於化解或抵消臺北多年來所進行的「恐共」、「反共」或「去中國化」的宣傳結果。第二是臺灣政治人物的言行對民意的影響。例如，臺灣分裂主義勢力刻意建構臺灣認同、毒化兩岸關係的氣氛和製造選舉對立的言行，將造成臺灣一部分民意對大陸的敵對情緒；國民黨重新執政後積極改善兩岸關係，則有助於加強臺灣人民對祖國的民族認同。第三是中國大陸和平發展和對臺政策調整對臺灣民意的引導。和平發展兩岸關係的政策的提出，體現了大陸尊重臺灣同胞要求當家做主、穩定兩岸關係現狀的政治意願，展現了中國政府維繫臺海和平的最大誠意。而大陸經濟的持續發展，特別是海峽西岸繁榮帶的逐漸成形，則將對臺灣產生進一步的吸引力，從而有利於兩岸共同體意識的形塑。

第二節　兩岸政治和談的機會之窗

臺灣政治轉型不但為兩岸民間交流和共同體意識的形塑提供了必要條件，也為官方層次的和談提供了機會之窗。在國民黨威權統治時期，兩岸雖然均認同一個中國，但國民黨對內統治的政治合法性在很大程度是基於兩岸關係的緊張對峙，故對中國政府有關舉行國共和談的呼籲只能以「三不」政策予以回應。臺灣政治民主化使臺北得以重新界定其政權的合法性，不再否認中國政府統治大陸地區的政治合法性，同時對兩岸政治和談採取了較前靈活的態度。當時，李登輝要求在中國政府承認臺灣為對等的政治實體，放棄對臺使用武力，並停止「打壓」臺灣的國際空間的前提條件下，舉行兩岸政治協商，為兩岸進行政治談判設置了不切實際的門檻。1990年

代初臺灣的海基會和大陸的海協會，在官方的授權下，舉行了一系列的事務性協商，並於1993年4月在新加坡舉行了兩會最高層級的「辜汪會談」。在事務性協商的基礎上，中國政府於1995年表示，兩岸可以在一個中國前提下，就結束敵對狀態展開協商。李登輝在1996年連任臺灣總統後，也表示願意前往大陸從事「和平之旅」，而不再附帶具體的前提條件。兩岸政治對話也就在1998年拉開了帷幕。

一、兩岸政治對話的開始和中斷

1998年辜汪在上海的會晤，代表著兩岸政治對話的開始。在這次會面中，雙方達成四項共識：1）加強政治、經濟議題對話，2）促進兩會不同層級的互訪與交流，3）加強個案相互協助處理兩岸交流衍生諸多問題與涉及兩岸同胞生命安全的事件，4）大陸海協會會長汪道涵於1999年適當時機回訪臺灣。在此次會晤中，中國大陸以政治對話，作為兩會重開協商管道的條件，臺灣以同意兩岸高層討論政治性議題，換取兩會事務性協商管道的恢復。雙方均展現了處理兩岸關係的一定彈性，也表明了彼此的立場差異。在1998年辜汪會談中，臺北強調兩岸的制度差異和長期分治狀態，拒絕接受「一國兩制」方案。辜振甫就表示，大陸民主化是兩岸統一的必要前提，「民主化的一個重要指標即是實行允許反對黨合法存在、自由競爭的政黨制度」；在大陸實現民主化之前，兩岸只能維持目前的分治狀態，作為「對等的政治實體」，均可享有「獨立」的國際空間。兩會協商應從事務性協商入手，先易後難，培養互信，逐漸改善政治關係。然而，在中國大陸方面看來，「一國兩制」已經包容了制度上的差異，為此，兩岸關係的癥結，在於臺北是否接受一個中國的原則，亦即臺灣的主權歸屬問題，而非制度之爭。臺北所爭取的對等政治實體地位，乃是「對等主權實體」的代名詞，與「兩個中國」沒有根本區別。在北京看來，中國的主權與領土不容分割，意味著在國際上只能由中華人民共和國來代表一個中國，至

少不能允許出現「交叉承認」和「平行代表」的局面，雙方對一個中國的不同理解，只能侷限於「誰代表中國」之爭。正如時任國臺辦常務副主任唐樹備所指出的，從1949年到1993年這段期間，兩岸在究竟「誰代表中國」的問題上有很大分歧，但是在「世界上只有一個中國，臺灣是中國不可分割的一部分」的問題上，雙方有「默契」，「存在著實際上的互信」。在辜振甫參訪期間，中國大陸多次表示，只要臺灣不搞「獨立」，其他都可以談，包括臺灣的國際空間在內。鑒於臺北對統一談判的疑慮，時任國務院副總理錢其琛表示，政治談判是一個過程，「我們各自進一步，再來談統一問題」。

　　1998年辜汪會晤後，兩岸政治和談一度出現機會之窗，雙方本來可以透過進一步的政治和談，來化解兩岸在一個中國問題上的歧見，終結敵對狀態，以及處理臺灣的「國際空間」問題。臺灣「陸委會」在1998年11月初的新版政策說帖中表示，兩岸目前是在「追求國家由分治邁向統一的過程」，雙方應全面終止在「外交」、經濟及其他議題上的政治對立，並落實在協議上。時任行政院長蕭萬長則暗示，只要大陸尊重兩岸分治現實，臺灣現行「戒急用忍」政策，以及在「三通」上的限制等防衛性措施，都有調整修正的空間，反映了臺北因應兩岸互動新形勢的政策考慮。蘇起在1999年初出任「陸委會主委」後表示，臺灣方面「既不否認也不承認中華人民共和國的主權地位」，不否認是為了雙方和平共存，以淡化一個中國原則對臺灣爭取國際空間的約束，不承認則是為了避免因公開宣稱「兩個中國」，導致中國大陸的強烈反對和美國的擔心。與此同時，中國大陸在辜汪會談後，強調兩岸對話的政治性質，希望由政治對話向政治談判推進，在一個中國的框架下，結束兩岸敵對狀態，發展經濟、文化交流，同時透過長期談判，逐步走向統一。中國大陸認為，在舉行正式結束敵對狀態的政治談判前，雙方可先就談判的程序性安排進行磋商，也可先進行政治、經濟議題的對話。

兩岸政經對話要有進展,汪道涵訪臺才有意義。唐樹備還強調,在兩岸完成舉行政治與經濟會談的充分準備工作,並對於舉行政治會談或者政治協商的程序性會談方面有所進展前,汪道涵不會訪臺。但臺灣反對將兩岸進行政治對話作為汪道涵訪臺的前提條件,堅守「建設性對話」的底線,以防在外界造成兩岸已經展開政治談判或有關政治談判的程序性協商的印象,並強調應優先恢復兩岸事務性協商的管道,其根本原因是臺北不願意走上統一的不歸路。結果兩岸一度出現的和談契機,很快就因為「兩國論」的出臺而為之中斷。

民進黨在2000年執政後,一度表示願與北京共同處理「未來的一個中國」問題。陳水扁發表有關透過經濟、文化統合實現政治統合的言論,表示其有條件接受中國未來統一的意向。同時,國民黨雖然認為中國統一只有在大陸實現民主化後才能完成,但也提出邦聯制的構想,將其視為處理過渡期兩岸關係的可行性方案。統合論和邦聯論的提出,顯示臺北對兩岸透過政治談判達成過渡期政治安排展現了某種興趣。陳水扁在2000年「就職演說」中以大陸放棄對臺使用武力的意圖為前提,作出「四不一沒有」的承諾,頗有「大陸不武、臺灣不獨」的意味;其後,民進黨當局又提出建構兩岸「和平穩定互動架構」的設想。但民進黨當局不但只願意將統一視為臺灣的未來選項之一,而且刻意否認兩岸曾經達成的「九二共識」,破壞兩岸的互信基礎,在2002年8月後,又公開鼓吹海峽兩岸「一邊一國」,推動「公投」、「制憲」、「正名」、「入聯公投」、「烽火外交」等「法理臺獨」路線,進一步暴露了臺北的基本立場和中國大陸所堅持的一個中國原則的衝突,導致兩岸關係的多次危機。

民進黨執政時期,兩岸圍繞「九二共識」和談判前提的爭論,反映了雙方對談判結果的不確定感。臺灣擔心一旦接受了一中框架,談判的結果將無可避免地將臺灣界定為地方政府。而中國大陸

則擔心離開一中原則的談判,將導致臺北在談判桌上漫天要價。與「兩國論」一樣,「一邊一國論」的提出,既是臺北避免兩岸在一個中國的框架下舉行政治對話和全面「三通」的防禦性手段,也是臺北向「法理獨立」的臨界點漸次推進的大膽測試。臺北之所以採取這一冒險策略,跟民進黨的早年經歷有關。一些民進黨人士就曾表示,臺灣民主化的啟動,得益於當年黨外人士的衝刺,臺灣「獨立」目標的最終實現,也得靠打拚,沒有試驗,不能證明這一條路走不通。還有一些人則試圖給大陸一種感覺,如果兩岸不能無條件進行政治對話和談判,民進黨只能往「獨立」的方向邁進。在這種思想的主導下,兩岸自然無法正常進行政治對話。與此同時,大陸於2004年發表「五·一七」聲明,在表明反「獨」立場的同時,提出在一個中國的原則下,兩岸平等協商,正式結束敵對狀態,建立軍事互信機制,構造和平穩定發展的框架;實現全面、直接、雙向「三通」,建立緊密的兩岸經濟合作安排(CEPA),互利互惠;妥善解決臺灣在國際上與其身份相適應的活動空間問題。2005年大陸在透過《反分裂國家法》後,與在野的國民黨建立了對話平臺,在胡、連共同發佈的《兩岸和平發展共同願景》中,雙方在「九二共識」的基礎上,確立促進終止敵對狀態,達成和平協議,構建兩岸關係和平發展框架的目標。中共中央總書記胡錦濤2007年10月15日在「十七大」報告中指出:「在一個中國原則的基礎上,協商正式結束兩岸敵對狀態,達成和平協議,構建兩岸關係和平發展框架,開創兩岸關係和平發展新局面。」這是中國共產黨首次將「兩岸簽署和平協議」寫進了黨的正式文件。但上述構想卻未能得到民進黨當局的正面回應。

二、舉行兩岸政治和談的機遇

兩岸關係和平發展的歷史機遇的形成,緣於臺灣政治變化、大陸的磁吸效應和對臺政策的與時俱進和國際社會的有利條件。2008年以來,海峽兩岸在「九二共識」的基礎上,恢復了海協會和海基

會的正常協商管道，實現了直接「三通」，並呈現出政治對話的機會之窗，開拓了兩岸關係未來發展的廣闊前景。從歷史的眼光來看，這一機遇期的出現，是對李登輝執政中後期和陳水扁執政時期逆勢操作統「獨」議題、導致兩岸關係難以正常發展的撥亂反正，具有必然性和不可逆轉性。由於兩岸的制度和生活水平差距，臺灣人民目前尚無法接受兩岸統一的安排。同時大部分臺灣人民也不希望因為「臺灣獨立」引起兩岸戰爭，而是希望維持兩岸和平現狀，擴大民間交流，發展經濟，改善民生。此一民意走向，並沒有因為臺灣分裂主義勢力刻意建構臺灣「認同」、製造選舉對立和撕裂臺灣民意，而發生重大改變。中國大陸方面的主流民意則是在遏制「臺獨」分裂活動的同時，盡最大的可能維持兩岸和平統一的前景。在兩岸重新統一的條件成熟之前，構建兩岸關係和平發展框架，正式結束兩岸的敵對狀態，是兩岸主流民意的共同要求，也是中國政府有關「由包括臺灣同胞在內的全中國人民共同決定」國家主權和領土完整問題這一政策宣示的必然邏輯。從宏觀的視角來看，世界金融危機的爆發和中國經濟的持續發展，提高了中國的國際地位，中國政府在臺灣問題上的核心利益，正受到日益眾多的國家的高度重視。兩岸關係的和平發展，符合以和平與發展為主題的國際潮流，具有良好的國際條件。

兩岸關係和平發展歷史機遇的形成，臺灣的政黨再次輪替和政策轉向是關鍵條件之一（詳見第七章第三節）。在臺灣兩大政黨中，國民黨希望在「一中各表」的「九二共識」的基礎上，構建兩岸和平與穩定框架，而民進黨則希望在不影響其謀求「臺灣獨立」的前提下，與大陸和平共存，實現臺灣與大陸的「和平分離」。民進黨內有不少激進分子為實現「臺灣獨立」的基本教義，不惜與大陸兵戎相見，但許多民進黨黨員及其支持者，在「臺灣獨立」與兩岸和平不可兼得的情況下，恐怕還是認為和平更為重要。在2009年臺灣縣、市長選舉中國民黨的得票率明顯下降，對其在2012年後繼

續執政的前景投下了一定變數,但民進黨若想重新贏得執政權,也只能走與大陸和解的中間道路,而不能像陳水扁那樣,採取一味追求「法理臺獨」的激進路線。從臺灣兩次政黨輪替以及2009年縣、市長選舉的結果來看,中間選民的態度已經越來越多地影響到黨內政黨生態的變化,鐘擺效應的週期也隨之縮短。但也正因為如此,民進黨東山再起的前提,是祛除其在大陸問題上的盲點,調整其政策取向。當然我們也應該看到,由於民進黨的意識形態取向和其基本選民的特點,其大陸政策可能不如國民黨積極。一旦民進黨重新執政,很可能在一定程度上影響到兩岸關係的和平發展步伐。總之,從臺灣因素分析,兩岸和平發展機遇期既有歷史的必然性,也有一定的偶然性。為此,抓住國民黨執政下臺灣政治生態有利改善兩岸關係的機遇,推動兩岸關係的和平發展,繼而構建兩岸和平協議框架,當屬兩岸有識之士的理性選擇。

　　形成兩岸關係和平發展機遇的另一個關鍵條件是大陸因素。改革開放以來,大陸的綜合國力明顯提升,2008年國內生產總值(GDP)總值達到4.4萬億美元,位居世界第三。兩岸關係的和平發展使臺灣可以參與到中國復興的進程中,共享祖國的發展成果。大陸改革開放和現代化建設不斷取得巨大進步,兩岸人均GDP差距的縮小,是推動兩岸關係和平發展、最終實現祖國和平統一的雄厚基礎,決定了兩岸關係的基本格局和發展方向。就兩岸的經濟實力和發展水平來看,大陸在2008年的GDP總值是臺灣(約3900億美元)的11倍以上,人均GDP(約3267美元)約為臺灣(17083美元)的五分之一。但比起1993年時臺灣人均GDP(10566美元)高達大陸的19倍,已經有大幅度的縮小。如本章第一節所述,就兩岸的對外貿易總額而言,1993年後大陸的外貿總值開始明顯超過臺灣,與此相應,兩岸貿易占臺灣對外貿易總額的比重從1993年的8.8%,上升到2000年的10.4%和2009年的28.1%,並於2001年和2002接連超過臺日、臺美貿易所占的比重;而兩岸貿易占大陸對外貿易的比重則從

1993年的7.4%下降到2000年的6.4%和2008年的5%，這意味著臺灣對大陸的貿易依賴要遠遠高於大陸對臺灣的貿易依賴。大陸經濟對臺灣的磁吸效應，是臺灣的任何執政者都必須予以正視，而無法迴避的。從民進黨前主席許信良的「大膽西進」到馬英九在競選中提出的兩岸共同市場理念，都反映了兩岸經濟整合的必然趨勢。特別是在2010年東盟「十加一」正式生效後，臺灣更難自外於區域經濟一體化潮流，只能儘早與大陸簽署《經濟合作架構協議》，從而搭上區域經濟合作的順風車。

與此同時，中國政府的對臺政策亦日趨成熟。首先，在對臺政策目標上，大陸方面經過多年與臺灣的接觸和交往，認識到臺灣多數人既不願意馬上統一，也不願因為「臺獨」捲入戰爭，從而確立了在統一目標實現之前優先發展兩岸關係的戰略思維，寓「統一」之意於兩岸關係的發展之中，使兩岸得以求同存異，找到利益的交集點。第二，在對臺工作的對象上，中國政府在上世紀80年代提出過「寄希望於臺灣人民，也寄希望於臺灣」的方針，隨後基於臺北當局在李登輝執政後期和陳水扁執政時期的倒行逆施，將工作重點放到臺灣人民身上來。隨著國共、共親平臺的建立和臺灣執政黨的再次輪替，對臺工作的兩個「寄希望」有了新的堅實基礎。第三，在兩岸協商對話的前提上，中國政府以「九二共識」作為兩岸進行事務性協商的基礎，而不要求臺北明確接受我方所界定的「一個中國」原則，展現了原則性與靈活性的統一。第四，在兩岸協商對話的內容上，中國政府本著在「一個中國」原則前提下什麼都可以談的既定方針，明確表示可以談建立兩岸軍事互信機制和臺灣參與國際活動等敏感問題，表示了大陸方面對議題的開放性。第五，在處理國際因素上，中國政府在堅持「臺灣問題屬於中國的內政問題」的同時，讓對臺研究走向國際社會。特別是在幾次臺海危機中，中美透過不同層次的渠道，保持訊息溝通和意見交流，取得了共同維護臺海和平與穩定的共識，從而有效制止了民進黨當局的「臺獨」

圖謀。

有利兩岸關係和平發展的第三個關鍵條件是國際因素，特別是美國因素。如本書第六章所述，美國政界和學界的主流看法是希望兩岸透過積極對話與密切經貿往來，解決歧見，其原因在於兩岸關係的危機根源尚未根除，甚至可能因為偶發事件而激活，以及美國政府在推動兩岸對話上的政策慣性。美國朝野對兩岸關係的和平發展和未來統一的前景，存在不同的看法。兩岸關係的密切，也難免引起了美國一些人士的疑慮，從而對兩岸和談採取審慎態度。但總的說來，只要兩岸關係保持和平發展的勢頭，美國恐怕也只能聽任雙方推進政治和談，甚至可能接受和談所達到的任何結果。從宏觀的視角來看，美國鼓勵兩岸和談的力度及其對中國和平統一的接受度，將主要取決於中美在全球戰略方面合作的需要。美國越是需要中方在朝核、伊朗、伊拉克等問題上與美方合作，就越希望海峽兩岸維持相安無事的局面，也就越有可能更多地考慮到中方在臺灣問題上的核心利益。在2009年11月17日公佈的《中美聯合聲明》就明確寫道，「美方歡迎臺灣海峽兩岸關係和平發展，期待兩岸加強經濟、政治及其他領域的對話與互動，建立更加積極、穩定的關係。雙方重申，互相尊重主權和領土完整這一根本原則是指導中美關係的中美三個聯合公報的核心。雙方均不支持任何勢力破壞這一原則的任何行動。雙方一致認為，尊重彼此核心利益對確保中美關係穩定發展極端重要。」美國政府的這一政策取向，為兩岸結束敵對狀態、展開政治對話、構建和平協議框架提供了較為有利的國際條件。

綜上所述，臺灣2008年的選舉結果，為構建兩岸關係和平發展的框架，提供了一個難得的歷史機遇期。臺灣的第二次政黨輪替和大陸及國際因素的變化，開拓了兩岸關係未來發展的廣闊前景，也構成了中國二十年發展機遇期的一個關鍵支撐點。兩岸直接「三通」的全面啟動，既符合兩岸民心，也得到了國際社會的歡迎。在

「九二共識」和兩岸經濟、文化交流的基礎上，解決雙方的涉外關係和軍事互信機制問題，確立和平協議框架，正式結束敵對狀態，是保證雙方關係和平穩定的題中之意，也是兩岸關係未來發展的重要內容。在兩岸重新統一的條件成熟之前，構建兩岸關係和平發展框架這一選項的提出，使臺灣人民和政黨可以在「和平統一」和「戰爭獨立」這兩個選項之外進行第三項選擇。這既符合臺灣的主流民意，體現了大陸尊重臺灣同胞要求當家做主、穩定兩岸關係現狀和維繫臺海和平的政治意願，也是大陸政府有關「由包括臺灣同胞在內的全中國人民共同決定」國家主權和領土完整問題這一政策宣示的必然邏輯，符合歷史的發展潮流。兩岸關係和平發展歷史機遇的出現既有其必然性，也存在一定的變數。鑒於臺灣兩黨政治的競爭格局，不能排除民進黨在未來東山再起的可能性。雖然和平發展的總趨勢不太可能會發生逆轉，但臺灣政局的變化，很可能影響到兩岸交流的步伐。這就要求雙方抓住難得的歷史機遇，順勢而為，積極探討建立兩岸關係的和平發展框架。

第三節　兩岸關係的和平發展框架

　　構建兩岸關係和平發展框架的核心內容是在一個中國的前提下，結束敵對狀態，避免兩岸因為政治分歧而發生戰爭。1979年中華人民共和國全國人大常委會發表《告臺灣同胞書》，首次提出國共兩黨「透過商談結束軍事對峙狀態」、促進民間「三通」、實現和平統一的主張。1991年臺灣正式宣告終止「動員戡亂時期」，將中華人民共和國視為「有效管轄大陸地區的合法政權」，同時頒布「國家統一綱領」，要求中國大陸承認臺北為「對等的政治實體」、放棄對臺使用武力、停止「打壓臺灣的國際空間」，以此作為開放兩岸「三通」、舉行高層會談的三個條件。按照臺灣官方和主流學者的論述，這意味著臺北已經「片面」終止了兩岸內戰。然

而，兩岸的敵對狀態並未真正結束，只是由「誰代表中國」的意識形態之爭，逐漸演化為一方謀求「獨立主權」和國際社會「雙重承認」，一方憑藉軍事和外交手段，「反獨促統」的統「獨」之爭。雖然1992年由兩岸政府授權的海協會和海基會曾幾經磋商，達成雙方各自以口頭方式表述均「堅持一個中國原則」、追求國家統一的共識，但對一個中國的實際意涵，缺乏共識，各說各話。臺灣方面認為「中華民國」從未被消滅，享有主權國家的地位，應當得到國際社會的廣泛承認。大陸方面則將「中華人民共和國是代表全中國的唯一合法政府」視為一個中國原則的三要素之一，反制臺灣以「交叉承認」和「平行代表」為要旨的「務實外交」。兩岸在統一前的政治關係應該如何定位？如何處理臺灣的國際空間問題？從1993年到2008年，兩岸在這些核心問題上的嚴重分歧不但造成敵對狀態的延續，而且還導致了臺海危機的多次爆發。國民黨重新執政以來，兩岸關係出現了良好的互動，構建兩岸關係和平發展框架、簽署和平協議隨之成為學界研究的熱門議題。

一、對兩岸和平發展的先期研究

1995—1996年臺海危機後，接近時任臺灣總統李登輝的國民黨人士曾考慮透過「國家發展會議」，提出突破兩岸僵局的建設性建議，即兩岸簽訂「五十年互不侵犯協定」，臺灣承諾在五十年內絕不碰觸「獨立」問題，甚至願意消極維持「邦交國」數目不增加，其條件是中國大陸放棄對臺用武和「打壓臺北國際空間」。一些臺灣學者也同時開始研究兩岸和平協議框架問題。如1996年李登科提出的「臺海兩岸締結和平協議之研究」和1999年楊開煌提出的「臺海兩岸『和平協議』芻議」，研究內容涉及兩岸的政治定位、軍事互信、經貿關係、社會文化交流等議題。有的臺灣學者運用西方學者有關分裂國家的整合理論，包括功能整合（functional integration）理論、團體互動（group interactions）理論和建構主義（constructivism）理論等，分析海峽兩岸的政治互動和整合模式。

例如，鄭竹園、高朗等均主張先經濟、後政治的整合途徑。魏鏞在多年前提出「民族內共同體」的概念，用以說明臺海兩岸並未分裂為兩個國家，而是彼此競爭的兩個政治體系。兩個體系之間的關係不適用國際法，應由雙方的協議或內部法律處理彼此之間的關係，但對外則適用國際法，雙方均可與其他國家建立外交關係及加入國際組織而不違背「一個中國」原則。魏鏞認為在「民族內共同體」的框架下，雙方可共同發揚中華文化，共同維持中國領土主權的完整，不在國際社會上相互打壓，設法建立軍事預警機制，全面擴展經貿文化科技交流，並由經貿之統合，邁向文化及政治統合。但他所說的「一個中國」是指「歷史、地理、文化的中國」，這與兩岸在「九二共識」中所體現的「一個中國」原則有相當距離。所謂兩岸可以與其他國家建交及加入國際組織而不違背「一個中國」原則，也有難以自圓其說之嫌。張亞中認為歐盟式的「新功能主義」理論可適用於兩岸政治整合的過程，即不是一下子由「聯邦主義」方式實現統一，而是以「超國家主義」與「政府間主義」兩者並重，仿效歐洲共同體，創造一個除了兩岸各自完整的法律主體之外的「兩岸共同體」，即非國際法人的「第三主體」。這一理論雖然含有兩岸走向統一的價值導向，但強調臺灣在過渡期享有完整的法律主體性，與臺海的實際現狀有一定距離。

臺灣政黨再次輪替後，知名人士邱進益於2008年8月提出了《臺灣海峽兩岸和平合作協議草案》。該「草案」涵蓋建立兩岸政治互信（大陸不武，臺灣不「獨」；雙方互設代表機構）、維護軍事安全（大陸撤除對臺導彈部署，雙方停止針對對方的軍事演習，建立金廈和平實驗區）、推動經濟合作（簽訂「臺商投資大陸之保障協議」以及「更緊密經濟合作協議」，簽署「三通」協議，談判建立共同市場）和國際合作（「外交休兵」，協助臺灣擴大國際參與，雙方合力維護中國領土主權）等項議題，有效期為30年。此外，張亞中進一步發揮了早年提出的「第三主體」理論，即以「整

個中國」（whole China）來代表一個中國。他認為，「整個中國」這一統合體是由兩個「具有國家屬性的政治實體」所結合而成的「第三主體」；兩岸可以共同承認「整個中國」原則，在彼此的領域內享有完整的管轄權，在國際間這「三個主體」可以同時出現。由於兩岸的憲法還是「一中憲法」，也沒有一方正式宣布「獨立」或放棄統一，因此1949年分裂前的中國在法理上仍然存在，沒有消失，它的行為能力暫時分別交由兩岸政府行使。雙方都是整個中國的部分，因此兩岸在整個中國事務，即與中國的關係上，都只是個部分秩序主體。雙方的關係，不是國際法的關係，也不是各方的內政關係，而是整個中國的內部關係。據此，張亞中提出了包括以下七項內容的和平協議：1）兩岸同屬整個中國，共同維護整個中國之領土主權完整；2）兩岸在平等之基礎上發展正常關係；3）雙方均尊重對方之內部憲政秩序與對外事務方面之權威；4）兩岸同意，不使用武力或以武力威脅對方，完全以和平方法解決雙方之歧見；5）兩岸決定在雙方同意之領域成立共同體，以促進彼此合作關係；6）兩岸同意，雙方在國際組織中彼此合作，雙方在國際組織之共同出現並不意涵整個中國之分裂，並有責任共同維護中華民族之整體利益；7）兩岸同意互設常設代表處。上述兩個版本均屬廣義的和平協議，不同之處是邱進益的版本較為具體，帶有「中程協議」的性質。張亞中的版本更帶原則性的規定，且沒有規定有效期。

大陸學者李家泉認為，兩岸簽訂和平協議，必須包含六個方面的內容：1）確立臺灣的政治定位；2）明確表述「九二共識」內容，求「一中」之同，存「各表」之異；3）保持兩岸不同政黨相互間的交往和良性互動，互相尊重，互不干涉對方的政黨制度；4）在一個中國原則下解決臺灣的「國際空間」問題，兩岸可共組代表團參加聯合國，並協商共組使館或代表團，參加只有主權國家才能參加的國際組織，有的組織在成員結構上亦可考慮彈性處理；

5）規定「軍事互信機制」的基本內涵；6）確立「兩岸和解」的步驟，初期階段是恢復海協會和海基會的功能，開展以經貿文化交流為主要內容的交往，爭取早日實現兩岸直接「三通」，中期階段是開展兩岸各政黨和政團之間的交往，就簽訂兩岸和平協議進行醞釀、交流和協商，以便早日達成共識和成案，最後階段是就兩岸和平統一方案，進行廣泛深入的討論，凝聚共識，簽訂協議，以便積極促進和推動，最終實現兩岸和平統一大業。陳孔立認為，兩岸簽訂和平協議要分步走，近期內可以簽訂的協議先簽，其他問題留待以後解決，不必急於求成、畢其功於一役。和平協議的主題是和平，消除可能導致戰爭的相關因素是協議的主要內容，「不獨」「不武」應當是「和平協議」題中應有之義。辛旗認為，和平協議的協商談判要堅持一個中國的原則，堅持反對「臺獨」的立場，堅持和平統一的方向，其具體內容包括結束敵對狀態、軍事安全互信機制、臺灣的政治定位、臺灣的「國際空間」等敏感議題。他認為，2012年兩岸要加強合作，爭取2015年前簽訂和平協議。徐博東的觀點是，臺灣想要跟大陸簽訂和平合作協議，是不可能沒有任何基礎或條件的，一定要在「一個中國、未來統一」的基礎下來簽。他強調：「大陸不會沒有原則的簽署兩岸和平合作協議」，如果簽下兩岸和平合作協議就是代表了兩岸關係的重大突破，兩岸關係因此有了穩定基礎。陳啟懋則認為，大陸並不要求臺灣在「簽訂和平協定時對和平統一的前途表明態度、承擔義務」。

　　周葉中、祝捷提出的《海峽兩岸和平協議》版本包括十項內容。第一，兩岸宣告建立政治互信，正式結束敵對狀態，共同維護臺海地區的和平穩定；宣告兩岸同屬中華民族，共同維護中華民族的根本利益；共同致力於兩岸關係和平發展；兩岸承諾不單方面改變現狀。第二，兩岸授權海協會和海基會，建立協商機制，可就經濟、文化、社會等事務性議題和政治性議題進行協商。第三，兩岸透過協商機制，可以簽訂兩岸事務性協議和政治性協議。第四，和

平協議生效後，兩岸民間機構在和平協議簽訂前簽訂的協議繼續有效。第五，和平協議簽訂前臺灣與香港、澳門相互簽訂的協議繼續有效。第六，和平協議由海協會和海基會負責聯繫，兩會應建立定期聯繫機制；可以向對方派駐常駐代表。第七，和平協議具有法律效力，兩岸應根據和平協議制定、修改和解釋有關法律；兩岸協議不得與和平協議相牴觸。第八，和平協議由海協會和海基會透過兩岸協商機制予以解釋。第九，和平協議由海協會和海基會透過兩岸協商機制予以變更。第十，兩會簽訂和平協議後，兩岸應在協議簽訂後40日內按照各自規定完成接受程序，和平協議自兩岸均完成接受程序後生效。這一版本除了宣告兩岸同屬中華民族、維持現狀較為具體，以及對兩岸協商、簽署和平協議的涉及者規定明確外，其他條文只是就和平協議所能涵蓋的議題範疇、和平協議和其他協議的關係、和平協議的法律效力、解釋、變更、接受和生效作出原則性的規定，得益於作者的學術背景，該協議版本的法律意味濃厚。按照作者的說法，其設想中的和平協議是基於民族認同的法理共識，與「臨時協議」或「重疊共識」不同，法理共識形成的是一種留有發展空間的穩定狀態；在一定歷史條件下，可能成為兩岸關係的常態。

美國學界對兩岸和平協議的研究始於1990年代末期。如本書第六章所述，經常遊走於兩岸之間的美國學者李侃如和何漢理於1998年和1999年曾先後提出「中程協議」和「臨時協議」的構想。近年，美國學者孫飛和卡斯勒（Phillip Saunders and Scott Kastner）對兩岸和平協議的最新研究成果，引起了兩岸學界的較大關注。這兩位學者認為，兩岸和平協議的核心要素是臺灣保證不尋求法理獨立，其前提是中國大陸不對臺使用武力或進行武力威脅。和平協議可以僅僅讓這一核心協議（core bargain）具有法律效力，也可以將兩岸在軍事領域的信心建立措施（CBMs）包括在內。前者保留協議的模糊性，較容易達成，也可減少對內說服的成本，但將限制協

議的約束力,增加日後爭議的可能。後者詳細列舉雙方將不會採取的特定行為,但耗時多而較難達成。除了這一核心協議外,和平協議的內容還可以包括其他條款,例如增加兩岸經濟和交通聯繫,允許臺灣擴大國際空間,參與國際組織等。但對可能影響臺灣問題最終解決方案的其他安排則難以列入和平協議。例如,統一導向或臺灣在聯合國的代表權均難以列入和平協議的範疇。對兩岸和平協議的涉及者,這兩位學者認為在諸多選項中,認為半官方的「兩會」代表出面較為可行。如果由雙方的政黨領袖簽署協議,在臺灣出現政黨輪替的情況下,協議的合法性將受到質疑。臺方的簽署者也可以是「臺灣人民選舉產生的代表」(elected representative of the people on Taiwan),作為介於政黨領袖身份和政府首腦身份之間的折中安排。作者認為,書面協議比起口頭協議或經過立法批準的正式條約更為可行。和平協議的有效期既可以明確規定(從25年到50年之間),也可以不規定有效期,但說明在一些條件發生變化時,例如在臺灣人民傾向接受統一或是大陸變得更加民主時,協議可以終止。但作者強調,這種附帶說明難以為雙方同時接受。

　　比較上述有關和平協議內容的研究,可以看出:1)對兩岸關係的定位有「民族內共同體」、「兩岸同屬整個中國」、「兩岸同屬中華民族」、「兩岸同屬一個中國」、「臺灣屬於中國一部分」的不同提法;2)維持臺海的現狀與和平,即「不獨、不武」,擴大兩岸的經濟、文化、社會交流是各種版本的共同要點;3)臺灣學者都較在意其國際空間問題(或主張「外交休兵」,或認為臺灣可以與其他國家建交及加入國際組織而不違背「一個中國」原則),美國學者也都將提升臺灣的國際社會角色視為臨時協議的內容之一,大陸學者則認為兩岸可以協商簽署政治性協議,而沒有直接涉及臺灣的涉外交往問題;4)2000年前(含2000年)出臺的和平協議或臨時協議方案,多將兩岸最終統一視為題中之義,但近年的版本基本都未觸及和平發展的導向性問題,孫飛和卡斯勒的版本

更明確說明,統一導向難以列入和平協議的範疇。

二、兩岸關係和平發展的路線圖

在推動兩岸關係和平發展問題上,經濟、文化等社會領域議題和政治領域議題是否存在優先順序?何者為先?大陸學界對此有不同的看法。例如,上海東亞研究所所長章念馳認為要尊重兩岸關係的規律與特點,先易後難,先經後政;要耐得住寂寞,不要不適當地把難以解決的問題拿到條件不成熟時機解決;要堅持擱置爭議,讓交流、交往、經貿文化關係、對話與談判的進程越長越好,在建立了良好信任的基礎上,再解決政治分歧更為妥當。中國社會科學院臺灣研究所所長余克禮則主張兩岸可以邊經邊政,因為經濟議題的深入難免會碰到政治難題,在解決經濟議題的同時還要解決政治議題。他認為兩岸應把握和平發展主題,抓住機遇乘勢而上,在順利推進兩岸經濟性、事務性商談的同時,儘早著手就正式結束兩岸敵對狀態、簽訂兩岸和平協定的協商談判進行準備、創造條件,加速結束兩岸敵對狀態的步伐,為兩岸關係更快更大的發展開闢廣闊的道路。官方的正式說法是:促進正式結束兩岸敵對狀態、達成和平協議,是「兩岸和平發展共同願景」提出的目標,已經成為兩岸雙方的重要主張。兩岸協商總體上還是要先易後難、先經後政、把握節奏、循序漸進,但雙方要為解決這些問題進行準備、創造條件。雙方可以先由初級形式開始接觸,積累經驗,以逐步破解難題。

「先經濟後政治」指的是兩會從容易展開協商、容易取得成果的議題入手,培養彼此的互信,再擴大協商範圍,解決難度較大的議題。這樣可以避免或減少協商破局的可能性,營造兩岸關係緩和的氛圍,也可以透過兩岸經濟、文化交流的加強,化解政治隔閡,為破解政治難題,提供有利的客觀條件。從經驗的層面看,兩岸經濟和文化的擴大交流,人員的高度流動性(常住大陸地區的百萬臺

商及其家屬和大量的大陸遊客）和大陸政府對臺灣人民的一系列優惠政策，有利於加強兩岸間的相互依存意識，促進經濟、文化一體化發展，強化國家或民族認同。大陸經濟的持續發展，特別是海峽西岸繁榮帶的逐漸成形，將對臺灣產生進一步的磁吸效應。民間交流不但可以使臺灣人民從中直接受益，也有助於化解或抵消以往臺灣所進行的「恐共」、「反共」或「去中國化」的宣傳結果。根據臺灣學者魏鏞的「聯鎖社群」概念，在「多體系國家」某一政治體系之內有一群人民，與另一政治體系的人民及社群可能因為廣泛的社會、文化、商業或其他形式的接觸，導致他們跨越體系界線而發展出與另一體系中的人民及社會間的有相當程度的瞭解、敏感度與情感關係，同時又與本身政治體系內具有相似性與經驗的人民保持密切聯繫。這一理論可以在大陸臺商的一些政治行為得到驗證。從2005年「綠色臺商」許文龍公開表態支持《反分裂國家法》，到2007年臺灣企業界人士曹興誠倡導兩岸制定和平共處法，都可以視為「聯鎖社群」效應的典型例證。隨著兩岸經濟、文化交流的加強，這一效應可望得到進一步的展現。

　　當然，我們也應該看到，優先推動兩岸經濟和文化交流，不等於將政治議題束之高閣。事實上，兩岸在處理經濟、文化等領域的議題的同時，已經單方面地處理了一些敏感的政治議題。比如說臺灣暫時維持「邦交國」數目不變和作為世界衛生大會觀察員參與國際活動問題，並沒有進入兩會的協商議程，而是由大陸方面主動採取善意的配合措施，在涉外事務中避免不必要的內耗，以增進中華民族的整體利益。從這個意義上說，兩岸的經濟和政治議題都在逐步解決的過程中，同步進行，但解決問題的方式不完全一樣。在目前，政治領域的議題主要是以非協商的方式進行，更多依靠的是雙方的默契、自律和配合。同時，也有一些政治議題（如兩岸司法互助）是透過協商予以解決的。兩岸的軍方退役將領，也已經開始就建立軍事互信機制問題，進行二軌對話。其實，不管是在經濟、文

化領域，還是在政治、軍事、涉外領域，都有一些難易程度不同的議題。「先易後難」、「先經濟後政治」的提法，不宜簡單地理解為經濟性的問題就全都容易解決，政治領域的議題就全都是難題，要等經濟、文化等社會領域的議題都解決了再來探討。不管在什麼領域，在具體議題上都有「先易後難」的優先排序問題。兩岸近年在社會領域、政治領域、涉外領域和軍事領域推進和平與合作，實際上已經取得了不同程度的進展。

　　在現實社會中，經濟和政治的關係，是難以嚴格區分的。從政治學的視角來看，經濟、文化等社會領域的議題，屬於低階政治（low politics）範疇，政治、軍事、外交等議題，則屬於高階政治（high politics）範疇。經濟和政治本來就是出於一種不斷互動的過程，何者為先，何者為後，都是相對於某個時間節點而言的。正如中國實行改革開放，始於經濟領域，而後才延伸到政治領域，但如果當年沒有率先在意識形態領域解放思想，經濟改革也就難以啟動。臺灣學者高朗早就指出，在兩岸之間政治問題未解決及臺灣內部政治精英意見未整合前，不能期望透過兩岸經貿來迅速進行政治整合。二十年來兩岸經濟和文化交流雖然不斷擴大，但政治對立尚未得到根本緩解，說明構建兩岸關係和平協議框架的關鍵，還是應該從政治的視角切入，確立雙方對「一個中國」的認同。2008年5月以來兩岸關係的發展經驗表明，推動和平發展，首先是在高階政治領域確立政治互信，而後才能順利處理低階政治領域的議題，漸次協商處理高階政治的議題。一年多來，兩岸在「九二共識」的基礎上，透過四次「陳江會」，簽署了十二項協議，達成了一項共識，從解決經濟、文化等低階政治領域的議題入手，進而協商破解對外交往和軍事互信等高階政治領域的議題，確實符合一般所說的「先經濟後政治」、「先易後難」的發展規律。同時，我們也應該記住，如果不是因為國民黨當局表示承認「九二共識」，上述一系列低階政治的議題，也就都難以列入協商議程。而「九二共識」本

身，就是屬於高階政治的議題，是海協會和海基會在1990年代初幾經磋商才談出來的。「胡六點」從恪守一個中國（第一點），談到推進經濟合作，弘揚中華文化和加強人員往來（第二、三、四點），最後再轉到兩岸協商涉外事務（第五點）和結束敵對狀態並達成和平協議問題（第六點）。這一行文佈局中所體現出來的邏輯關係，乃是對近年兩岸關係迅速發展的經驗總結。總之，正確理解低階政治和高階政治的互動性和解決不同領域議題的不同方式，有助於我們把握政治和經濟的辯證關係，在優先解決經濟、文化等社會領域議題的同時，加強兩岸在高階政治領域議題方面的對話，推進兩岸關係的全面發展。

　　構建兩岸和平協議框架的路徑的基本出發點是尊重兩岸同屬一個中國的「九二共識」，維持臺海關係的現狀，透過發展和平關係和民間正常交往，構建兩岸對中華民族這一生命共同體的理性認知和情感認同，繼而在國際社會共同維護一個中國的主權。離開了「九二共識」，不但高階政治領域的議題難以破解，和平協議框架無法構建，就是許多低階政治領域的議題也無法率先解決。兩岸關係的和平發展，意味著雙方不但可以在經濟、文化等社會領域進行廣泛的交流與合作，而且可以在政治領域保持良性的互動和溝通，在軍事領域建立互信機制，在涉外領域共同維護一個中國的主權和領土完整。構建兩岸和平協議框架，必須秉持「先易後難」的原則，全方位、分階段地解決兩岸在低階政治和高階政治領域的諸多議題，在廣泛交流中逐步破解政治難題。鑒於目前兩岸對一個中國的意涵，仍有很大的分歧，「兩岸同屬一個中國」這一命題，有待深化研究，其難點是對國家最終統一前的兩岸政治關係予以準確定位，既不違背一個中國原則，又能反映國家尚未統一的事實，從而夯實兩岸構建和平發展框架的基礎。

　　三、兩岸在過渡期的政治關係

構建兩岸和平協議框架的前提是確立「兩岸同屬一個中國」的政治認知，而這一認知的確立，又跟雙方在統一前的政治關係定位密切相關。確立兩岸在過渡期的政治關係，必須兼具現實性、前瞻性和過渡性。解決兩岸政治關係定位這一難題，沒有可以簡單套用的現成理論模式或概念，只能本著尊重現實和循序漸進的原則，進行必要的理論和概念創新。

（一）「一國兩治」，分而不離

海峽兩岸在統一前的政治關係，既不是中央政府和地方政府的關係，也不是兩個主權國家的關係，而是兩個政治實體各自在「一中憲法」的框架下，實行隔海分治的複雜關係。雖然兩岸在對內統治方面，互不隸屬，彼此對立，但在憲法和國際法的意義上並沒有分裂成為兩個國家。不管是中華人民共和國憲法還是「中華民國憲法」，均將對方所實際控制的領域視為己方行使法理主權的範圍。而且，國際社會只承認一個中國，沒有對兩岸在外交上進行交叉承認，兩岸在以國家為單位的國際組織中也沒有出現雙重代表權的問題。與第二次世界大戰後出現的東西德和南北韓等分裂國家不同的是，兩岸在法理上始終處於「分而不離」、互不承認的「交戰」狀態。上述這些特點，界定了兩岸政治關係的現狀，也是構建兩岸關係和平發展框架的基礎。

六十年來，兩岸在政治關係上從緊張對峙、互相排斥逐步走向和平交往、共同發展，其關鍵是雙方政府在法理上均接受一個中國的原則，認同中華民族。從1949年到蔣經國執政末期，兩岸在國際場合，承接國共內戰的遺緒（legacy），圍繞「誰代表中國」的問題，展開「漢賊不兩立」的零和遊戲，在客觀上彰顯了一個中國的主權。從1993年到2008年期間，兩岸經濟、文化關係迅速發展，但在政治關係方面，卻發生了多次的危機。其主觀原因是臺北當局力圖改變兩岸政治關係的現狀，切割兩岸之間「分而不離」的法理紐

帶，追求「互相承認彼此主權」的分裂路線，以承認中華人民共和國統治大陸地區的政治合法性，換取大陸政府承認兩岸屬於「對等的政治實體」關係。李登輝當局以中華人民共和國政府接受臺灣為「對等的政治實體」、放棄武力手段及不在國際社會「打壓」臺灣作為兩岸展開「三通」和政治談判的前提條件，核心是要求中國大陸承認臺灣享有主權國家的地位。雖然李登輝執政後期，臺北曾一度表示，「既不否認，也不承認」中華人民共和國政府的合法主權，但這一模糊立場旋即為富有政治挑釁性的「兩國論」所取代。民進黨當局則基於其建黨經驗和冒險、嘗試心理，公開宣示臺灣的「事實主權」，進而謀求「法理臺獨」，否定兩岸曾經達成的「九二共識」，抽離兩岸舉行政治對話的基礎。在對外交往領域，李登輝推行「務實外交」路線，謀求臺灣在聯合國等國際組織中「平行代表權」，爭取其他國家對兩岸實行「雙重承認」，甚至幻想等臺灣擁有與大陸相當的「邦交國」時再跟大陸進行對等談判；民進黨推行「烽火外交」路線，造成了臺灣在國際社會的空前孤立和兩岸關係的高危期。

確立兩岸在統一前政治關係的關鍵是尊重兩岸在法理上「分而不離」的政治現實。不管是李登輝的「兩國論」還是陳水扁的「一邊一國論」，都不能如實反映兩岸關係的現狀。誠然，中華人民共和國政府尚未對臺灣實行過有效統治，臺灣政治權力的來源也只來自當地民眾的選票，就內部治理而言，兩岸是「井水不犯河水」，臺灣不但擁有對內「統治效力」（如舉辦選舉、徵稅、徵兵等），而且有一套自我運行的防務和涉外系統，並擁有一定數量的「邦交國」。但由於中國大陸對「一個中國」原則的執著，臺灣希望各國對兩岸進行交叉承認，兩岸同時參加以國家為成員資格的國際組織，亦不可能成為現實。臺灣在法理上亦未放棄對大陸地區的「主權」要求或公開宣布「獨立」，而這又跟中國政府武力反「獨」的政策底線有很大關係。在國際上，中國大陸堅持中華人民共和國是

代表中國的唯一合法政府，強調國家主權的最高性、永久性、不可分割性與不可轉讓性。在兩岸關係方面，大陸雖然不要求將兩岸界定為中央政府和地方政府的關係，以此作為兩岸政治談判的前提，但也不容許臺北將兩岸界定為「對等的主權實體」關係。既然兩岸的複雜關係在現實生活中無現成模式可依，理論創新有其必要性。簡言之，兩岸政治關係，既不能簡單地界定為中央與地方關係，更不是「國與國」的關係。承認中國尚未完全統一，不等於說中國已經分裂成為兩個國家，更不能以此論定臺灣已經「事實上獨立」（de facto independence）。上述這些特點，界定了兩岸政治關係的現狀，也是構建兩岸關係和平發展框架的基礎。如果說，軍事上交戰雙方簽訂和平協議的前提是放棄對他方領土要求的話，那麼，兩岸在政治上達成和平協議的前提，恰恰是堅持「兩岸同屬一個中國」的民族認同，不對國家主權進行法律意義上的切割。

（二）主權共享，治權分屬

國際法學者Stephen Krasner認為，一個國家的主權包括四個方面的內容。第一個方面是對內主權（domestic sovereignty），指的是國家範圍內的公共權威如何組織和有效行使權力。第二個方面是威斯特伐利亞主權，指的是既定領土範圍內的政治組織行使統治的絕對權利（the absolute right to rule），而將外部行動者（external actors）排除於公共權威組織之外。第三個方面是國際法意義上的主權，指的是政治實體享有正式的法理獨立和參與國際空間（international arena）的權力。第四個方面是互賴主權，指的是公共權威組織對邊界的控制權，包括其規制訊息、思想、人員、貨物、資本等流通的能力。上述四個方面構成國家主權這一整體概念的充分條件。

就上述四個要素而言，臺灣滿足了部分要素，但不等於享有嚴格意義上的主權。第一，臺灣公共權威的組織方式（民主選舉）和

有效行使,符合上述第一個要素。第二,臺灣享有對內統治的絕對權利,其管轄臺灣的法源是「中華民國憲法」,符合上述第二個要素。第三,臺灣享有對邊境的控制權:目前兩岸的人員往來,需分別向對方申請入出境許可證;兩岸的訊息、貨物和資本往來,也是基於雙方協議的基礎之上,符合上述第四個要素。但從國際法的角度來看,臺灣顯然並不具備作為一個獨立主權實體的資格,即不具備上述第三個要素。雖然目前仍有一些國家與臺灣保持「外交關係」,但世界上絕大部分國家都承認臺灣是中國的一部分,而與中華人民共和國建交;絕大部分國際組織承認中華人民共和國為代表全中國的合法政府,臺灣只能作為特別區域代表(如臺澎金馬獨立關稅區,中華臺北),在大陸的同意下,擁有一些國際組織(如WTO,亞洲開發銀行,奧運會等)的席位,參加一些國際組織(如WHO)的活動。這說明在國際法的意義上,仍然是一個中國,臺灣只是中國的一部分。雖然在理論上可以將國家主權區分為對內主權和對外主權,但在判斷一個公共權威組織是否享有主權時,應該看其是否同時具備這四個方面的內容。任何公共權威組織只要不完全具備上述四個方面的內容或要素,就不能界定為主權實體。國際法學者克勞福(Crawford)就認為,臺灣在國際公法的地位,是一個「處於內戰局面的既成事實的地方政府(a consolidated local de facto government in a civil war situa-tion)。」李侃如也認為,臺灣是否「獨立」應該以國際社會是否承認其為主權獨立的國家為標準,光是臺灣單方面宣布「獨立」、更改「國號」或制定「新憲」,不等於臺灣就會在一夜之間成為主權獨立的國家。

　　從兩岸在法理上分而不離的現實出發,雙方可以基於主權共享、治權分屬的原則,確立統一前的政治關係。兩岸在國際社會「漢賊不兩立」的零和「交戰」狀態,雖然沒有突破一個中國的框架,但也使兩岸的敵對狀態難以化解。而李登輝和陳水扁追求兩岸互相承認彼此主權、以謀求臺灣「法理獨立」的舉動,不但直接衝

撞了一個中國原則,而且進一步加深了兩岸在政治上的敵對狀態,也無法解決臺灣的對外交往問題。兩岸關係的曲折歷程,說明雙方有必要在統一前的過渡期,以主權共享的原則,逐步解決臺灣的對外交往問題。從兩岸在國際場合「和解休兵」的發展趨勢來看,雙方正逐漸磨合出一種和平、雙贏的「交戰」模式,均未放棄對整個中國的主權要求,在某種程度上實現了主權共享。

主權共享、治權分屬思路的確立,有助於破解是否可以將兩岸視為對等的政治實體這一難題,加強雙方的政治互信。既然臺灣所享有的對內統治權,不會因為統一目標的實現而發生改變,在統一前的過渡期,兩岸更有可能維持治權分屬的現狀。換言之,臺灣的公共權威組織系依其法源,對內實行有效的合法治理。

治權分屬(不管是現狀還是統一後的政治安排)意味著兩岸政府在對內統治方面是井水不犯河水,處於對等地位,也意味著臺灣有必要參與國際活動。主權共享,意味著在對外交往方面,只要雙方確立共同維護一個中國框架的前提,未嘗不可以用對等的政治實體界定彼此關係。這裡所說的對等的政治實體關係,與對等的主權實體關係或所謂的「國與國」關係,有著根本的區別。對等或平等都是就中國的國家主權由生活在海峽兩岸的中華民族共同享有而言的,亦即「任何涉及中國主權和領土完整的問題,必須由包括臺灣2300萬同胞在內的全中國13億人民共同決定」。正如「胡六點」所進一步強調的,「兩岸同胞是血脈相連的命運共同體」,「包括大陸和臺灣在內的中國是兩岸同胞的共同家園」。按照一般的國家理論,國家系由政府、人口、疆域和主權四個要素組成,四者連為一體,不可分割。而根據治權分屬、主權共享的思路,國家主權和政府治權的涵蓋範圍可以有所不同,兩個對等的政治實體或政府的存在,並不一定就會導致一個國家主權的一分為二,其條件是雙方均不放棄對整個國家的主權要求。兩岸關係的六十年發展歷程,為驗證這一理論的有效性,提供了很好的案例,即中國的國家主權、領

土和人民所指涉的範圍固然是完全重疊的,但政府這一要素卻有不同的指涉範圍。換句話說,一個中國的框架,可以跟「屬人主義」和「屬地主義」的主權觀完全吻合,但未必是「屬政府主義」。這是因為兩岸同時存在著代表同一個中國的不同政治實體,政府要素和國家的涵蓋範圍不完全契合,即「一個主權,兩個治權」。從這一理論出發,臺灣的對外交往問題應該也可以得到妥善處理。

確立兩岸在統一前的政治關係的難點是如何解決「中華民國」的稱號和因應臺灣「邦交國」數目可能發生變化的問題。在兩岸統一前,雖然大陸難以要求臺灣放棄「中華民國」的稱號,但臺灣也不應該要求大陸明確承認「中華民國」的合法性,或將臺灣視為「具有國家屬性的政治實體」。大陸只能在對「中華民國」既不承認也不否認的立場之間尋求微妙的平衡,將臺灣視為不具國家屬性的特殊政治實體。至於臺灣的涉外活動問題,臺灣在統一前過渡期的「邦交國」數目難以長期不發生變化。事實上,在全球化和區域經濟一體化時代,臺灣維持二十多個「邦交國」對其發展並不具有太大的實際意義。對此,美國的一些政府官員和專家學者亦持同樣看法。如果與臺灣「邦交國」數目遞減過程相伴隨的是臺灣參與國際活動的增加,可能縮小兩岸在如何解決臺灣的國際空間問題上的歧見。臺北是否願意放棄23個「邦交國」,以換取在其他國家的更大活動空間(如設立總領事館)?兩岸如何在一個中國的框架下參加國際組織的活動?雙方是否可以共組代表團,參加一些國際性政治組織?這些可能都是在兩岸政治關係動態發展過程中所必須逐漸破解的難題,屬於兩岸政治對話的題中之意。

總之,基於過去十五年的經驗教訓,確立兩岸在統一前的政治關係的關鍵,是在尊重現實和展望未來的基礎上,尋求統一遠景和分治現狀的平衡點,在中國大陸對國家最終統一的主張和臺灣對維持現狀的要求之間求得某種平衡。正確把握維護一中框架和追求國家統一的關係,有助於尋求兩岸在一中問題上的共同點,擱置差異

點,「求同存異,共創雙贏」,循序漸進地解決由中國內戰和臺灣的獨特歷史所遺留下來的問題。

四、兩岸關係和平發展框架的內容

構建兩岸關係和平發展框架的核心精神是在雙方均認同一個中國的前提下,在一定時期維持臺灣不「獨」、大陸不武的兩岸關係和平發展現狀,妥善處理雙方的政治關係定位、政治和軍事互信、涉外關係、和正常交流等四個領域的問題。前三個領域屬於高階政治(high politics)的範疇,第四個領域主要指涉兩岸在民間層次的經濟、文化交流,屬於低階政治(low politics)的範疇。基於以上對兩岸和平協議先期研究的綜述,對兩岸和平發展機遇和路徑以及兩岸統一前的政治關係的探討,這裡對和平框架的基本內容,提出幾點看法。

(一)明晰「兩岸一中」的關係定位

如本書第七章所述,兩岸同屬一個中國是海峽兩岸在1990年代初就已經確立的原則;追求國家統一,既是這一原則的邏輯延伸,也是當時雙方的共同目標。在當時的語境下,一個中國有兩個層次的意涵。其一是雙方都認為世界上只有一個中國,彼此都屬於中國的一部分,也就是不搞「兩個中國」或「一中一臺」。其二是雙方都追求未來統一。簡單地說,前者就是「不獨」,後者就是「要統」。前者可以稱為一個中國的「弱原則」,後者則可以稱為一個中國的「強原則」。這兩個原則性的規定或共識,均未涉及到一個中國的概念意涵,也就是「誰代表中國」的問題,保留了彈性的空間。存異是為了求同。從這個意義上說,一個中國的原則,和原則上的一個中國(one China in principle),有一定的相似之處。民進黨執政時期,否認「九二共識」,以雙方對一個中國概念意涵的分歧(即「雙方對一個中國的認知各有不同」)為藉口,否認雙方在一個中國問題上已經達成的共識(即雙方均堅持一個中國原則,追

求國家統一），從而導致了兩岸關係的緊張。臺灣政黨再次輪替後，兩岸關係趨於緩和。國民黨當局提出「不統、不獨、不武」的主張，承認「九二共識」。但此共識和彼共識已經有所不同，馬英九的「不統、不獨、不武」，只是在「不獨」的意義上，回到了「兩岸同屬一個中國」的立場。然而，追求國家統一，原本是「一中原則」的邏輯延伸，也是1990年代初雙方所達成的共識的部分內容，卻被「不統」二字所取代了。換句話說，臺灣所接受的「九二共識」的意涵，跟當年已有相當距離，即拋棄了一個中國的強原則，只保留一個中國的弱原則。儘管如此，這一弱原則還是雙方所能共同接受的，也就是說，兩岸在一個中國的原則問題上，還是有交集點的。從這個意義上說，臺灣只要「不獨」，也就是在一定程度上認同了一個中國的原則.大陸雖然不滿意，但是可以接受。對比起來，「強原則」的關注點在未來，「弱原則」的關注點則在現實，其可操作性並不弱，假以時日，由「弱」轉「強」，讓臺灣完全回到「九二共識」的原點，接受統一目標，並不是不可能的。而在兩岸關係和平發展時期，臺灣只要「不獨」，也就是在一定程度上認同了一個中國的原則，兩岸就有了「建立互信」的基礎。這一「弱原則」也可以適用於民進黨。正如「胡六點」所指出的，「只要民進黨改變『臺獨』分裂立場，我們願意作出正面回應」。總之，大陸雖然在統一目標和一個中國的含義上與臺灣有分歧，但是只要臺灣「不獨」，兩岸就可尋求「建立互信，擱置爭議」。在這一基礎上，國共平臺、兩岸論壇和其他交流渠道的拓展，有利於兩岸透過全面交流和政治溝通，縮小政治認知和政治情感方面的差距，從而加強臺灣民眾對一個中國的認同，最終接受和平統一的選項。

兩岸同屬一中，意味著在中國重新統一前，兩岸政府（或政權）分別對內行使治權，對外代表「整個中國」，以相互競爭排斥（在兩蔣時期）或默認彼此既有涉外空間（在馬英九時期）的方式

共享一個中國的主權，而不是像李登輝中後期和陳水扁時期那樣，追求互相承認彼此主權的「獨立」路線。兩岸主權共享意味著一個國家主權可以包容兩個對等的政治實體或政府，但兩岸政府間的關係不是對等的主權實體關係，更不是國與國關係。雖然在中國重新統一前，國家主權實際上是由兩岸政府在不同程度上予以分享，但不應妨礙雙方平等協商，或將對方視為對等的政治實體。

（二）建立兩岸軍事互信機制

建立兩岸軍事互信機制的核心，是確立「臺灣不獨，大陸不武」的政治互信，這既是一個中國的弱原則的邏輯延伸，也是兩岸和平協議的核心內容。自從1990年代以來，大陸政府就曾多次表示，保留使用武力的可能，是針對臺灣「獨立」的圖謀和外國勢力幹涉臺灣。從1995年發表「江八點」到中共「十六大」報告，均延續了這一說法，似可解讀為大陸單方面宣告「臺灣不獨，大陸不武」。誠然，2000年2月發表的《一個中國的原則與臺灣問題》白皮書，提到如果臺灣無限期拒絕進行兩岸統一談判，大陸可能使用軍事手段來解決臺灣問題；2005年發表的《反分裂國家法》也提到，如果和平統一的條件完全喪失，大陸可能對臺使用非和平手段。但這兩個例外提法，應該視為對臺灣拋出「兩國論」和推動「公投制憲」的強烈反彈。也就是說，當「臺獨」的危險性不斷增加時，大陸也可能擴大使用武力的條件，採取以武力反「獨」促統的策略。但只要不存在「臺獨」的可能，大陸也就不可能對臺使用武力。

「不獨、不武」是馬英九當局「三不」政策兩大支柱。如上所述，就是民進黨當局在其執政之初，也曾做過類似「大陸不武，臺灣不獨」的宣示，並將後者明晰化為不宣布臺灣「獨立」，不更改「中華民國國號」，不推動「兩國論入憲」，不推動「公投」臺灣前途，但卻口惠而實不至。其後，民進黨以「切香腸」策略，推進

「法理臺獨」，不斷測試大陸所能接受的底線，其結果是兩岸爆發臺海戰爭的危險性不斷增加，迫使對臺灣安全有所承諾的美國採取「強勢外交」，反對臺北單方面改變現狀，以維持兩岸「不統、不獨、不武」的和平現狀。從目前北京、臺北、華盛頓的三方博弈關係來看，確立「不獨、不武」的政治互信，有較大的可行性，理應成為和平協議的核心內容。

確立「不獨、不武」的政治互信，有助於建立兩岸的軍事互信機制。政治互信的缺乏將影響到軍事領域的信心建立措施（CBMs）。有的臺灣人士就擔心，兩岸在軍事領域採取信心建立措施，固然可以透過軍方交流，增加透明度，避免誤判的風險，但大陸也可能借此反對美國對臺軍售，使臺灣在未來的政治談判中處於不利地位。另一方面，軍事互信機制的缺乏，又會影響到政治互信的建立。臺灣就表示，不願意在大陸維持甚至增加導彈數目的情況下，商談兩岸結束敵對狀態的問題。而從大陸的角度看來，在兩岸關係明顯緩和的情況下，導彈部署問題基本上已經是假議題，因為大陸不可能在臺灣沒有走向「獨立」的前提下，對臺使用武力；既然兩岸不存在戰爭的危險，臺灣還要對外採購先進武器，包括F-16CD型戰機在內，就難免使人懷疑背後的政治意圖。由於政治議題和軍事議題難以分解，這兩項議題需要同步解決，建立兩岸軍事互信機制應該作為和平協議的重要內容。協議可以規定：臺灣軍隊保持相對獨立性；兩岸互稱對方為「友軍」；結束彼此敵對狀態；相互開展友好訪問；互派代表參加對方軍事演習；臺灣軍隊應保持在不威脅對岸安全的水平；相互通報自己的重大軍事行動；雙方均不派軍情人員至對方進行干擾破壞。

（三）妥善規範兩岸的涉外活動

兩岸和平協議難免涉及兩岸政治關係的定位和臺灣參與國際活動問題。1990年代中期，大陸方面明確提出在一個中國原則下，就

「正式結束敵對狀態,逐步實現和平統一」進行談判,其優先步驟是,正式就兩岸敵對狀態的終止,進行談判,並達成協議。對此,臺灣方面的公開回應是,舉行談判的前提是大陸方面正式宣布放棄對臺使用武力,停止「打壓臺灣的國際空間」。臺北擔心的是,兩岸政治談判一旦啟動,將使其他國家產生一種印象,即和平統一已被列入兩岸的議事日程,國際社會沒有必要再關心臺灣的「外交空間」問題。可見,兩岸和平協議的內容,難免要超出軍事安全的範疇,而涉及其他敏感議題,包括臺灣的對外交往問題。

樹立兩岸主權共享、治權分屬的思路,有助於解決臺灣的對外交往問題。治權分屬意味著臺灣有必要參與國際活動,而主權共享則意味著這種參與模式,既不同於互相否認、「漢賊不兩立」的零和交戰遊戲,也不同於互相承認彼此主權的休戰狀態,而是以政治上互不否認、法理上互不承認的方式,處理敏感的主權問題,以非交叉承認的雙代表制和非平行代表的雙席位制的方式,分別處理兩岸與其他國家交往及參與國際組織及其活動的問題。例如,兩岸的「邦交國」數目穩定不變,在涉外事務中既避免了不必要的內耗,又共同維護了一個中國的主權。臺灣以中華臺北的名義,作為「世界衛生大會」(WHA)觀察員的身份,參與聯合國下屬專門機構世界衛生組織(WHO)的活動,為臺灣參與其他國際組織提供了可資參照的模式。這一模式所昭示的就是,兩岸既不是中央政府和地方政府的關係(否則臺灣就沒有必要參與國際組織的活動),也不是兩個主權實體的關係(否則臺灣就應該以國家身份,正式加入國際組織)。

規範兩岸涉外活動,可秉持「先易後難」的原則,逐步破解難題。臺灣目前所擁有的23個「邦交國」數目,是民進黨留給國民黨的「遺產」,也是當年蔣經國留給李登輝的「家底」(僅就這一數目而言)。雖然這些「邦交國」的維繫對臺灣的對外發展僅具有像徵性的意義,但由於臺灣「藍、綠」的持續對立,一旦減少,容易

成為反對黨的炒作議題。因此，只要臺灣方面不企圖增加「邦交國」的數目或採取敵視大陸的做法，大陸也沒有必要，採取主動行動，改變這一暫時現狀。

　　就臺灣參與國際組織的活動而言，區域性的國際組織較有彈性，也較容易解決。臺灣既然已經以中華臺北的名義參加亞太經濟合作組織部長級會議，留在亞洲開發銀行，應該可以比照前例，參加其它類似組織（如太平洋經濟合作理事會）。此外，與世衛組織一樣，聯合國所屬的糧農組織、教科文組織和國際海事組織的章程除規定只允許主權國家獲得正式成員國資特別，還允許不具主權國家身份的領土或領土群，經一定程序以準會員或聯繫會員身份加入，而不作為國際法的主體。而臺灣以臺澎金馬獨立關稅區名義，作為非主權國家，加入世貿組織，則為臺灣參與同屬聯合國專門機構的世界氣象組織，提供了一個先例。比較難解決的是，多數聯合國專門機構的章程明確規定其會員資格只限於主權國家，臺灣自然不具備加入的條件。比較可行的辦法是吸收臺灣代表，與大陸共組代表團參加活動，但這需要雙方在涉外活動方面，累積更多的互信。「江八點」早就建議，雙方「先就『在一個中國原則下，正式結束兩岸敵對狀態進行談判』，並達成協議。在此基礎上，共同承擔義務，維護中國的主權和領土完整，並對今後兩岸關係的發展進行規劃。」這裡的共同維護中國的主權和領土完整，已經隱含兩岸可以在國際場合實行「和解休兵」的意味。當然兩岸的「和解休兵」只能作為兩岸由分治走向統一過程中的暫時現象，難以想像臺灣的涉外格局可以永遠不變。

　　（四）推動兩岸全面的正常交流

　　兩岸正常交流，也應屬於和平協議的範疇。這裡的正常交流，既包括民間層次的經濟、文化交流，也包括官方層次的互訪。臺灣政黨二次輪替以來，兩岸恢復了海協、海基兩會協商，達成了十二

項協議，一項共識，涵蓋範圍包括兩岸直接三通，大陸遊客入臺，以及雙方在金融、司法、食品安全、產品標準計量檢驗認證、農產品檢驗檢疫、漁船船員勞務的合作等方面的合作。兩岸《經濟合作架構協議》，是雙方協商對話的結果。大陸方面原來希望比照香港，與臺灣達成建立「緊密的經濟合作安排」協議，臺灣方面傾向於簽署帶有國際條約性質的「自由貿易協定」，雙方經過磨合，採用《經濟合作架構協議》模式，並可望在2010年簽署，展現了雙方的互信和善意合作精神。此外，在新聞、教育、科技、文藝、體育、宗教、文化產業、醫療衛生、運輸物流、商業零售、環保等領域，兩岸今後也有很大的合作空間。例如，在新聞領域，兩岸媒體互設常住機構、落地接收對方電視節目，有助於加強兩岸人民之間的瞭解；在教育領域，可實現資源的開放與共享、學分的轉換與互認、學歷的互認以及共同的學術研究。這些已經簽署或即將簽署的協議，將自然成為兩岸和平協議的既定內容。其他更高層次的經濟合作，如兩岸共同市場的建立，也可納入和平協議的框架，循序漸進，予以推動。至於兩岸的官方交流，在政黨交流、地方政府交流、準官方交流（兩會）方面，已經日趨正常，形成制度化的模式，這些既有的交流模式，也可透過和平協議予以確認，使其具有不可逆轉性，並在更高層次上和更廣範圍內加以推動。

綜上所述，構建兩岸關係和平發展框架的關鍵是選點佈局。「九二共識」是構建兩岸和平發展框架的基礎，兩岸在社會、政治、涉外、軍事領域的交流合作，則是和平發展框架內容。兩岸可以在一個中國「弱原則」的基礎上就兩岸的政治關係定位、軍事互信、涉外活動以及正常交流等四個方面進行探討，共同構建和平發展框架，以確保兩岸關係的和平發展。由於臺灣大部分民眾目前尚不願意接受與大陸統一，為了儘早實現兩岸關係和平發展的制度化，雙方可以先就維持「臺灣不獨、大陸不武」的現狀，達成低階的和平協議，而不一定要強求臺灣方面目前就接受以統一為導向的

高階協議。正如黃嘉樹所指出的,「和平發展是雙方共同搭建『合作架構』的施工階段」,「雙方共同建構的機制或架構「能漸漸強化連接兩岸的政治、經濟、文化甚至軍事合作的紐帶」,「保障兩岸關係朝統一的指向發展」,但在和平發展階段,「沒有必要把統一整天掛在嘴邊」。構建兩岸和平發展框架是兩岸雙向選擇的合作工程,有如施工建築,有賴於雙方的通力合作,必須尊重現實,打好地基,分期作業,循序漸進。如果說,以「不獨」為核心內容的一個中國的「弱原則」可以被視為和平協議框架的基石、兩岸在政治、軍事、涉外和社會領域的合作可以被視為構成和平協議框架的四根臺柱的話,那麼,統一導向則可以被視為這一框架的頂部。目前,兩岸在上述四個領域的合作既不充分,也不平衡,遠遠沒有到封頂的時候。當務之急是夯實一個中國的基礎,構建全面合作的支柱,暫不封頂,可以讓臺灣方面多一點想像的空間,增加其同意構建兩岸和平協議框架的誘因,最終接受以統一為導向的和平發展架構。兩岸透過結束敵對狀態、確立政治關係、簽訂和平協議的過程,屬於以統一為導向的過渡性安排,本身是動態的,很難透過一次性談判,一攬子解決所有問題。較為可行的是秉持先易後難的策略,逐步解決兩岸政治關係定位所面臨的問題,並根據兩岸政治關係的發展,不斷充實和平協議的內容,透過政治統合的漸進過程,最終實現中國的和平統一。

第四節　中國的和平統一途徑

實現兩岸和平統一是中國政府對臺政策的最終目標。雖然在1980年代,中國大陸曾考慮過以武力迫和促統的策略,將國民黨長期拒和作為對臺使用武力的條件之一,但是到1990年代後,已基本將武力限定為防止「臺獨」的戰略依託,而非「迫和促統」的捷徑。臺灣政黨再次輪替後,兩岸出現了和平發展的新局面,增加了

和平統一的可能性。實現和平統一，主要有三種途徑。一是自下而上的經濟、文化整合途徑，二是自上而下的政治協商途徑，三是上下結合的途徑。

西歐國家從建立經濟共同體開始，進而尋求政治整合的經驗，為中國的未來統一，提供了一個自下而上、先易後難的參考模式。1980年代後半期，建立「大中華經濟圈」的構想開始成為港、臺、大陸和海外學者的一個熱門話題，但其涵蓋的範圍有相當差異。最明顯的差別是大陸和香港學者在使用「中國經濟圈」、「海峽兩岸經濟圈」和「華南經濟圈」、「中國人共同體」、「中國圈」、「華東南自由貿易區」等概念時，所涵蓋範圍限於大陸和臺港澳等地，但臺灣學者高希均先生和海外學者鄭竹園先生所分別提出的「亞洲華人共同市場」和「大中華共同市場」模式卻都將新加坡包括在內。兩岸對經濟整合涵蓋範圍的不同認知，反映了雙方的不同政治考量。中國大陸學者提出的方案將經濟共同體視為中國內部的區域整合，含有「以三通促統一」的策略性考慮。例如，李逸舟就認為，「三通」將首先導致兩岸經濟的一體化，逐步實現經濟的統一；其次將導致社會的融合，當臺灣人從臺北到上海與臺北到高雄一樣感覺兩岸成為一體的時候，將逐步實現社會的統一；然後經過一個較長的時期，伴隨著我們整個社會全面進步的進程，最終逐步實現兩岸政治的統一。臺灣學者的方案則帶有國際間區域經濟整合的性質，不以統一為預設目標，故而強調以新加坡作為合作夥伴，增加與大陸打交道時的緩衝因素。1990年代以來，歐盟模式受到臺灣不同黨派的政治人物和學者的廣泛關注。例如張亞中提出的「統合論」，黃光國提出的「區域整合論」，都是基於歐盟發展過程中，每個國家內部的「超國家主義」勢力逐漸戰勝「國家主義」，透過主權讓渡，實現政治整合的經驗。

歐盟透過經濟整合實現政治整合的成功經驗是否可運用於中國的統一過程？需要強調的是，西歐共同市場在建立之初，其成員國

均屬主權國家，可以循序漸進地推動經濟整合和政治整合過程。與此相反，海峽兩岸的政治關係，卻是屬於內戰遺留的政治對立問題。兩岸由分治走向統一的歷程，也具有特殊性。雖然兩岸的經貿往來在1988年到2008年期間取得了迅速的發展，但在李登輝執政後期和陳水扁執政時期，兩岸的政治關係卻處於緊張狀態，雙方無法簽訂投資保障等經濟性協議，更不用說就建立經濟共同體達成共識。在2008年選舉期間，國民黨候選人蕭萬長提出的兩岸共同市場的構想，被民進黨攻擊為「賣臺」，說明兩岸在達成擱置政治爭議的共識前，僅僅靠擴大經貿交流，不足以緩和政治關係，推動政治整合。

　　自上而下的政治協商途徑，曾經是兩岸實現和平統一的捷徑。如本書第八章所述，在蔣經國執政後期，兩岸曾經存在透過國共平等協商，實現和平統一的契機。鑒於臺灣政治民主化和本土化的發展，江澤民在1990年代倡導吸收兩岸各黨派代表人士進行和平統一談判，「胡四點」也提出兩岸可以談「在實現和平統一過程中需要解決的所有問題」。就統一的模式而言，中國政府一向主張「一國兩制」模式，臺灣方面則先後提出「三民主義統一中國」、「多體系國家」、「邦聯」、「歐盟」和「統合論」等模式。如何在一個中國的前提下，尋求雙方均能接受的統一模式，是一項富有挑戰性的任務。曾任「美國在臺協會」理事會主席的卜睿哲在《解開困結》一書中，提出兩岸進行政治協商的難點在於如何處理臺灣對外代表權和對內行使統治的絕對權力問題。他認為「一國兩制」模式，未能保證臺灣對內部事務的絕對控制權，因為中央和特區政府在法律的意義上不是對等的關係，香港享受高度自治的法源來自中央政府的授權，而不是雙方締約而成。事實上，「一國兩制」下的臺灣模式的內涵極為豐富，超過了一般概念意義上的單一制國家模式。正如美國大西洋理事會的專家克萊默（Franklin Kramer）所指出的，中國政府的「一國兩制」模式所給予臺灣的行政權，立法權

和司法權等，遠遠超過了香港所享有的自治權；北京應讓臺灣和外界明白，中國政府無意將臺灣變成第二個香港。其實香港特別行政區所享有的領事權、海關權、締約權等，已經超出了自治權的範圍。而按照「一國兩制」方案，臺灣在統一後可享有的立法、行政、司法審判權及終審權、一定的外事權、防務權、關稅權及保留黨政軍系統不變，更是超出了聯邦制的範疇，並帶有某種邦聯制的色彩。可見，「一國兩制」下的臺灣模式的豐富內涵，不是一般概念意義上的單一制國家模式所能涵蓋。臺灣在統一後的具體權力安排及其法律來源，也只能是兩岸平等協商的產物，而不像港澳特別行政區那樣，其法源完全來自中央政府的授予。中國政府多次表示，在一個中國的原則下什麼都可以談，既然什麼都可以談，兩岸政治協商的內容也應包括統一的具體模式，統一後的新中國理當由兩岸同胞共同締造。中國政府曾經表示，統一後的國旗、國號和國歌等問題均可商量。也有大陸學者撰文指出，在統一前的過渡時期，臺灣可以稱為「中國臺灣中華民國政府」或「中國臺灣民主自治區政府」。這位學者當年還特別說明，兩個不同稱號是分別提給國民黨和可能成為執政黨的民進黨參考的。筆者倒認為將來若採取中華臺灣民主自治邦（Taiwan Democratic Autonomous State of China）的名稱，也許較容易為臺灣方面所接受。

鑒於臺海分治、制度迥異的現實，兩岸在短期內可能無法達成統一的共識，當務之急是將經濟、文化整合的途徑和政治協商途徑結合起來，上下結合，構建兩岸關係的和平發展框架，先經濟，後政治，先易後難。目前兩岸在政治、軍事等「高階政治」（high politics）領域雖然處於對立狀態，但在經濟、文化等「低階政治」（low politics）領域的民間交流卻極為熱絡，呈現殊途同歸的脈絡。這種「政冷經熱」的反差現像在東西德、南北越、南北韓等分裂國家，均未出現過。上述這些特點，界定了兩岸關係的現狀，也是構建兩岸關係和平發展框架的基礎。只要海峽兩岸對中國的和平

發展具有共識或默契,雙方完全可以透過廣泛的經濟和文化合作,平等協商,培植互信互惠精神,為未來的統一創造有利條件。中國政協前主席李瑞環早在1996年4月初接見泰國華文報業訪問團時就曾表示,應該將「臺獨」問題與不贊成統一的意識區分開來,大陸「瞭解臺灣有些人不希望富而小的臺灣與窮而大的大陸合起來,不過誰能預測將來大陸不能富起來」。上海東亞所所長章念馳也曾指出,在一個中國原則下思考怎樣從分治走向統一,可以成為兩岸對話的基礎。但臺灣若要追求分治的永久化、固定化、合法化、國際化,則是假借分治以行分裂,沒有商量的餘地。

尋求中國和平統一的路徑,必須基於兩岸關係的現實。這就要求雙方體認「從分治到統一」的大原則,以「和平發展」涵蓋兩岸統一的長遠目標,正確處理維護一中框架與追求國家統一的關係,尋求統一遠景和分治現狀的平衡點。中國政府有關任何涉及中國主權和領土完整的問題,必須由包括臺灣2300萬同胞在內的全中國13億人民共同決定的政策宣示,意味著在兩岸統一的問題上,中國大陸將充分尊重臺灣人民當家做主的意願。由於大多數臺灣人民不願意現在就與大陸統一,以統一為內容的談判,將使臺灣「朝野」望而生畏,同時也難免遭到謀求臺海不統不「獨」現狀的國際勢力的阻礙。而兩岸若能進行和平談判,結束敵對狀態,從維持現狀與和平共存入手,進而在一個中國的框架下,協商解決臺灣方面最為關心的國際空間問題,則有可能緩解雙方敵意,也比較容易得到臺灣人民和有關黨派的認同,有利於發展兩岸經濟、文化關係,也有利於中國大陸抓住難得的發展機遇期,增強國際地位和未來兩岸和平統一的可行性。

第五節　小結

臺灣的政治轉型給兩岸關係的和平發展增添了新的變數。政治民主化使臺灣在野黨派和民間利益團體要求開放民間交流的聲音得到正常的宣泄，國民黨當局也沒有必要將兩岸隔絕和「反共心防」，視為其維護「動員戡亂」威權統治的支柱。兩岸的經濟、文化交流和人員往來因而在過去的二十多年中得到了迅速的擴大。雖然兩岸在交流過程中難免因為制度和行為方式的差異，衍生出諸如千島湖之類的事件，但總的發展趨勢是良性的。隨著兩岸交流的增加，經濟互相依賴的程度和共同體意識也得到了發展。李登輝晚期和民進黨執政時期，臺北極力限制兩岸交流，在文化上實行「去中國化」，建構「臺灣認同」，但臺灣大部分民眾對中國文化的認同，並沒有發生根本改變。臺灣的政治轉型在釋放出一股要求臺灣前途「自決」甚至主張臺灣「獨立」的思潮的同時，也為主流民意的表達提供了新的管道，有利於兩岸民間交流。而兩岸交流不但有助於共同體意識的形塑，也為政治和談提供了機會之窗。

從1993年辜汪新加坡會晤，到1998年辜振甫的「融冰之旅」，兩岸從半官方的事務性協商，發展到政治對話。雖然這一對話因為李登輝的「兩國論」和陳水扁的「一邊一國論」而為之中斷，但臺灣的第二次政黨輪替，卻為兩岸重啟政治對話提供了難得的機遇。隨著大陸經濟實力和國際地位的提升，臺北已經不可能將開放「三通」視為迫使大陸承認臺灣為「主權實體」的籌碼。不管是臺灣的經濟發展，還是涉外活動的展開，都離不開大陸的支持和配合。雖然兩岸在短期內尚無法達成和平統一的共識，但雙方可望在「九二共識」和直接「三通」的基礎上，結束敵對狀態，構建兩岸關係的和平發展框架，從而最終解決由中國內戰遺留下來的政治對立和未來統一問題。

第十章　結論

　　從1986年開始的臺灣政治轉型，對兩岸關係的發展有著深遠的影響。這一政治轉型的啟動跟臺灣的經濟自由化、社會多元化以及傳統文化的變遷固然不無關係，但關鍵原因是臺灣在國際社會的孤立與中國政府和平統一方針的提出，從根本上破解了國民黨的「反共復國」迷思，動搖了國民黨威權統治的政治合法性。在外部風雲的激盪下，國民黨內的改革派與黨外勢力經過一系列的政治互動，促成了由威權體制向「憲政」體制的回歸。隨著「戒嚴令」、「黨禁」、「報禁」的解除，「中央民意代表」的全面改選，臺北市長、高雄市長和總統的直接選舉，政黨競爭和選舉政治成為臺灣社會的常態。本書第二章結合民主化理論中的社會條件途徑和過程途徑，揭示了臺灣政治的這一外生型發展特點，從內外因素的互相作用，分析臺灣政治轉型的關鍵原因。第三章和第四章則運用政黨和政府理論，分析臺灣政黨光譜的變化和權力體制的弊病，說明臺灣第一次政黨輪替的早熟症候和第二次政黨輪替的必然性。國民黨領導人李登輝在執政之初，利用民進黨和民間力量，排擠國民黨內以李煥、郝伯村為代表的大陸籍政治勢力，造成了國民黨的多次分裂。臺灣政壇在1990年代期間由兩黨三方的政治博弈演化為一大（國民黨）、一中（民進黨）、一小（新黨）的政黨生態。1990年代後期，國民黨和民進黨由使命型政黨向掮客型政黨轉化，為追求勝選，兩黨在政策訴求上趨於接近。民進黨以「事實主權論」淡化「臺獨黨綱」，國民黨則以「階段性的兩個中國」弱化一個中國原則和統一訴求。政黨光譜的模糊和連、宋分裂，使國民黨無法憑藉其在政策訴求和組織資源上的優勢，贏得2000年的總統選舉，以「勤政、清廉、愛鄉土」為選舉主軸的民進黨得以「拱宋打連」，

迅速走向執政之路。然而，臺灣的第一次政黨輪替，帶有明顯的早熟症候，不管是民進黨還是國民黨，都沒有做好角色換位的思想準備。特別是民進黨的執政實力、人才和經驗均很缺乏，受制於「臺獨」意識形態、派系共治格局和選舉優先考慮，不但未能解決政治貪腐和經濟衰退問題，而且導致兩岸關係出現多次危機。2008年臺灣出現第二次政黨輪替，隨著親民黨和臺聯黨的泡沫化，臺灣重現一大一中的政黨生態，兩岸關係出現了改善的契機。臺灣的政治轉型的原因、啟動和嬗變深化，在本書第二章到第四章中有詳細的描述和分析。

臺灣政治轉型後，國民黨當局拋棄了「漢賊不兩立」的傳統思維，先後提出「彈性外交」和「務實外交」的思路，謀取國際社會對臺北的交叉承認。如本書第五章所述，李登輝在其執政12年期間，以「渡假外交」、「經援外交」為手段，力圖擴大臺灣的國際空間，並從1993年開始，每年推動「重返聯合國」的活動。在這期間，臺灣的「邦交國」數目雖然從23個增加到29個，但失去了沙特阿拉伯、韓國、南非等「外交」重鎮，得不償失。民進黨執政期間，變本加厲地推行「烽火外交」政策，大量增加「外交預算」，結果是兩岸關係的持續緊張和臺灣在國際社會的空前孤立。臺灣的「邦交國」從29個回落到23個，其中與臺灣有長期「邦交」關係的只有12個。經過15年的試錯期，國民黨再次執政後，提出「活路外交」的口號，以臺灣現有的「邦交國」基本不動為底線，以參與國際組織，特別是經濟性的國際組織的活動為主要訴求，謀求在改善兩岸關係的基礎上，擴大臺灣的國際空間。

在臺灣的涉外關係中，美臺關係無疑是最重要的環節，也是影響兩岸關係的重要變量之一。為此，本書第六章對臺灣政治轉型後的美臺關係進行了詳盡的分析。雖然美臺關係在根本上受制於中美關係的大格局，但也在一定程度上受到臺灣政治轉型的牽動。就中美關係而言，臺灣問題一直是困擾美國對華政策的一大難題

（dilemma），因為美方不能從其單方面的利益出發，同時對中華人民共和國和臺灣予以外交承認，而只能二者擇一。在華盛頓-北京-臺北三方的關係框架中，臺北本是最不重要的角色，但在李登輝執政後期和民進黨執政的八年期間，在由政治轉型所釋放出來的臺灣政治力量的驅動下，「以小搏大」，力圖改變一個中國的法理框架。如果說，柯林頓總統在1998年有關「三不」的表態與中方對李登輝訪美的強烈反彈有關的話，那麼，布希總統在2003年對臺北領導人單方面改變現狀的企圖的示警，則是為了防止臺灣以「公投」和「憲改工程」為觸媒的「獨立」勢頭的持續發燒。臺北企圖透過「外交突破」和自我宣示擺脫「一中」框架約束的冒險舉措，促使北京和華盛頓達成維護臺海現狀的默契。美國重新思索傳統的「戰略模糊」政策的有效性，考慮僅對臺灣安全作出有條件的承諾，並鼓勵兩岸透過政治對話，構建和平與穩定的發展框架。這一政策思路在臺灣第二次政黨輪替後，很可能延續下去。

　　本書的最後三章，集中討論了臺灣的政治轉型對兩岸關係的影響。政治轉型過程直接影響到臺北大陸政策的走向。在臺灣政治轉型前，國民黨政權以「三民主義統一中國」為政治目標，執著於一個中國的原則，作為其實行「動員戡亂」的「戒嚴」體制的合法性理由。在這期間，國民黨對大陸採取的「不妥協、不談判、不接觸」的「三不」政策與其在國際社會所奉行的「漢賊不兩立」政策互相呼應，兩岸民間無法正常往來，國共兩黨的零星接觸只能透過密使往來。臺灣開始民主轉型後，國民黨當局得以重新界定其執政的合法性，開放部分民眾前往大陸探親，兩岸的經濟、文化交流和政治接觸也因此有了可能。但由於國民黨威權統治的結束同時導致了臺灣本土意識的高漲和以「臺獨」為理念的民進黨的崛起，也為兩岸關係的發展帶來了新的變數。李登輝從高喊「自由、民主、均富統一中國」到淡化一個中國原則，從迴避兩岸政治談判、限制民間交流到公開將兩岸關係界定為「特殊的國與國」關係，在與民進

黨爭奪中間選民的同時，導致了臺灣政黨光譜朝「臺獨」的方向偏移。民進黨執政時期繼續推進「漸進臺獨」路線，熱衷於以「公投」、「制憲」、「正名」、「入聯」等口號，作為選舉的主軸，在政治上與大陸直接對抗，經濟上與大陸保持距離，文化上與中國傳統切割，使兩岸關係呈現週期性的危機。經過15年的試錯期，臺灣大部分民眾終於領悟到臺灣要發展、希望在大陸的硬道理。以馬英九為代表的國民黨重新執政，順應民意，明確表明兩岸不是「國與國關係」，積極支持兩岸的經濟、文化交流和政治對話，扭轉了臺北大陸政策的方向。

　　因應臺灣的政治轉型，中國政府的對臺政策也經歷了階段性的變化。中國政府在1970年代末提出「一國兩制」、和平統一的方針後，「既寄希望於臺灣，更寄希望於臺灣人民」，實行「以三通促和談，以和談促統一」的策略。其後鑒於臺北在李登輝執政後期和陳水扁執政時期的倒行逆施，將工作重點放在臺灣人民身上，積極推動兩岸民間交流。隨著國共平臺的建立和臺灣的政黨再次輪替，對臺工作又有了更多的著力點。在對臺政策的目標上，大陸方面經過多年與臺灣的接觸和交往，認識到臺灣多數人既不願兩岸馬上統一，又不願意為「臺獨」與大陸交戰的現實，確立在統一目標實現之前優先發展兩岸關係的戰略思維，寓「統一」之意於兩岸關係的發展過程之中，使兩岸得以求同存異，找到利益的交集，從「江八點」呼籲兩岸在一個中國前提下就結束敵對狀態舉行談判，到「五•一七」聲明提出構建兩岸關係和平穩定發展的框架，反映了這一政策調整的脈絡。在兩岸協商問題上，中國政府以「九二共識」作為兩岸進行協商的基礎，本著在一個中國前提下什麼都可以談的既定方針，明確表示可以談建立兩岸軍事互信機制和臺灣的對外交往等敏感問題，展現了原則性和靈活性的統一。在國際因素問題上，中國政府在堅持「臺灣問題屬於中國的內政問題」的同時，擴大了對臺政策宣傳和對臺研究的國際化視野。特別是在幾次臺海危機

中，中美透過不同層次的渠道，保持訊息溝通和意見交流，取得了共同維護臺海和平與穩定的共識，從而有效制止了民進黨當局的「臺獨」圖謀。臺灣政黨再次輪替後，中國政府積極推動兩岸官方接觸和民間交流，並提出了富有前瞻性的對臺政策。

　　如本書最後一章所述，臺灣的政治轉型推動了兩岸民間交流的擴大。臺灣政治生態的變化，使臺灣無法禁止兩岸的經貿往來，隨著中國大陸經濟的發展，臺灣在貿易、投資方面已經越來越依賴於大陸市場。例如2009年兩岸貿易占臺灣貿易總額的28.1%，但只占大陸貿易總額的4.8%；大陸是臺灣最大的貿易夥伴、最大的出口市場和貿易順差來源，同時也是臺灣的第二大進口來源地，而臺灣則是大陸第七大貿易夥伴、第九大出口市場和第五大進口來源地。截至2009年12月底，大陸累計實際利用臺資495.4億美元。臺資在大陸累計吸收境外投資中占5.2%，排在第五位。但大陸臺資占臺灣對外投資的比重卻高得多，有的年份高達一半左右。截止2009年底，臺灣居民來大陸累計達到5588萬人次，大陸居民赴臺累計超過285萬人次。兩岸經濟和文化的擴大交流，特別是人員的高度地域流動性和中國政府對臺灣人民的一系列優惠政策，有利於加強兩岸間的相互依存意識，促進經濟、文化一體化發展，強化國家認同。這是李登輝的「戒急用忍」政策和陳水扁的「去中國化」謀略所無法逆轉的。特別是在國民黨重新執政後，兩岸得以重啟協商大門，可以從事務性議題入手，重啟政治對話。雖然兩岸在短期內可能無法達成和平統一的共識，但雙方完全可以在「九二共識」的基礎上，實現「和解休兵」，構建和平發展框架，結束敵對狀態。

　　縱觀兩岸關係的發展歷程，一個弔詭的現象是在1993年到2008年的15年期間，雖然兩岸的經濟和文化交流不斷擴大，但臺灣的中國意識卻有所下降，兩岸政治關係還出現了多次危機。按照功能主義理論，不同社會間的經濟、文化交流，有助於政治關係的改善。導致臺灣這一特殊案例的原因，是政治轉型前臺灣的大中國意識緣

於國民黨的刻意渲染和維繫,屬於缺乏現實基礎的認知錯位。威權統治解體後,臺灣「臺獨」意識的急劇上升,在一定時期內超過了兩岸民間交流對重塑中國認同的正面效應,故而產生了在一個國家問題上的認知缺位和價值扭曲。從圖9.1可以看出,臺灣認同的明顯上升是在兩岸貿易平緩增長的1994年到1999年期間,而在1999年到2008年兩岸貿易急劇增長期間,臺灣認同的上升幅度比前一階段減緩。我們有理由相信,隨著兩岸交流互惠的加深,臺灣對一個中國的認同終將得到強化。

構建兩岸關係和平發展的框架,對亞太地區和平格局的維繫,具有重要的現實意義。21世紀前20年是中國大陸發展的戰略機遇期。為實現中華民族的偉大復興,一是要政治、經濟、文化、社會的全面發展,二是要實現國家統一。2008年12月31日胡錦濤總書記在紀念《告臺灣同胞書》發表30週年之際,進一步闡發了以構建兩岸關係和平發展框架為現階段的主要政策目標、以和平統一為兩岸關係未來發展的最終目標的戰略思路,並提出了六個具體努力方向。與此相應,馬英九在2008年10月18日,利用接受《印度暨全球事務》（India and Global Affairs）》學術季刊專訪的機會,宣稱他願意在「任期內儘量完成與北京簽署和平協定」。此外,美方由1980年代對兩岸談判不予介入或鼓勵的立場,轉為希望兩岸和平協商、解決爭端,也有利於促進兩岸政治接觸。在經歷了四次臺海危機之後,臺海雙方和國際社會對兩岸關係的未來發展都有所期待,希望能把握住難得的機會之窗。臺灣政治的未來發展是導致兩岸關係的進一步改善,還是另一場危機,端有賴於兩岸人民和政治領導人把握稍縱即逝的契機,透過廣泛的民間交流和政治對話,構建和平發展框架,解決由中國內戰所遺留下來的政治對立問題,最終實現祖國的和平統一目標。

後記

  呈現在讀者面前的這本新書，是筆者多年從事臺灣研究的點滴心得。自從1984年在廈門大學獲得臺灣研究碩士學位，我在臺灣研究領域陸續耕耘了約四分之一世紀，先是在福建社會科學院供職五年，而後前往美國進修，在跨入「不惑之年」之後，獲得美國賓州州立大學的政治學碩士和博士學位，其後又在美國著名思想庫伍德羅·威爾遜國際學者中心棲身六年之久，於2005年回國服務，落足上海交通大學國際與公共事務學院。從福州到賓州，從華府到上海，不管我走到哪裡，鄉音不改，在心靈深處總難免牽掛著臺灣的風土人情。雖然我在八十年代初就開始涉足臺研領域，我的祖父在四十年代後半期就曾率船往返於兩岸之間，但我卻晚至1995年春天才初次訪臺，親身領略寶島風情。

  在過去十五年中我曾多次訪臺，平均每年超過一次以上。特別是今年3月到5月期間，我在臺灣政治大學講學兩個月，對臺灣的方方面面，有了更深刻的瞭解和感悟。拜旅美工作經歷和多次訪臺之賜，我對臺灣政壇的風雲人物，有過近距離的觀察機會，與臺灣的學者專家，有更為廣泛而深入的知識交流和腦力激盪，可以說是以「行萬里路」的經歷，彌補了「讀萬卷書」的不足。在新書即將付梓之際，本應對相關人士一一表示謝忱，但因人數眾多，唯恐有遺珠之憾而難以臚列，在此謹表深深的歉意。

  由於作者的水平限制，粗疏錯漏之處恐難避免，敬請讀者批評指正。

  林岡

國家圖書館出版品預行編目(CIP)資料

臺灣政治轉型與兩岸關係的演變 / 林岡　著. -- 第一版.
-- 臺北市：崧燁文化，2019.01

　面 ；　公分

ISBN 978-957-681-688-8(平裝)

1.臺灣政治　2.政治轉型　3.兩岸關係

573.07　　　　107022181

書　　名：臺灣政治轉型與兩岸關係的演變
作　　者：林岡 著
發 行 人：黃振庭
出 版 者：崧燁文化事業有限公司
發 行 者：崧燁文化事業有限公司
E - mail：sonbookservice@gmail.com
粉 絲 頁　　　　　　網　址：
地　　址：台北市中正區重慶南路一段六十一號八樓815室
8F.-815, No.61, Sec. 1, Chongqing S. Rd., Zhongzheng Dist., Taipei City 100, Taiwan (R.O.C.)
電　　話：(02)2370-3310　傳　真：(02) 2370-3210
總 經 銷：紅螞蟻圖書有限公司
地　　址：台北市內湖區舊宗路二段 121 巷 19 號
電　　話：02-2795-3656　　傳真：02-2795-4100　網址：
印　　刷：京峯彩色印刷有限公司（京峰數位）

　　本書版權為九州出版社所有授權崧博出版事業股份有限公司獨家發行電子書繁體字版。若有其他相關權利及授權需求請與本公司聯繫。

定價：700 元

發行日期：2019 年 01 月第一版

◎ 本書以POD印製發行